THE BIG BANG THEORY E A FILOSOFIA

— Coleção —
CULTURA POP

organizador
DEAN A. KOWALSKI

editor da série
WILLIAM IRWIN

THE BIG BANG THEORY E A FILOSOFIA

Tradução
Mariana Kohnert

2ª edição

BestSeller

Rio de Janeiro | 2022

CIP-BRASIL. CATALOGAÇÃO NA FONTE
SINDICATO NACIONAL DOS EDITORES DE LIVROS, RJ.

Irwin, William, 1970-
B49 The Big Bang Theory e a filosofia: papel, pedra, tesoura, Aristóteles, Locke
2. ed. / editado por Dean A. Kowalski ; tradução Mariana Kohnert. — 2. ed. — Rio de Janeiro: Best *Seller*, 2022.
(Cultura pop , v. 3)

Tradução de: The Big Bang Theory and Philosophy
ISBN 978-85-7684-645-1

1. Big bang theory (Programa de televisão). 2. Televisão — Programas — Estados Unidos. 3. Filosofia. I. Kowalski, Dean A. II. Série.
12-8878. CDD: 791.4572
CDU: 621.397

Texto revisado segundo o novo Acordo Ortográfico da Língua Portuguesa.

Título original norte-americano
THE BIG BANG THEORY AND PHILOSOPHY

Capa: Igor Campos
Editoração eletrônica: FA Studio

Direitos exclusivos de publicação em língua portuguesa para o Brasil
adquiridos pela
EDITORA BEST SELLER LTDA.
Rua Argentina, 171, parte, São Cristóvão
Rio de Janeiro, RJ — 20921-380
que se reserva a propriedade literária desta tradução

Impresso no Brasil

ISBN 978-85-7684-645-1

SUMÁRIO

AGRADECIMENTOS

Quando eu escrever minhas memórias, você pode esperar ganhar uma nota de rodapé bastante efusiva. E talvez também uma cópia autografada.

— *Dr. Sheldon Cooper, The Electric Can Opener Fluctuation [A flutuação do abridor de latas elétrico]*

Eu gostaria de agradecer a todos os autores que contribuíram com seus textos para este livro. Foi um prazer trabalhar com cada um deles, sendo que muitos participaram de volumosas trocas de e-mails e forneceram múltiplos rascunhos. Nenhum deles me chamou de grande "dita-dor", embora eu quase tenha merecido esse sheldonesco apelido em algumas situações. Também gostaria de agradecer a minha mulher, Patricia, por me permitir fazer mais um livro sobre filosofia e cultura pop. A paciência dela não conhece limites. Preciso citar Nicholas e Cassie. Embora tenham interrompido a "pesquisa" de papai inúmeras vezes, também me inspiraram (e agora usam o termo "bazinga" de modo impecável). E Joseph Foy continua a me inspirar como colega e amigo.

Estou especialmente em dívida com o editor da série, Bill Irwin. Trabalhar em um livro com ele era uma de minhas metas profissionais, e Bill foi incrivelmente cortês ao tornar a experiência em um esforço colaborativo. Ele cede, com generosidade, seu tempo, entusiasmo e conhecimento para tornar esses livros os melhores possíveis. Na verdade, toda a equipe da Wiley é merecedora de reconhecimento, sobretudo Connie Santisteban.

Enquanto eu escrevia este volume, era frequentemente lembrado das incontáveis horas que passei com meus familiares em frente à televisão, rindo de programas como *The Big Bang Theory*. Dedico este livro a eles e a todas as lembranças felizes que compartilhamos quando crianças:

Para Amber, Beth e Corey.

INTRODUÇÃO

"Desvendando os mistérios"

Dean A. Kowalski

Foram necessários quase 14 bilhões de anos, mas você finalmente tem em mãos o livro *The Big Bang Theory e a filosofia*. Outras pessoas na livraria estão analisando títulos como *Bernie Bunny tem dois pais agora* ou *Jerry, o gerbo, e os valentões do ônibus*, mas eles não têm as mesmas habilidades sociais básicas que você e eu. Esses idiotas provavelmente comprarão outro livro. Mas não você. Você vai comprar este, porque — com certeza — se senta à mesa dos caras legais. Com a notinha na mão, vai correr para casa como o Flash, servir para si uma tigela de seu cereal preferido (com um quarto de xícara de leite) e se sentar em *seu* lugar preferido no sofá.

Há livros que debatem matemática, ciência e história; há livros que ajudam você a erguer paredes ou mesmo pirâmides; há até livros que discutem as ferramentas dos homens de Neandertal e quais autótrofos babam. Este livro fala de filosofia, mas você não precisa ter um QI de 187 para se divertir com ele. Eu juro pela vaca sagrada dos hindus! Como você verá, a filosofia é teórica, mas a diversão é real.

Filósofos contemplam as "grandes questões" sobre o que é "realmente real", a maneira como devemos nos comportar e se, afinal, sabemos de alguma coisa. Filósofos tendem a reexaminar o que os grandes intelectuais do passado disseram sobre essas "grandes questões". Mas não exatamente assim. Neste livro, você terá a chance de contemplar o que Aristóteles poderia dizer a respeito da vida de Sheldon, por que Thomas Hobbes aplaudiria o acordo de convivência e quem Immanuel Kant trataria com escárnio arrogante por tecer "teias de mentiras in-indesatáveis".

Sim, alguns livros de filosofia tentam explicar a natureza da ciência e por que é tão importante estudar, mas, inexplicavelmente, nenhum deles faz referência aos sufocamentos de Darth Vader com a Força, às piadas de galinhas esféricas ou aos oompa-loompas. Vai entender. Os livros de filosofia raramente abordam se nerds empunhando histórias em quadrinhos podem levar uma vida boa ou se podem saber o suficiente sobre ciência para arrancar a máscara da natureza e encarar o rosto de Deus. Ainda mais raras são as pesquisas sobre como gênios socialmente esquisitos e amantes de super-heróis interagem de modo significativo com beldades da Índia ou do Cheesecake Factory. E não conheço nenhum livro que investigue a maldade de Wil Wheaton. Esta obra é um verdadeiro milagre de Saturnália!

Não, não estou falando palavrões em língua de esquimó. Comece a virar as páginas para ver do que estou falando. Conforme for explorando seu novo livro de filosofia preferido, você aprenderá que, independentemente de suas diferenças e idiossincrasias sheldonescas, não somos meramente átomos se chocando aleatoriamente. Somos pessoas e, como ninguém é perfeito, procuramos relacionamentos significativos com outros indivíduos, mesmo que isso nem sempre faça sentido científico. (Não, Sheldon, isso não foi sarcasmo — nem *você* consegue evitar totalmente a "necessidade inexplicável por contato humano".)

Tudo bem, admito que existam algumas coisas que este livro não fará por você. Certamente, ele não vai ajudá-lo a clonar seu próprio Leonard Nimoy, construir um "Kwipke Kwipplah" ou ganhar sozinho um Torneio de Física. Pode não ajudá-lo a conquistar Summer Glau em um trem, nem fazê-lo esquecer-se da traição que ainda sente pela Fox ter cancelado *Firefly*. Mas vai fazer você rir. E tão importante quanto, vai ajudá-lo a começar a desvendar alguns dos mistérios mais profundos da vida — enquanto se delicia sob o brilho reconfortante de sua luminária de peixe luminoso.

Então, por que está hesitando? Pegue aquela nota de 50 dólares que tem escondida embaixo da *action figure* do Lanterna Verde e comece a ler! Ah, espere — as ciências humanas. Por favor, doe o restante dos seus 50 dólares para o Fundo Nacional das Ciências Humanas. Bazinga!

PARTE UM

"TUDO COMEÇOU EM UMA NOITE QUENTE DE VERÃO NA GRÉCIA": INSIGHTS ARISTOTÉLICOS

1

ARISTÓTELES E SHELDON COOPER: UM GREGO ANTIGO CONHECE UM *GEEK* MODERNO

Greg Littmann

Se me permitem falar de novo, ponto para o Dr. Sheldon Cooper.
— Dr. Sheldon Cooper, *The White Asparagus Triangulation* [*A triangulação do aspargo branco*]

Você deveria viver como Sheldon Cooper? Pense bem na resposta, porque você não tem o luxo de não fazer uma escolha. Catorze bilhões de anos após o Big Bang, a evolução finalmente produziu um tipo de animal, o ser humano, que deve escolher como viverá. Como o próprio Sheldon observa no episódio *The Cooper-Hofstadter Polarization* [*A polarização Cooper-Hofstadter*]: "Precisamos ingerir nutrientes, expelir excrementos e inalar oxigênio suficiente para evitar que nossas células morram. Todo o resto é opcional." Deveríamos nos devotar a aprender mais sobre o mundo ao redor? Não há problema em passar enormes períodos de tempo lendo revistas em quadrinhos ou assistindo à televisão? Seria melhor negligenciar nossas vidas sociais para termos mais tempo para outras coisas? O estilo de vida nerd de Sheldon pode ser uma nova opção na história do homem, mas o questionamento sobre como deveríamos viver é bastante antigo.

Neste capítulo, examinaremos o questionamento sobre a forma como deveríamos viver ao indagar como o cotidiano de Sheldon se equipara ao ideal estabelecido por Aristóteles, um dos pensadores mais influentes de todos os tempos. O interessante ao observar Sheldon pela perspectiva aristotélica é até que ponto essa antiga concepção de viver bem é satisfeita por um nerd moderno como Sheldon. A meta aqui não é tomar Aristóteles como um guru cujas respostas devem ser sempre aceitas, mas lançar luz sobre nossa condição e começarmos a considerar por conta própria a questão mais importante com que nos deparamos: "Como deveríamos viver?" Antes de trazermos Aristóteles para a conversa, no entanto, é melhor começarmos com a seguinte pergunta: "O que é viver a vida de Sheldon?"

A vida da mente

> Bernadette: Sheldon, quando foi a última vez que você dormiu?
> Sheldon: Não sei. Há dois, três dias. Não importa. Não preciso dormir, preciso de respostas. Preciso determinar onde, neste pântano de equações não balanceadas, está o sapo da verdade.[1]

Se há uma coisa pela qual Sheldon se destaca é o fato de ter dedicado sua vida quase que inteiramente à atividade mental. Sheldon não apenas *trabalha* com a mente, mas quando não está trabalhando, encontra lazer na imaginação e na solução de enigmas. A ideia de perder a inteligência o assusta mais do que a ideia de perder a vida. Quando Amy sugere, em *The Thespian Catalyst* [*O catalisador Téspio*] de seu cérebro que ele apague a memória das avaliações negativas de alunos, ele se recusa com a seguinte justificativa: "Um deslize de mão e, de repente, estarei sentado no departamento de engenharia construindo geringonças com Wolowitz."

Na verdade, Sheldon não se identifica com seu corpo de modo algum. Ele o alteraria com um sorriso no rosto, da mesma forma que faz um upgrade em qualquer máquina. Em *The Financial Permeability* [*A permeabilidade financeira*], Sheldon revela a esperança de que cientistas em breve "desenvolvam uma tecnologia a preço acessível para fundir meu esqueleto com adamantium, como o Wolverine". Se dependesse dele, Sheldon abandonaria de vez seu corpo. Em *The Cruciferous Vegetable Amplification* [*A ampliação dos vegetais crucíferos*], Sheldon aguarda ansiosamente por "aquele momento singular... quando o homem poderá transferir sua consciência para máquinas e alcançar a imortalidade". Além disso, sente-se lisonjeado quando lhe dizem que ele se parece com C-3PO, e uma de suas metas é ser um satélite inteligente em órbita geoestacionária. Compare isso com a atitude de Raj. Embora o indiano também fosse ficar feliz em fazer um upgrade para um corpo diferente, seu ideal não é um corpo projetado puramente para os pensamentos, mas para o prazer. Em *The Monopolar Expedition* [*A expedição monopolar*], ele pondera: "Minha religião ensina que se sofrermos nesta vida, somos recompensados na próxima. Três meses no Polo Norte com Sheldon e vou reencarnar como um bilionário bem dotado com asas."

Sheldon fica bastante satisfeito ao abrir mão de prazeres, digamos, mais corporais. É verdade, ele tem *caprichos* quanto à condição de seu corpo — a comida precisa estar exatamente certa, a temperatura precisa estar exatamente certa, ele precisa estar sentado em *sua* almofada, em *seu* lugar no sofá. No entanto, o corpo de Sheldon é uma fonte de insatisfação, em vez de prazer. Sexo é particularmente desinteressante para ele. Conforme observa com sarcasmo em *The Dumpling Paradox* [*O paradoxo dos bolinhos*], tudo o que o sexo tem a oferecer é "nudez, orgasmos e contato humano". Em *The Cooper-Nowitzki Theorem* [*O teorema Cooper-Nowitzki*], Penny pergunta a Leonard: "O que ele curte? Garotas? Garotos? Marionetes de meias?" e Leonard confessa: "Sinceramente, trabalhamos sob a suposição de que ele não curte nada." A esse respeito, Sheldon pensa que o resto de nós deveria ser mais como ele. Em *The Financial Permeability* [*A permeabilidade financeira*], ele diz em relação a Leonard: "Minha teoria é que essa sua falta de foco [no trabalho] deriva de uma necessidade superdesenvolvida por sexo." Sheldon despreza tanto a mera ideia de fazer sexo que no episódio *The Desperation Emanation* [*A emanação do desespero*] ele reage à oferta de fazer amor com Amy com um grito de "Bazinga". Por outro lado, Leonard, Raj e Howard veem valor nos prazeres do sexo. Howard, inclusive, enxerga seu interesse por sexo como uma característica essencial de si mesmo. Em *The Nerdvana Annihilation* [*A aniquilação do nerdvana*], quando Penny diz a Leonard: "São as coisas que você ama que fazem de você o que é", Howard replica: "Acho que isso faz de mim um peito grande."

O grego antigo e o *geek* moderno

> Sheldon: Ora, Penny, eu sou físico. Tenho conhecimento abrangente sobre o universo inteiro e tudo o que ele contém.
>
> Penny: Quem é Radiohead?
>
> Sheldon: Tenho conhecimento abrangente das coisas *importantes*.[2]

Sheldon está certo ao considerar que a melhor vida para um ser humano é a que prioriza o intelecto? Sócrates (470-399 a.C.), Platão (428-348 a.C.) e Aristóteles (384-322 a.C.), só para citar os "três grandes" da filosofia grega, todos enfatizavam a importância do desenvolvimento intelectual e de sua prática em detrimento de dar prazer ao corpo. O mesmo é verdadeiro a respeito de antigas e proeminentes doutrinas filosóficas como o cinismo, o epicurismo e o estoicismo.

Aristóteles acreditava que é possível determinar a função de algo a partir do que esse algo faz de melhor. Um DVD player é a melhor coisa para reproduzir um DVD — essa é a função de um DVD player. Uma chave de fenda é a melhor coisa para desparafusar parafusos da parte de trás do seu TiVo para instalar um disco rígido maior — parafusar e desparafusar são as funções de uma chave de fenda. Um peixe é melhor em nadar, então a função do peixe é nadar. Um cavalo é melhor em galopar, então galopar é a função do cavalo.

Vista por essa perspectiva, a humanidade não parece ser boa para muita coisa. Em comparação com os animais mais habilidosos em cada categoria, nós, humanos, somos lentos, fracos, estabanados e impróprios — um monte de carne fresca e gorda sobre duas perninhas inúteis. Os humanos *são* relativamente bons, no entanto, em *pensar*. Na verdade, somos melhores pensadores do que qualquer outra coisa que exista (até onde sabemos, pelo menos). Então, nossa função é pensar, e uma vida de pensar bem e frequentemente é a melhor vida para um ser humano. Aristóteles não estava sugerindo que não deveríamos parar de nos exercitar, jamais fazer sexo ou nos abster de atividades corporais como um todo. A julgar pelo tipo de criatura que somos, isso simplesmente não seria prático. O corpo está lá, entretanto, para dar sustentação a uma vida de atividade mental — é a *atividade mental* todo o *objetivo* de ser um humano. Aristóteles escreveu "aquilo que é apropriado a cada coisa é, naturalmente, melhor e mais prazeroso para cada coisa; para o homem, portanto, a vida de acordo com a razão é a melhor e a mais prazerosa, pois a razão, mais do que qualquer outra coisa, é o homem".[3] De fato, Aristóteles achava que o tipo de existência *ideal* consistiria em nada *além* de pensamento puro, uma vida de contemplação ininterrupta e divina.[4] Isso não parece muito diferente da fantasia de Sheldon de ser um satélite artificial, pensando à deriva no espaço. Então, Aristóteles nos aconselharia a ser como Sheldon? Essa é a melhor vida para um ser humano? A ascensão da cultura nerd recebeu muito pouca atenção dos estudiosos de Aristóteles, pois a aparência e a proliferação de intelectuais *geeks* como Sheldon, Leonard, Raj e Howard propõe novos problemas significativos para o ideal aristotélico de viver bem. Os nerds, afinal de contas, devotam sua atividade intelectual às *coisas mais esquisitas*.

Definitivamente, Aristóteles aplaudiria algumas obsessões *geeks*. O filósofo enfatizava a importância da observação e da teorização para aprender mais a respeito do universo, e ele escreveu profusamente para disseminar suas observações e teorias sobre o mundo e o cosmo, contribuindo para a biologia, a botânica, a lógica, a matemática e a medicina. De enorme influência na história do pensamento, Aristóteles tem tanto direito quanto qualquer outro ao título de pai da ciência.

Aristóteles dizia que a diferença entre o educado e o não educado é tão grande quanto a diferença entre os vivos e os mortos.[5] Então o trabalho de

Sheldon e Leonard em física e o trabalho de Raj em astronomia impressionariam profundamente Aristóteles, e ele até respeitaria a educação, de certa forma medíocre, sem Ph.D. de Howard.

Aristóteles inclusive aprovaria muitas das obsessões de Sheldon que podem parecer as mais ridículas para alguém sem a mente curiosa. Uma discussão sobre "os fundamentos científicos do voo interestelar sobre uma prancha de surfe prateada", conforme foi conduzida em *The Excelsior Acquisition* [*A aquisição Excelsior*], é uma investigação sobre as leis da física, ainda que a motivação seja incomum. Palestras sobre qual a roupa de baixo correta para um cavaleiro medieval ou o que decotes diriam se pudessem falar, conforme apresentadas em *The Codpiece Topology* [*A topologia do protetor inguinal*], têm como base um domínio de história — assunto que Aristóteles estimava amplamente. Mesmo acender e apagar as luzes na China pela internet, como feito em *The Cooper-Hofstadter Polarization* [*A polarização Cooper-Hofstadter*], é um tipo de experimento científico que explora os limites da nova tecnologia. Discussões sobre se o ciborgue de *O exterminador do futuro* pode ser parte de *loop* causal quando viaja no tempo, conforme debatido em *The Terminator Decoupling* [*A cisão da exterminadora*] ou se o teletransporte ao estilo *Jornada nas estrelas* resultaria em morte, como considerado em *The Jerusalem Duality* [*A dualidade Jerusalém*], dizem respeito a questões *filosóficas* bastante reais e importantes. A única diferença é que eles usam exemplos retirados da cultura popular. Os filósofos gregos faziam esse tipo de coisa o tempo todo, no entanto. Aristóteles, por exemplo, usou Heitor, de *A Ilíada*, para investigar a coragem; e usou Neoptólemo, da peça *Filoctetes* (de Sófocles) para investigar o autocontrole.

As alegrias de ser um nerd

> Penny: Meu Deus! Vocês são adultos. Como podem desperdiçar suas vidas com esses brinquedos, essas fantasias e essas histórias em quadrinhos idiotas?[6]

É preciso admitir que algumas das obsessões de Sheldon parecem, ao mesmo tempo, intelectualmente exigentes e incrivelmente *triviais*. Para início de conversa, ele é versado em assuntos que, a bem da verdade, não têm tanta importância assim. Ele é um especialista na história dos X-Men, por exemplo, e tem um extenso vocabulário klingon. Devota-se à solução de enigmas que não resolvem nenhuma questão do mundo real. É mestre no xadrez 3D e em antigos jogos de aventura de texto, como *Zork*, e, como vimos em *The Hamburger Postulate* [*O postulado do hambúrguer*], recria minuciosamente a Batalha de Gettysburg com condimentos somente para ver o que teria acontecido se o Norte tivesse recebido reforços dos orcs de Sauron e o Sul, de super-heróis e deuses indianos. Ele também, obviamente, gastou bastante tempo e energia para dominar as estratégias de jogos populares como os MMORPGs *World of Warcraft* e *Age of Conan*, e o jogo de cartas ao estilo *Magic: The Gathering*, *Guerreiros místicos de Ka'a*. Sheldon pode se ocupar de problemas da cultura popular que não têm nenhum peso sobre questões do mundo real tão rapidamente quanto pode se ocupar de problemas que têm. Eis alguns exemplos de indagações que ele considera cuidadosamente: de que forma os zumbis comem e os vampiros se barbeiam, em *The Benefactor Factor* [*O fator da benfeitora*]; e como o Super-Homem consegue lavar a fantasia quando ela se suja, em *The Bath Item Gift Hypothesis* [*A hipótese do presente de item para banho*].

De modo similar, Sheldon é apaixonado por arte, mas não o tipo de arte que tradicionalmente recebe a atenção de intelectuais. Ele é especialista em televisão, fã de *Battlestar Galactica*, *Doctor Who*, *Firefly*, *Star Gate*, *Jornada nas estrelas* em todas as suas encarnações e mais (mas não *Babylon 5*!). O amor de Sheldon por cinema é tão grande que ele não suporta a ideia de se atrasar para uma exibição de *Os caçadores da arca perdida* com 21 segundos inéditos, e prefere perder os amigos a ter de abrir mão de um anel cenográfico genuíno da trilogia *O Senhor dos anéis*. Sua maior paixão artística é a literatura e, em particular, as revistas em quadrinhos. O mero cheiro delas pode levá-lo ao frenesi, e Sheldon coleciona e se veste de qualquer coisa associada a seus heróis dos quadrinhos. Aristóteles achava que o prazer era bom em si, mas deveria ser prazer obtido com alguma atividade digna. Tanta frivolidade é realmente a atividade digna de uma mente perspicaz?

No entanto, o que torna digna uma atividade mental? Para Aristóteles, o mero fato de uma atividade mental lidar com ficção não a torna trivial. De fato, ele dizia que "poesia... é algo mais filosófico e elevado do que história: pois a poesia tende a expressar o universal, e a história, o particular".[7] Ou seja, a poesia é mais filosófica e significante do que a história, porque a história lida apenas com o que *aconteceu*, enquanto a poesia explora o que *poderia* acontecer e, portanto, tem um escopo mais universal. Em sua obra *Política*, Aristóteles enfatizou a importância essencial da poesia e da literatura na educação, e escreveu bastante sobre o que é boa arte em *Poética*.[8]

Aristóteles entendia que a arte servia a duas metas legítimas, além de oferecer mera distração. Primeiro, a arte pode nos educar; segundo, a arte pode nos aperfeiçoar como seres humanos. A arte nos educa pois permite explorar a condição humana e, com isso, aprender mais sobre nós mesmos. Ao examinar situações teóricas, como o que acontece com quatro amigos que desejam um anel cenográfico de *O Senhor dos anéis*, podemos aprender mais sobre a natureza humana do que se tivéssemos apenas examinado casos verídicos do comportamento humano. O teatro nos edifica quando nos permite purgar nossas emoções negativas. A tragédia, por exemplo, edifica-nos por meio da catarse, pela sensação de emoções negativas, como medo ou pena, pelos personagens ficcionais. A música nos edifica de modo similar, excitando nossas emoções e permitindo que nos livremos delas. E quanto à comédia? Aristóteles também escreveu sobre comédia, mas, infelizmente, o segundo livro de *Poética*, o qual contém esses escritos, foi perdido. Simplesmente teremos de continuar assistindo a *The Big Bang Theory* e ponderar sobre o assunto por conta própria.

Diversão nerd e o propósito da vida

> Leonard: [Sheldon] está perguntando se podemos ir vestidos como qualquer personagem da ficção científica, da fantasia...
> Penny: Claro.
> Sheldon: E quanto a histórias em quadrinhos... Anime... TV, filmes, D&D, mangá, deuses gregos, deuses romanos, deuses nórdicos?[9]

Até mesmo Sheldon admitiria que suas formas de arte preferidas são de valor educacional duvidoso. Há muito pouco a aprender sobre ciência assistindo a *Battlestar Galactica* ou *Jornada nas estrelas*, e menos ainda com as histórias surreais de *Guerra nas estrelas* ou *Doctor Who*. Da mesma forma, é improvável que alguém aprimore seus conhecimentos científicos ao ler histórias em quadrinhos devotadas às aventuras de Batman, Flash, Lanterna Verde, Hulk ou X-Men. Tais trabalhos artísticos poderiam nos ensinar sobre *humanidade*, como Aristóteles desejava? Eles podem ter algo a ensinar a Sheldon, considerando a desconexão dele com a raça humana, mas isso não trata da questão sobre o que *nós* deveríamos fazer. Há problema em *nós* relaxarmos lendo uma "graphic novel" sobre um justiceiro fantasiado com poderes estranhos, ou esse seria um desperdício vergonhoso de nosso potencial intelectual? Para ser sincero, não acredito que haja *muito* a aprender diretamente sobre a natureza humana com o tipo de arte de que Sheldon gosta, principalmente quando se considera que, ao contrário das opções de Aristóteles, nossas alternativas disponíveis incluem livros de não ficção bem pesquisados sobre a psicologia e a cultura humana.

Por outro lado, trabalhos imaginativos podem ser muito úteis como alimento para os pensamentos. Como sabemos, Sheldon utiliza franquias como *Surfista Prateado*, *O exterminador do futuro* e *Jornada nas estrelas* para se inspirar acerca de questões sobre física, tempo e causalidade, e identidade pessoal. Tais fantasias, em geral por causa das situações altamente incomuns que surgem nelas, podem ser muito úteis para explorar esses assuntos, assim como aqueles relacionados à natureza humana, à moral ou...

a quase tudo, na verdade. Este mesmo livro que você tem em mãos, *The Big Bang Theory e a filosofia*, devota-se ao uso do mundo fictício do seriado para explorar questões filosóficas importantes — questões como: "Que tipo de vida é melhor para o ser humano?" Livros similares exploram questões filosóficas importantes ao relacioná-las com super-heróis e supervilões; jogos de computador como *World of Warcraft*; programas de ficção científica como *Battlestar Galactica*, *Doctor Who* e *Jornada nas estrelas*; e obras de fantasia como *O Senhor dos anéis*. Se Aristóteles defendia que a poesia é mais filosófica do que a história, porque a poesia nos permite explorar situações hipotéticas, então talvez a literatura fantástica seja a mais filosófica de todas, pois a variedade de situações hipotéticas que surgem é muito grande. Então, para nós o que importa não é perguntar se há problema em relaxar com uma graphic novel (ou filme de ficção científica, ou jogo de computador) em si, mas se seremos receptores passivos de arte ou, em vez disso, se a *usaremos* para nos ajudar a pensar na humanidade e no universo.

E quanto ao uso de arte como fonte de catarse? Parece provável que as formas preferidas de entretenimento de Sheldon possam desempenhar essa função, se qualquer outro tipo de arte o faz. O gênero de preferência de Sheldon pode ser descrito como "aventura fantástica". Embora sempre tagarele sobre plausibilidade, Sheldon suspende o ceticismo em prol de uma fantasia emocionante. E daí que o anel do Lanterna Verde não faça sentido segundo as leis da física? Engolir o absurdo é um pequeno preço para Sheldon pagar pela diversão de ver um homem com um anel que pode fazer *qualquer coisa* se erguer contra uma fila interminável de supervilões. Se a tragédia nos permite purgar nosso medo ao vivenciá-lo por meio de outros, então a aventura, presumivelmente, purga tanto o medo quanto nossa animação indelével. Se uma aventura nos cativa de verdade, então há um sentimento de liberação quando ela se desfecha, um afastamento da tensão que carregamos.

Considerando que Aristóteles justificava a arte em termos de seu valor educacional e edificante, então ele poderia aprovar tanto a arte *quanto* os jogos de Sheldon. Aristóteles, ao defender a importância da música na educação, afirmou: "Está claro (...) que há ramificações do aprendizado e da educação que devemos estudar meramente com uma perspectiva de lazer aplicada a atividades intelectuais, e essas ramificações devem ser valorizadas em si mesmas."[10] Se os jogos de Sheldon exercitam seus músculos mentais, e sua arte lhe dá alimento aos pensamentos e à catarse emocional, então, talvez Aristóteles pudesse permitir a utilidade de ambos, ainda que, com frequência, orbitem em torno de temas sem nenhuma importância em si, tais como se um hobbit imaginário conseguirá atirar um anel imaginário em um vulcão imaginário.

O julgamento de um nerd

Wil Wheaton: Qual é o problema dele?

Stuart: Todo mundo tem uma teoria diferente.[11]

Mas já chega de falar sobre as atividades intelectuais às quais Sheldon *se dedica*. O que Aristóteles acha das atividades intelectuais às quais Sheldon *não se dedica*? Apesar de Sheldon conhecer história e de ter tendência a filosofar, ele desdenha das ciências humanas em geral. O desdém é tão grande que no episódio *The Benefactor Factor* [*O fator da benfeitora*], a principal motivação de Sheldon para garantir que uma doação generosa seja feita para o Departamento de Física é que, caso contrário, ela iria para as *ciências humanas*. Amy o deixa horrorizado com a ideia de "milhões de dólares sendo despejados em poetas, teóricos da literatura e alunos de estudos de gênero". De modo contrário, Aristóteles estimava muito a poesia, escrevia profusamente sobre teoria literária e teorizava a respeito da natureza da masculinidade e da feminilidade. De fato, Aristóteles considerava o estudo da natureza humana, da cultura e da política tão importante quanto o estudo do mundo natural.

Ainda mais condenável na perspectiva de Aristóteles é que faltam a Sheldon as virtudes do caráter, que o filósofo grego considerava essenciais para uma vida bem vivida. Em defesa de Sheldon, podemos dizer que essas virtudes não lhe faltam *completamente*. Ele é um trabalhador árduo, dedica-se, como diz em *The Benefactor Factor [O fator da benfeitoria]*, a "arrancar a máscara da natureza e encarar o rosto de Deus". Sheldon é comedido nas luxúrias físicas, não se empanturra de comida, não fica bêbado e nem mesmo bebe café. É também perdulário no que diz respeito a emprestar dinheiro, como Penny aprende em *The Financial Permeability* [*A permeabilidade financeira*]. Por outro lado, Sheldon é extraordinariamente arrogante, tanto que Raj conclui, em *The Hot Troll Deviation* [*O desvio da troll gostosa*], que: "Se você fosse um super-herói, seu nome seria Capitão Arrogância. E sabe qual seria seu superpoder? Arrogância!" A Sheldon falta tanta resistência que o simples desafio a seus desejos lhe é intolerável. Ele *precisa* se sentar exatamente no lugar certo no sofá, no ponto "0-0-0-0", no qual a temperatura e a posição relativa à TV são ideais. Sheldon é tão impulsivo diante da grandeza artística que, como vemos em *The Excelsior Acquisition* [*A aquisição Excelsior*], ele possui uma medida cautelar tanto de Leonard Nimoy quanto de Stan Lee. Acima de tudo, no entanto, Sheldon é incrivelmente autocentrado. É tão egoísta que, em *The Creepy Candy Coating Corollary* [*O corolário da cobertura de doce bizarra*], não pode ceder um guardanapo a Leonard, embora tenha *quatro*; é tão egoísta que, em *The Cooper-Hofstadter Polarization* [*A polarização Cooper-Hofstadter*], prefere negar a Leonard a chance de apresentar sua pesquisa conjunta sem ele, muito embora o próprio Sheldon *nunca* pretenda apresentá-la.

Aristóteles acreditava que a amizade é crucial para o engrandecimento humano, enquanto Sheldon claramente luta contra ela. Em *The Hamburger Postulate* [*O postulado do hambúrguer*], por exemplo, ele informa a Leonard que simplesmente não se importa com os problemas de relacionamento do amigo. De modo similar, em *The Bad Fish Paradigm* [*O paradigma do peixe ruim*], Leonard confronta Sheldon a respeito do fato de que ele não defendeu seus interesses — "Como pôde ficar aí parado e deixá-los me espionarem?", Leonard exige saber. Sheldon responde: "Eles foram muito espertos, Leonard. Utilizaram minha total falta de interesse no que você está fazendo."[12]

A avaliação Aristóteles-Cooper

> Sheldon: Por que você está chorando?
>
> Penny: Porque sou burra!
>
> Sheldon: Bem, isso não é motivo para chorar. Uma pessoa chora porque está triste. Por exemplo, eu choro porque os outros são burros, e isso me deixa triste.[13]

Aristóteles teria dado a Sheldon uma avaliação dúbia, portanto. Não teria considerado a vida de Sheldon tão importante quando o próprio Sheldon considera, mas também não teria se juntado à sociedade dominante e descartado o rapaz como um perdedorzinho esquisito, tão envolvido com coisas pouco importantes que se recusa a crescer e seguir com a vida. O que é particularmente interessante é até que ponto Sheldon *acerta*, em um modelo aristotélico.

Todos entendemos que Sheldon é, de muitas formas, perturbado, e haveria uma falha no modelo de Aristóteles se ele avaliasse Sheldon como o resumo do que um humano deveria ser. Mesmo assim, o filósofo estimaria a compreensão de Sheldon a respeito de algumas coisas sobre a vida que a maioria das pessoas não *entende*. Sheldon se importa mais com a compreensão do universo do que em juntar dinheiro. Ele entende que o bem mais valioso de um ser humano é sua mente e que, quando a mente é subdesenvolvida, a vida humana foi desperdiçada. Sheldon não se volta para a vida da mente devido a um desejo masoquista ou puritano de negar o corpo. Ele se volta para a vida da mente com espanto e prazer, porque sabe algo a respeito da plenitude que a vida mental pode trazer. Mesmo seus prazeres mais nerds envolvem ginástica intelectual e a consideração frequente de questões importantes do mundo real.

Ao que me parece, o *geek* moderno deveria encontrar conforto no grau de aprovação com o qual Aristóteles (provavelmente) julgaria Sheldon Cooper. Ser nerd é um tipo de fenômeno social novo e, como todos os novos fenômenos sociais, é visto de diversas perspectivas com certa porção de suspeita e menosprezo. Mesmo assim, é possível que, apesar de toda pompa, pedantismo e comportamento obsessivo aos quais sucumbe a cultura nerd, ser um deles *não* deixa de ter um lado positivo. Pode até ser que a arte e os jogos amados pelos nerds sirvam a propósitos úteis. Seria um exagero grosseiro sugerir que a ascensão deles preencha o sonho de Aristóteles do cidadão intelectual. Por outro lado, suspeito que o grande ancião da filosofia não ficaria completamente insatisfeito com esse novo desdobramento na cultura humana.

NOTAS

1. *The Einstein Approximation* [*A aproximação de Einstein*].
2. *The Work Song Nanocluster* [*A nanopartícula da canção de trabalho*].
3. ARISTÓTELES. *Ética a Nicômaco*. In: J. Barnes (Ed.). *The Complete Works of Aristotle. Princeton*, NJ: Princeton University Press, 1984. Book X.
4. Id.
5. DIOGENES de Laércio. *Lives of Eminent Philosophers*. Tradução para o inglês de R. D. Hicks. Cambridge, MA: Harvard University Press, 1925. Book XI.
6. *The Nerdvana Annihilation* [*A aniquilação nerdvana*].
7. ARISTÓTELES. *Poética*. In: J. Barnes (Ed.). *The Complete Works of Aristotle*. Princeton, NJ: Princeton University Press, 1984. Book IX.
8. ARISTÓTELES. *Política*. In: J. Barnes (Ed.). *The Complete Works of Aristotle*. Princeton, NJ: Princeton University Press, 1984. Book VIII.
9. *The Middle-Earth Paradigm* [*O paradigma da Terra-média*].
10. ARISTÓTELES. *Política*. In: J. Barnes (Ed.). *The Complete Works of Aristotle*. Princeton, NJ: Princeton University Press, 1984. Book VIII.

11. *The Creepy Candy Coating Corollary* [*O corolário da cobertura de doce bizarra*].

12. Para saber mais sobre os relacionamentos em T*he Big Bang Theory* pela perspectiva de Aristóteles sobre a amizade, veja o Capítulo 2 deste livro: "Você é uma porcaria de amigo": *Em busca da amizade aristotélica em* The Big Bang Theory, por Dean Kowalski. Para uma perspectiva não aristotélica sobre a amizade entre Sheldon e Penny, veja o Capítulo 16 deste livro: "Penny, Sheldon e crescimento pessoal pela diferença", por Nicholas Evans.

13. *The Gorilla Experiment* [*O experimento gorila*].

2

"VOCÊ É UMA PORCARIA DE AMIGO": EM BUSCA DA AMIZADE ARISTOTÉLICA EM *THE BIG BANG THEORY*

Dean A. Kowalski

Por que os filósofos se preocupariam com algo tão óbvio quanto a amizade? Nós certamente parecemos saber o que é a amizade, a maneira de identificá-la e como julgar seu valor. Por exemplo, em *The Big Bang Theory*, parece óbvio que Sheldon, Leonard e Raj ajam como amigos valiosos quando passam a noite inteira acordados ajudando Howard a consertar e reprojetar o banheiro de gravidade zero da estação espacial. Parece óbvio também que Leonard, Howard e Raj não sejam amigos tão bons assim quando fogem para ver os filmes da série *O planeta dos macacos* em vez de cuidarem de um Sheldon doente. (Mas também, como soaria "Soft Kitty" da boca de Wolowitz, em vez da de Penny?)

O que significa Amy Farrah Fowler afirmar que ela e Penny são "melhores amigas"? Há tipos diferentes de amizade? E, de qualquer forma, que tipo de amizade é o melhor? Essa é a deixa dos filósofos. Aristóteles (384-322 a.C.), por exemplo, tinha um interesse aguçado na natureza da amizade. Então, neste capítulo, exploraremos *The Big Bang Theory* para aprender mais sobre as perspectivas aristotélicas sobre a amizade e passar a valorizar melhor sua visão de por que verdadeiras "melhores amigas" são tão raras.

"Você tem algum livro sobre como fazer amigos?"

Aristóteles escreveu sobre amizade nos livros VIII e IX de sua *Ética a Nicômaco*. Ele acreditava que a amizade é indispensável para a experiência humana, dizendo que "sem amigos, ninguém iria escolher viver, embora ele (ou ela) possa ter todos os outros bens".[1] Isso diz respeito até mesmo a pessoas socialmente relutantes, como Sheldon. O tempo que ele passa com Beverly Hofstadter, a mãe de Leonard, por exemplo, parece ser uma diversão para ele, ainda que tipicamente Sheldon não se sinta confortável ao redor de... bem, ninguém.

De acordo com Aristóteles, a amizade não é apenas nobre ou boa em si, mas é boa *para você*. Beneficia o rico, pois amigos vigiam e preservam a prosperidade. Beneficia o pobre, que pode refugiar-se com os amigos quando nada mais lhe restar. O jovem se beneficia porque os amigos o impedem de cometer erros, e o idoso se beneficia porque pode contar com aqueles que atendem a suas necessidades e complementam suas atividades fraquejantes. As pessoas no auge da vida se beneficiam porque a amizade as impulsiona a serem melhores. Pessoas boas e justas necessitam de amizade, mas amigos não têm necessidade de justiça. (Você já viu os Superamigos discutindo de quem é a vez de levar o lixo para fora?)

A visão de amizade de Aristóteles consistia em boa vontade e preocupação recíprocas: "Para serem amigos, então, precisam ser reconhecidos mutuamente como portadores de boa vontade e desejar o bem um ao outro."[2] Então, independentemente de quanto Sheldon admire sua lanterna do Lanterna Verde, de quanto ela o faça se sentir seguro ou de quanto ela o ajuda (ainda que de forma inadvertida) a conquistar garotas, ele não pode ser amigo dela. Afinal das contas, é um objeto inanimado. A afirmação de Aristóteles também significa que Amy Farrah Fowler e Penny não são "melhores amigas", pois, no fundo, Amy faz essa declaração exatamente porque Penny ignorava que as duas eram amigas — ah, se ao menos Penny estivesse acompanhando o blog de Amy!

Mesmo quando os requisitos básicos para a amizade de Aristóteles são preenchidos, as razões subjacentes para expressão de boa vontade e preocupação podem ser variadas. Aristóteles acreditava que há três tipos de amizade, correspondentes a três razões básicas para a reciprocidade de boa vontade. A primeira é pelo prazer ou pelo que é prazeroso; a segunda é pela utilidade ou pelo que é útil. Aristóteles não via nada inerentemente errado ou desviante a respeito dessas duas formas de amizade, mas ele as distinguia da terceira e mais alta forma: amizade plena ou perfeita. Amizade perfeita é obtida quando o zelo e a preocupação mútua são pelo bem do outro. Como Aristóteles descreveu: "Aquele que deseja o bem aos amigos apenas no interesse deles próprios é o mais verdadeiramente amigo."[3]

"Você já pensou em fazer amigos sendo... agradável?"

Amizades baseadas em prazer têm início e se sustentam porque são divertidas ou prazerosas de alguma forma. Ainda assim, não há nada de mercenário em relação a esses relacionamentos. Todas as partes envolvidas estão cientes da meta comum: divertir-se. Nossos quatro jovens cientistas costumam compartilhar essa forma de amizade. As noites semanais de *Halo*, às quartas-feiras, e os fins de semana regulares de paintball me vêm à mente. O primeiro caso abarca o amor mútuo dos rapazes por tecnologia e videogames, o segundo facilita o estímulo à recreação ao ar livre, tangenciando a estima por jogos do tipo RPG (e sim, Sheldon, por vestir fantasias adequadas ao contexto e historicamente precisas).

Por que Aristóteles considerava as amizades por prazer inferiores? Ele não via nada inerentemente errado com elas, e não acreditava que a amizade completa deveria existir sem experiências prazerosas. A posição do filósofo embasava-se em dois argumentos.

Em primeiro lugar, ele acreditava — provavelmente com razão — que amizades por prazer tendiam a não durar. Depois que a diversão acaba ou é substituída por algo mais prazeroso, nossa tendência é seguir em frente. Aristóteles acreditava que isso descrevia muitos jovens: "A amizade dos jovens parece objetivar o prazer, pois eles vivem sob o direcionamento das emoções e perseguem, acima de tudo, o que é prazeroso para eles mesmos e o que está imediatamente à frente."[4] Isso explica por que Raj ficou tão irritado com Howard, em *The Cornhusker Vortex* [*O vórtice Cornhusker*], durante a saída para a guerra de pipas no parque. Com ou sem a queimadura causada pela linha, Howard concorda em ser o parceiro de Raj e está ciente dos riscos: se perderem, Raj deve entregar sua premiada pipa de combate Patang (aquela que o irmão lhe enviou de Nova Délhi). Quando Raj grita pedindo a manobra "tesouras voadoras", Howard começa a paquerar uma mulher que estava se exercitando no parque. Raj grita: "O que você está fazendo? Não posso fazer a tesoura sozinho!"

No carro, a caminho de casa, Raj está furioso. Howard tenta se defender: "O que eu deveria fazer? Ela me deu aquele olhar de 'vem me azarar'." Raj replica: "Se houve mesmo um olhar, foi um olhar do tipo 'vê se se enxerga, idiota!'. Você sempre faz isso. Me abandona por uma mulher com quem não tem a mínima chance." Howard responde, convicto: "Eu tinha uma chance!" Raj: "Com uma mulher que você estava perseguindo no parque? Isso não é uma chance, é um crime." Mais tarde, no apartamento de Raj, Howard tenta se desculpar — comprando para Raj uma pipa rosa da Hello Kitty. Raj, exasperado, observa: "Ah, você simplesmente não entende, não é? Comprar algo bonito para mim não vai fazer nosso problema desaparecer." Howard admite por fim: "Olha, eu nem sempre fui o melhor amigo que poderia ser." Tanto Raj quanto Howard sabem que esse tipo de comportamento está longe de ser amizade verdadeira.

O motivo por Raj ter ficado chateado com Howard prenuncia o segundo argumento de Aristóteles em relação às amizades por prazer. Aqueles que são amigos visando o prazer, disse ele, o são "em benefício do que é prazeroso para si *mesmos*", mas não em benefício do outro ou outra.[5] Um amigo de verdade não abandona você na Radio Shack para flertar com a garota que está trabalhando atrás do balcão da lanchonete Hot Dog on a Stick — principalmente quando você está ali para encontrar um daqueles telefones com números grandes para a *mãe* do amigo. É significativo o fato de Howard estar sempre pronto a abandonar Raj pela mínima chance de se dar bem com uma garota. Ele gosta de Raj e gosta de passar seu tempo com o amigo, mas, no fundo, está apenas interessado em si mesmo. Se fosse um amigo de verdade, não colocaria os próprios interesses à frente dos dele tão rapidamente.[6]

"Kripke, o que acha da ideia de você e eu nos tornarmos amigos?"

As amizades baseadas na utilidade têm início e se sustentam porque são muito úteis ou lucrativas para nós de alguma forma. Uma busca por algo mais prático ou pragmático do que prazer é a meta. Aristóteles escreveu: "Aqueles que buscam a utilidade (...) às vezes (...) nem mesmo acham um ao outro agradáveis; portanto não precisam de tal companhia exceto se forem úteis um ao outro; eles são agradáveis um para o outro apenas na medida em que suscitam esperanças mútuas de que algo bom aconteça."[7] Novamente, não há nada de mercenário aqui. Simplesmente a motivação inicial para a amizade é que ambas as partes, de alguma forma, beneficiam-se em algum sentido.

Talvez essa forma de amizade explique melhor por que o grupo de amigos de *The Big Bang Theory* regularmente pede comida quando estão juntos. Fazer isso pode ser mais barato do que pedir comida sozinho; além disso, cada um deles se poupa da tarefa de cozinhar e da solidão de jantar só. (Assim, Raj precisa comer seu frango frito sobre a pia apenas uma vez por ano.) O relacionamento de Sheldon com Leonard é útil na medida em que este regularmente leva o primeiro de carro para o trabalho. Sheldon não dirige, e a carona provavelmente poupa a Leonard o dinheiro da gasolina. Na verdade, o relacionamento entre eles começou devido à utilidade. Leonard e Sheldon se tornaram colegas de apartamento porque Leonard procurava um lugar bom para morar, e Sheldon não podia pagar o aluguel sozinho. Isso também explica por que Howard e Raj começaram a andar com Sheldon. Eles gostam de passar o tempo com Leonard, mas ele mora com Sheldon.

Por que Aristóteles considerava amizades pela utilidade uma forma inferior de relacionamento? A argumentação dele era análoga ao que o filósofo disse a respeito de amizades pelo prazer. De novo, ele não via nada inerentemente errado com elas, e não acreditava que a amizade plena deveria existir sem benefícios pragmáticos. A posição de Aristóteles baseava-se em dois argumentos familiares.

Primeiro, ele dizia que "o útil não é permanente, mas está sempre em mutação".[8] Isso nos leva a pensar que esse tipo de amizade pode ser, da mesma forma, facilmente desfeito. Assim que o benefício prático pretendido cessa, a amizade também cessa. A incursão mais nítida na amizade baseada na utilidade é a decisão de Sheldon de se tornar amigo de Barry Kripke em *The Friendship Algorithm* [*O algoritmo da amizade*]. (Você sabe, aquele cara de língua presa que, ao conhecer Penny, disse: "Hmm, não é um nome muito sexy. Vou chamá-ua de Uoxanne.")

Kripke é um colega do Departamento de Física na universidade. No entanto, faltam-lhe as habilidades sociais de Sheldon, Leonard, Raj e Howard. (Imagine só.) Na verdade, Kripke é, em geral, desagradável. Você se lembra do comentário sarcástico que ele fez para Leonard no refeitório? "Soube de seu uecente expeuimento com a meia-vida dos puótons, 20 mil inseuções de dados e nenhum uesultado estatisticamente significativo. Muito impuessionante!" Howard consola Leonard: "Vamos lá, não deixe ele irritar você. É o Kripke", e Raj se intromete: "É, ele é um babaca." Howard confirma: "É por isso que come sozinho em vez de se sentar aqui, na mesa dos caras legais." Raj reafirma: "É isso aí."

Apesar de tudo isso, Sheldon precisa ter acesso a um equipamento de laboratório que Kripke, aparentemente, controla. Leonard deseja sorte a Sheldon, pois "as únicas pessoas que ele deixa usar são seus amigos". Ainda que Sheldon não goste de Kripke (nem um pouco), ele logo conclui: "A solução é simples: vou me tornar amigo dele." É claro que Kripke não tem "inteuesse" em se tornar amigo de Sheldon. O que Sheldon ganha com a possível amizade é óbvio, mas Kripke não vê motivo para formá-la. Sheldon tenta encontrar um território comum, menciona bebidas quentes, atividades recreativas e macacos. Kripke replica com andar a cavalo, nadar e ventriloquia. Eles finalmente concordam com o interesse comum menos detestável na opinião de Sheldon: escalada — ainda que ele tenha medo de altura (ou de cair, ou de ambos).

Sheldon fica diante da parede de escalada. Ele olha para cima, admitindo que parece mais "monolítica" do que aparentava no laptop. Então olha ao redor em busca de "hominídeos aprendendo a usar ossos como armas". Ao sentir o desconforto de Sheldon, Kripke pergunta: "Você tem medo de altuua, Cooper?" Sheldon tenta ignorar, mas responde: "Qual você diria que é a altura mínima que preciso alcançar para cimentar nossa recém-formada amizade?" Kripke fala: "Caua, fazem festas de aniveusáuio aqui. Cuiancinhas escalam isso." (Hominídeos criancinhas, talvez.)

E Sheldon sobe, apenas para ficar empacado e desmaiar (depois de sofrer uma pontinha de incontinência). Ironicamente, ele depois descobre que Kripke não controla quem tem acesso ao equipamento, no fim das contas. Como Sheldon não acha Kripke nem um pouco agradável, o objetivo de começar uma amizade com ele se anula, o que o leva a concluir: "Essa empreitada toda parece ter sido um exercício de futilidade."

A natureza elaborada da empreitada inútil de Sheldon começa a entrar no segundo motivo de Aristóteles para classificar como inferiores as amizades baseadas em utilidade. Novamente, o foco da amizade não é a outra pessoa, mas o que *você* consegue com o relacionamento. Como a maioria das pessoas reconhece, fazer amizade com alguém apenas por mútuo interesse é, na melhor das hipóteses, superficial. Considere o conceito de "amigos com benefícios". Isso parece uma boa ideia — Howard e Leslie Winkle definitivamente concordariam. Mesmo assim, sentimos pena do pobre engenheiro quando Leslie acaba com tudo; ele esperava "algo mais". Esse algo mais é um relacionamento mais profundo e satisfatório. As esperanças de Howard traçam o caminho para a terceira forma de amizade de Aristóteles.

"Para fazer amigos, mostre interesse pela vida deles"

Aristóteles achava que as melhores amizades vão além do mero prazer ou da mera utilidade. A amizade verdadeira — o que ele chamava de amizade "plena" ou "perfeita" — é um relacionamento entre pessoas (moralmente) boas, em que cada qual reconhece o bom caráter da outra e cada uma delas deseja preservar e promover a virtude da outra apenas porque é bom fazê-lo. A amizade verdadeira ocorre entre iguais — um relacionamento no qual uma pessoa é amplamente superior à outra de formas distintas é muito provavelmente um relacionamento paternalista. Como disse Aristóteles: "A amizade perfeita é a [daqueles] que são bons e semelhantes em virtude; pois desejam o bem um do outro similarmente à bondade que possuem e são, por si só, bons."[9] (Pense em Kirk e Spock.)

Ao contrário das amizades pelo prazer e pela utilidade, as amizades verdadeiras devem envolver consideração genuína pelo bem-estar da outra pessoa, não apenas motivos egoístas. É claro que isso não significa que uma pessoa não possa considerar como a amizade afeta seus próprios interesses — Aristóteles não advogava pela subserviência ou pelo autossacrifício radical. A ideia é simplesmente que uma pessoa se importe com outra pelo bem dela ou dele e queira ver a outra pessoa crescer, independentemente de qualquer benefício que se possa receber como resultado. (Pense no *oposto* de David Underhill com Penny.) No entanto, Aristóteles ainda sustentava que, de fato, amizades verdadeiras são benéficas para os envolvidos. Nesse sentido, a amizade verdadeira envolve uma convergência feliz de autointeresse e altruísmo e, como tal, resulta em um tipo de motivação moral ideal.

Então, para Aristóteles, a forma mais alta de amizade ocorre entre pessoas de caráter moral igualmente bom (virtude), o qual é melhorado devido às interações entre elas. Tais amizades são comprovadamente raras; quando são atingidas, é porque os amigos passam muito tempo juntos, desenvolvendo uma confiança mútua segura. O relacionamento é nutrido pela participação em incursões conjuntas e o comprometimento com atividades que exercitam as próprias virtudes das pessoas, para a melhora uma da outra e da amizade. Tudo isso é feito sobretudo pelo bem da outra pessoa (e não por propósitos egoístas), ainda que os interesses das duas tenham se aproximado tanto que fique difícil separá-los. Consequentemente, a amizade plena resulta em um tipo de segundo eu, um verdadeiro parceiro.[10]

"Isso parece loucura"

A visão de Aristóteles da amizade verdadeira é nobre, mas talvez também seja idealista demais. Vejamos se conseguimos encontrar algum traço dela em *The Big Bang Theory*.

O lugar mais óbvio para se procurar é no relacionamento entre Leonard e Sheldon (possivelmente o equivalente a Kirk e o Spock do programa), porque são, *grosso modo*, iguais em termos de habilidade intelectual e virtude moral. Além disso, passam bastante tempo juntos, compartilham muitos interesses comuns e ajudam um ao outro. Sheldon, de forma memorável, ajudou Leonard com o fiasco do combustível para foguetes em 2002. (O elevador levou a pior nessa.) Por outro lado, Leonard tolera as diversas idiossincrasias de Sheldon e costuma levá-lo para o trabalho de carro.

Então, Sheldon e Leonard deveriam ser interpretados como amigos plenos? Afinal de contas, no episódio *The Electronic Can Opener Fluctuation* [*A flutuação do abridor de latas eletrônico*], Sheldon afirma: "Leonard, você é o melhor amigo que tenho no mundo." Ainda assim, repetidas vezes, Sheldon vê o relacionamento deles no contexto da cláusula de amizade do acordo de convivência. Em *The Cornhusker Vortex* [*O vórtice Cornhusker*], Leonard desesperadamente busca a ajuda de Sheldon para aprender as nuances do futebol americano para melhor se encaixar entre os amigos de Penny. A princípio, Leonard fica surpreso por Sheldon entender as regras desse esporte. (Quadribol, tudo bem. Mas futebol americano?) No entanto, ele está desesperado: "Por favor, estou pedindo como amigo." Sheldon, indelicadamente, responde: "Você está transformando isso em um pedido de amizade de prioridade um?" Aceitando o que Sheldon lhe oferece, Leonard responde, com esperteza: "Sim." Sheldon, então, suspira e diz: "Tudo bem." Quando Leonard expressa sua gratidão, Sheldon resmunga: "Está bem, está bem."

O problema é óbvio: Sheldon tem dificuldade com qualquer tipo de relacionamento significativo. Em *The Jerusalem Duality* [*A dualidade Jerusalém*], no contexto em que Dennis Kim "é vítima da inexplicável necessidade por contato humano", Sheldon simplesmente afirma: "Relacionamentos sociais sempre me causarão espanto e repulsa." Mesmo se presumirmos que isso foi proferido por um Sheldon amargo — afinal de contas, ele já não é o mais jovem ganhador de um prêmio Stevenson —, ele continua bastante ignorante a respeito de amizade. Em *The Bad Fish Paradigm* [*O paradigma do peixe ruim*], Sheldon é pego totalmente desprevenido pela afirmativa de

Penny de que "amizade contém em si uma obrigação inerente de manter confidências". Ele fica ainda mais surpreso pelos dois chegarem a se tornar amigos. Quando Sheldon considera fazer amizade com Kripke em *The Friendship Algorithm* [*O algoritmo da amizade*], sua reação imediata é terminar uma das amizades atuais "porque manter cinco amizades parece ser um esforço hercúleo".

Isso não significa que Sheldon não compreenda a amizade, significa apenas que ele tem grandes dificuldades para ultrapassar amizades baseadas em utilidade. Lembre-se do episódio *The Large Hadron Collision* [*A grande colisão de hádrons*], quando Leonard é escolhido para visitar o colisor de partículas do CERN, na Suíça. Essa é uma oportunidade profissional incrível, e ele pode levar um convidado. Sheldon corre para casa e começa a fazer as malas imediatamente, mas, como o Dia dos Namorados acontece durante a viagem, Leonard quer levar Penny. Sheldon não aceita isso: "Chamo sua atenção para a Cláusula de Amizade, Apêndice C, 'Compromissos Futuros', número 37: no caso de um amigo ser convidado para visitar o grande colisor de partículas, no momento em construção na Suíça, ele deverá convidar o outro amigo para acompanhá-lo." (É claro que o Apêndice C também estipula que Leonard não pode matar Sheldon se ele se tornar um zumbi.) Leonard implora a Sheldon que não aplique a cláusula, mas Sheldon responde com determinação: "Eu cumpri todos os meus compromissos do acordo. Pelo menos uma vez por dia pergunto como você está, ainda que eu simplesmente não me importe." No entanto, Leonard permanece firme. Ele vai levar Penny. Sheldon se sente traído e compara o suposto melhor amigo a Benedict Arnold, Judas e Rupert Murdoch (o homem responsável, em última instância, pelo cancelamento do seriado *Firefly*).

Sheldon logo muda de ideia — ou pelo menos parece mudar. Acorda Leonard com sons relaxantes de uma flauta de madeira, a qual ele mesmo toca. E surpreende Leonard um pouco mais ao anunciar: "Fiz café da manhã para você. Suco, café e panquecas em forma de alguns de seus personagens de ficção favoritos. Veja, aqui está Frodo... Posso aquecê-las com esta boina que lavei bem e passei, para que servisse de proteção para as panquecas." Sorrindo, Leonard pergunta por que Sheldon está fazendo tudo aquilo. Ele responde, humildemente: "É um modo de pedir desculpas pelo comportamento recente. Tive tempo para refletir e percebi que amizade não é um conjunto de acordos escritos. É o resultado do respeito e da consideração entre duas pessoas." Sheldon, a seguir, sugere que, depois de Leonard terminar seu café da manhã, os dois passem o dia assistindo a *Babylon 5* juntos — embora, na opinião de Sheldon, o programa "seja falho enquanto drama e ficção científica, além de incorrigivelmente derivativo" —, só porque Leonard é seu amigo.

Ahá! Seria essa a amizade perfeita pela qual esperávamos? Então, Leonard acrescenta, de modo tímido: "Ótimo. Mesmo assim não vou levá-lo para a Suíça." Sem perder tempo, Sheldon responde: "Droga. Nada de Frodo para você", e retira a bandeja de café da manhã da cama de Leonard e sai do quarto sem cerimônias. Sheldon fica feliz em agir como se fosse amigo pleno de Leonard, mas apenas se ele o levar para a Suíça. Sheldon, aparentemente, sabe o que envolve a amizade verdadeira, mas simplesmente não consegue se obrigar a agir de acordo com esse conhecimento. Prefere relacionamentos baseados em acordos contratuais e cumprirá com sua parte no negócio da amizade se Leonard cumprir com a própria. Tudo isso, na melhor das hipóteses, resulta em um pouco mais do que amizade pela utilidade.[11]

"Não há um algoritmo para fazer amigos!"

Assim, talvez devêssemos procurar em outro lugar em *The Big Bang Theory* pela amizade aristotélica. O segundo lugar mais provável para encontrarmos é entre Leonard e Penny. Relacionamentos sociais não causam total espanto ou repulsa em nenhum dos dois. Não está claro, no entanto, se Leonard e Penny são intelectualmente iguais. Lembre-se de que esse foi um fator de estresse durante a primeira vez em que namoraram. Em *The Bad Fish Paradigm* [*O paradigma do peixe ruim*], Penny pergunta a Sheldon se Leonard já namorou "garotas normais". Ao esclarecer que ela não estava falando de normalidade digestiva — pois "aprendeu que tais perguntas são inapropriadas" —, Sheldon confessa que Leonard não namorou muitas "não gênios" (exceto, talvez, por aquela mulher francesa que tinha Ph.D. em literatura francesa). Penny, então, pergunta, hesitante: "Acha que ele pode se entediar comigo?" Sheldon responde: "Depende. Você tem conhecimento prático de física quântica? Fala klingon?" Penny interrompe: "Entendi. Leonard não tem por que se envolver com uma atriz-barra-garçonete que se sentiu tão insegura que precisou mentir para ele a respeito de ter terminado a faculdade."

Talvez Howard e Raj se saiam melhor? Eles passam bastante tempo juntos e têm muitos interesses em comum. Entretanto, considerando a propensão que Howard tem para se importar apenas consigo mesmo, não fica claro se ele é um bom candidato para a amizade plena — com qualquer pessoa. Ao contrário de Sheldon, Howard não acha a necessidade por contato humano — especialmente alguns tipos de contato — nem um pouco inexplicável. Na verdade, ele vive para ela (e se isso faz dele um "esquisitão" — então, tudo bem, ele é esquisitão). No entanto, Bernadette conseguiu mudá-lo. Leonard e Priya pareciam bons candidatos, mas, com o retorno iminente dela para a Índia, isso se tornou difícil; o tempo que passam juntos está se encurtando, reduzindo as perspectivas de amizade plena. Talvez Raj e Leonard? Talvez, mas são poucos os episódios em que eles passam algum tempo juntos, só eles dois.

Apesar de tudo isso, parece, de fato, que os personagens de *The Big Bang Theory* — principalmente Leonard e Penny — se tornaram bons amigos. Ainda que o relacionamento romântico deles já tenha falhado certa vez, Leonard e Penny ainda podem contar um com o outro. No entanto, Aristóteles, sem dúvida, teria dito que nenhum dos personagens é amigo de verdade, o que nos lembra de como a amizade plena é rara.

Deveríamos concluir que a visão que Aristóteles tem da amizade é idealista demais ou que talvez esteja fora de moda (ou ambos)? Aristóteles realmente parece certo ao afirmar que há diferentes níveis de amizade e que a amizade verdadeira requer consideração e preocupação pelo outro. No entanto, nós precisamos ser mesmo tão parecidos com alguém para nos tornarmos bons amigos de verdade dessa pessoa? Se discordarmos de Aristóteles em relação a isso, então o que a amizade verdadeira requer?

A amizade, assim como o amor, pode estar entre aquelas coisas que são difíceis de definir com clareza. Entretanto, sabemos quando alguém é "uma porcaria de amigo". Talvez seja só o que precisamos saber. Além disso, talvez o único modo de saber o que torna alguém um amigo de verdade é ter e ser um.[12]

NOTAS

1. ARISTÓTELES. *Ética a Nicômaco*. Tradução para o inglês de W. D. Ross. In: Richard McKeon (Ed.). *The Basic Works of Aristotle*. Nova York: Random House, 1941, p. 1058. Daqui em diante, citações da obra *Ética a Nicômaco*, de Aristóteles, serão referenciadas pelo número padrão da margem da página assinalado por *EN*. O número padrão da margem para esta citação é 1155a5-1155a6.
2. *EN*, 1156a3-1156a5.
3. *EN*, 1156b9-1156b10.
4. *EN*, 1156a32-1156a33.
5. *EN*, 1156a15-1156a17, grifo no original.
6. Aristóteles parece ter definido Howard: "Jovens também são amorosos, (...) é por isso que se apaixonam e rapidamente deixam de estar apaixonados, mudando, geralmente, no mesmo dia." (*EN*, 1156a35-1156a36).
7. *EN*, 1156a27-1156a30.
8. *EN*, 1156a23.
9. *EN*, 1156b7-1156b9.
10. Ver *EN*, 1156b24-1156b28, 1157b33-1157b36 e 1166a29-1166a32.

11. Talvez seja possível argumentar que o espanto e a repulsa de Sheldon por relacionamentos humanos são um defeito moral substantivo em seu caráter. Se for o caso, talvez ele e Leonard não sejam suficientemente similares para uma comparação, a princípio. Também podemos deduzir disso, então, que Sheldon não é um bom candidato para a amizade aristotélica com ninguém.

12. Agradeço ao webmaster de http://bigbangtrans.wordpress.com (em inglês) pelos diálogos dos episódios. O título de cada seção foi retirado de *The Friendship Algorithm* [*O algoritmo da amizade*].

3

THE BIG BANG THEORY E O USO E O ABUSO DA TECNOLOGIA MODERNA

Kenneth Wayne Sayles III

Depois de assistir e me divertir com um episódio de *The Big Bang Theory*, costumo ter dois pensamentos sérios: (1) talvez eu tenha muito mais em comum com Leonard, Sheldon, Howard e Raj do que pensaria inicialmente e (2) imagino se o programa retrata com precisão o modo como a tecnologia é utilizada em nossa época moderna. Como um cientista da computação, sinto-me confortável ao utilizar tecnologia e conheço os benefícios da internet e dos computadores portáteis. Ainda assim, me parece que a sociedade moderna absorve rapidamente novas tecnologias por causa da facilidade, da aparência ou da novidade, sem considerar devidamente as possíveis consequências. Não me entenda mal: não acho que a tecnologia seja inerentemente boa ou ruim. Apenas sei que há sempre custos e benefícios para utilizá-la, e não costumamos considerar de modo apropriado os custos, pois nos concentramos apenas nos benefícios. Por exemplo, do quanto estamos dispostos a abrir mão pela conveniência? Considere itens como o fósforo, o isqueiro, o fogão e o forno. Antes de seu desenvolvimento, saber fazer uma fogueira era uma habilidade essencial. Essa habilidade não é mais tão comum, pois não é mais crucial para o dia a dia. Isso pode ser bom, mas será que a sociedade está seguindo por um caminho similar com o uso moderno de computadores e da internet? Se está, que habilidades estamos sacrificando?

Todos nos beneficiamos da internet, mas com o uso intenso de computadores, estaríamos agora observando também um declínio nas habilidades sociais? *The Big Bang Theory* oferece insights valiosos a respeito disso, ao nos mostrar usos saudáveis e prejudiciais da tecnologia. O uso saudável da tecnologia faz dela um suplemento para a vida normal, enquanto o uso prejudicial transforma a tecnologia no foco da existência e leva a desequilíbrios na vida e nas habilidades sociais de uma pessoa. No fim das contas, acho que moderação é a resposta para equilibrar tecnologia e vida de modo adequado. Os personagens de *The Big Bang Theory* nos mostram com humor as armadilhas do uso desequilibrado.[1]

Um pouco de webcam saudável

Em nossa era digital, é muito fácil interagir um com o outro sem, de fato, habitar o mesmo espaço físico. Porém, tal interação pode ser tanto saudável quanto prejudicial. Rajesh ("Raj") Koothrappali rotineiramente entra em contato com os pais, que vivem na Índia, através da webcam, contando a eles sobre a vida, "guiando-os" pelo mundo em que se encontra e apresentando-os aos amigos. Essa é uma forma saudável de interação virtual. Os pais de Raj poderiam se mudar para os Estados Unidos, mas, com base na intensidade com que gostariam que Raj voltasse para a Índia, isso não parece provável. Raj poderia se mudar de volta para a Índia, mas ele gosta demais de morar nos Estados Unidos. Em *The Pirate Solution* [*A solução pirata*], após alertar os amigos a respeito da possível deportação, Raj proclama desesperadamente: "Não quero voltar para a Índia. É quente, barulhenta e tem *tanta* gente. Vocês não têm ideia, elas estão por toda parte."[2] Mais tarde, ele afirma, cansado: "Ah, bife, vou sentir tanta falta de você. Sabiam que no McDonald's de Mumbai não tem Big Mac? O máximo que se pode conseguir é um Mac Frango Marajá. E o molho especial é curry, o que, na Índia, acreditem, não é nada especial." A ideia de voltar à Índia é tão desagradável para ele que Raj decide trabalhar *para* — e não com — Sheldon, e todos sabemos como isso é fácil!

Em vez de se falarem pela webcam, Raj e os pais poderiam viajar entre os Estados Unidos e a Índia regularmente. No entanto, os custos de tais viagens seriam elevados. Embora Raj possa ligar para os pais ou escrever, a webcam tem a vantagem adicional de permitir que Raj e os pais se vejam em "tempo real". Eles não poderiam ver as expressões um do outro ou as reações pelo telefone, mas com a webcam, todos têm a oportunidade de conversar regularmente de modo econômico, como fariam pessoalmente. Além disso, se Raj desejar ficar sozinho, pode desligar o notebook. Embora consiga contatar os pais e mostrar-lhes seu mundo, Raj também pode ter a independência de um adulto. O uso que ele faz da webcam com os pais é racional e também saudável, pois não atravanca seu crescimento como indivíduo, mesmo com a "mudez seletiva".

Na quarta temporada, Sheldon Cooper e Amy Farrah Fowler usam bastante a webcam. Embora não estejam separados por uma distância grande, eu diria que essa interação virtual é saudável. A interação virtual entre os dois é mais como um suplemento para o relacionamento, e não uma substituição da interação física. Eles têm a liberdade de desenvolver o relacionamento do modo que quiserem, tanto dentro quanto fora do mundo "virtual". Considerando que Sheldon e Amy não costumam interagir socialmente com outros, a webcam lhes permite obter interação pessoal e em "tempo real", a qual é mais confortável para os dois. Ela também permite que o relacionamento se desenvolva sem interromper a vida deles, pois costumam realizar diversas tarefas durante essas interações. Como o trabalho e outras atividades são mais importantes para Sheldon e Amy do que gracejos sociais, a webcam se torna uma ferramenta útil para ajudá-los a fazer ambos.

Para Raj e os pais, assim como para Sheldon e Amy, a interação virtual é saudável, pois não atravanca o desenvolvimento social das pessoas envolvidas, nem de seus relacionamentos com outros. De algumas formas, até os ajuda a desenvolver e manter esses relacionamentos.

Interações prejudiciais

É claro que *The Big Bang Theory* também nos mostra interações virtuais prejudiciais. Considere o episódio *The Codpiece Topology* [*A topologia do protetor inguinal*], no qual Sheldon recorre a ficar sentado nas escadarias brincando com seu laptop, em vez de sair sozinho depois de Leonard levar uma mulher para casa. Na verdade, quando Penny sugere que ele saia, Sheldon não vê motivos, e rebate todos os argumentos de Penny. Ela sugere que ele vá ao cinema ou a um café, ao que Sheldon responde: "E se eu me engasgar com a pipoca..." e "Não bebo café". Nesse caso, Sheldon está claramente conferindo mais importância a interações virtuais sozinho com um videogame do que a se aventurar em atividades sociais no mundo físico.

De maneira interessante, Penny exibe um comportamento similar no episódio seguinte, *The Barbarian Sublimation* [*A sublimação bárbara*], em que ela se torna obcecada com o jogo multiplayer on-line *Age of Conan*, e sua vida rapidamente entra em uma espiral descendente. Ela para de tomar banho e de trocar de roupas, torna-se totalmente improdutiva — chega até a ligar para o trabalho e avisar que está doente para poder continuar jogando. Penny não percebe o quanto entrou na toca do coelho até que se vê atraída pelo avatar de Howard Wolowitz. Depois de, muito distraída, concordar em entrar em uma *quest* com ele e encontrá-lo em uma taverna "virtual", uma Penny exausta e esgotada de repente retoma os sentidos e exclama: "Ai, meu Deus, preciso de ajuda!", e, então, joga o laptop para o lado e o cobre com uma almofada!

O exemplo mais extremo de interação virtual ruim, entretanto, é o comportamento de Sheldon em *The Cruciferous Vegetable Amplification* [*A ampliação dos vegetais crucíferos*]. Devido aos sonhos e pensamentos sobre ciborgues do futuro, Sheldon decide utilizar um monitor para interagir com o mundo e abre mão de qualquer contato físico. Pela tela do computador, ele anuncia:

> Sou um equipamento móvel de presença virtual. Eventos recentes demonstraram que meu corpo é frágil demais para suportar as vicissitudes do mundo. Até que chegue a hora em que poderei transferir minha consciência, permanecerei em um local seguro e irei interagir com o mundo desta forma.

Nesses três exemplos de uso prejudicial da tecnologia, o elo comum é que a interação virtual se torna um substituto da interação física saudável. Na verdade, mesmo preocupações físicas, como alimentar-se de forma saudável e cuidar da higiene, tornam-se secundárias. Como a tecnologia é utilizada de modo *irrefletido*, sem nenhuma consideração pelas possíveis consequências, as vidas dos personagens são, ou se tornam, desequilibradas ou anormais.

O caso de Penny ilustra esse argumento muito bem. O comportamento dela em *The Barbarian Sublimation* [*A sublimação bárbara*] contrasta claramente com seu comportamento e sua atitude anteriores em relação a jogos. No primeiro episódio da série, Howard, em uma tentativa risível de cortejá-la, informa Penny a respeito do tigre de estimação "virtual" que possui e da taverna "virtual" que gosta de frequentar em um jogo. Howard diz: "De qualquer forma, se você tivesse um personagem no jogo, poderíamos nos encontrar, talvez partir em uma *quest*." Penny, sem entusiasmo nenhum, responde: "Hã, parece interessante." Mais adiante, em *The Dumpling Paradox* [*O paradoxo dos bolinhos*], Penny utiliza-se de uma partida de *Halo* com os garotos para evitar uma amiga que veio de Nebraska, a "prostituta de Omaha", que está se agarrando com Wolowitz no apartamento de Penny. No entanto, quando Leonard diz: "Sabe, Penny, nós formamos uma equipe muito boa, talvez pudéssemos entrar em alguns torneios de Halo algum dia", Penny responde: "Ou poderíamos apenas arranjar uma vida." Quando se contextualiza esses episódios iniciais, fica mais fácil perceber como a vida de Penny se torna desequilibrada quando passa a jogar excessivamente. Se esse comportamento obsessivo indica de alguma forma para onde caminha nossa sociedade, devemos questionar com seriedade se os benefícios do uso moderno dos computadores valem o risco de tal decadência vertiginosa e contínua de nossas habilidades sociais e da capacidade de interagir no mundo físico.

Vingança virtual

Os casos mais óbvios de desequilíbrio envolvem comportamentos extremos, como "vingança virtual", que ocorre quando algum tipo de interação virtual é utilizado como instrumento de vingança contra uma pessoa sem que seja necessário confrontar essa pessoa diretamente no mundo físico. O primeiro exemplo disso aparece em *The Panty Piñata Polarization* [*A polarização da piñata de calcinhas*]. Sheldon e Penny se desentendem devido à insensível falta de consideração de Penny pelas regras de Sheldon sobre a casa, as quais incluem não tocar na comida dele. Penny quebra de propósito essa mesma regra depois, com o hambúrguer de Sheldon, quando eles estão no Cheesecake Factory. Em resposta, Sheldon bloqueia o acesso de Penny à internet sem fio dele e de Leonard, e usa uma mensagem gravada em vídeo para descrever suas intenções:

> Saudações, tocadora de hambúrguer. Você deve estar imaginando por que não consegue conversar com seus amiguinhos por mensagens instantâneas sobre como vocês "coração" diversas coisas. Bem, esta mensagem serve para alertá-la de que estou pondo um fim em sua carona parasítica em nossa WiFi. Se quiser remediar a situação, pode entrar em contato com a companhia telefônica, contratar a própria internet WiFi e pagar por ela — ou pode me pedir desculpas.

Sheldon utiliza uma técnica similar no episódio adequadamente intitulado *The Vengeance Formulation* [*A formulação da vingança*]. Quando Barry Kripke sabota a entrevista telefônica de Sheldon para a rádio NPR bombeando gás hélio para dentro do escritório de Sheldon, o que o faz soar como um anão percorrendo a Estrada de Tijolos Amarelos de *O mágico de Oz*, Sheldon jura se vingar. Depois de arquitetar uma pegadinha elaborada no laboratório, na qual joga espuma em Kripke (e, infelizmente, no presidente da universidade e no conselho de diretores), o vídeo gravado de Sheldon afirma:

> Olá, Kripke. Essa pegadinha clássica chega a você pela mente malévola de Sheldon Cooper. Se quiser ver a expressão idiota em seu rosto, este vídeo está sendo instantaneamente carregado no YouTube.

(Um nível a mais de *virtualidade* cômica é o fato de Sheldon, Leonard e Raj estarem assistindo à pegadinha e ao vídeo gravado por Sheldon pela webcam, no apartamento de Sheldon e Leonard!)

Mesmo assim, a vingança virtual pode ser tanto saudável quanto prejudicial — depende de como é utilizada. Por um lado, Sheldon não confronta seu alvo diretamente. Ele monta vídeos que lhe permitem controlar a situação. Esse comportamento é prejudicial, pois Sheldon não está lidando com o conflito diretamente e não dá a seus oponentes a oportunidade de tratarem a situação com ele. Ao manter a interação unilateral, não aprende a lidar de modo construtivo com as pessoas quando tem um problema com elas. E se ele tiver de confrontar alguém de modo direto, sem um computador? Lidar com alguém quando se está com raiva ou desapontado é uma habilidade social importante que Sheldon não está desenvolvendo. Por outro lado, nem todo mundo consegue controlar o temperamento, e alguns confrontos podem fugir ao controle rapidamente. Então, talvez o confronto virtual seja uma alternativa mais segura e mais controlada do que o confronto direto.

Um exemplo claro de confronto direto que dá errado está no episódio *The Zarnecki Incursion* [*A incursão Zarnecki*], quando Sheldon não obtém sucesso ao tentar recuperar seus itens roubados do *World of Warcraft* diretamente com o Sr. Todd Zarnecki. Embora Leonard, Sheldon, Howard e Raj consigam encontrar Zarnecki por meio de técnicas "virtuais", não têm nenhuma noção de como efetivamente confrontá-lo cara a cara. Na verdade, Sheldon acaba perdendo também o bat'leth klingon para Zarnecki. Penny, no entanto, parece bem preparada para o confronto direto quando chuta a virilha de Zarnecki para conseguir as coisas de Sheldon de volta, depois de dizer com educação: "Devolva as coisas de meu amigo." Esse confronto direto certamente não foi saudável para Zarnecki, e os outros rapazes sem dúvida pensarão duas vezes antes de irritarem Penny no futuro.

No fim das contas, interação virtual e vingança virtual parecem ser facas de dois gumes. Quando são empregadas como suplementos para a interação física saudável, podem ser ferramentas úteis para interagir com outros de modo saudável, como a relação "virtual" de Raj com os pais. No entanto, quando são empregadas como substitutas para a interação física ou o confronto direto construtivo, resultam em uma vida claramente desequilibrada, como a falta de higiene de Penny ou o bloqueio de Sheldon para o mundo físico. Moderação parece ser a chave para um uso saudável da tecnologia.

O meio de Aristóteles

O sistema ético de Aristóteles (384-322 a.C.) baseia-se em desenvolvimento de caráter e autodesenvolvimento.[3] Em outras palavras, Aristóteles queria que o indivíduo aprendesse a se tornar a melhor pessoa possível sem seguir regras rigorosas. Um dos princípios-guia do filósofo era que pessoas tinham de aprender a moderação entre os extremos do excesso e da deficiência para desenvolver virtudes adequadas. Aristóteles afirmava que "excesso e deficiência são característicos do vício, atingir o meio é característica da virtude".[4]

Quando Aristóteles falava de virtude, não se referia à pureza (ou a qualquer coisa similar), mas sim a um modo de os seres humanos melhorarem a si mesmos no sentido da excelência pelo desenvolvimento de traços de caráter desejáveis. Por exemplo, a virtude da coragem resulta em encontrar o meio-termo entre os vícios da covardia, por um lado, e da precipitação, por outro. Uma pessoa desenvolve bravura de verdade ao entender como não fugir e também como não se apressar de modo tolo. Aristóteles definiu o meio-termo como o que está equidistante do excesso e da deficiência, sobretudo no que diz respeito à pessoa e à situação que ela enfrenta no momento. Conforme Aristóteles definiu: "O meio-termo em relação a nós eu entendo como aquilo que não é nem demasiado, nem insuficiente para nós; e isso não é igual para tudo."[5] Aristóteles referia-se ao equilíbrio entre extremos, e não um meio-termo matemático. Infelizmente, encontrar o meio-termo relativo não é tão simples quanto encontrar a média entre extremos. Aristóteles usou um exemplo simples com comida para ilustrar esse argumento:

> Se cinco quilos de comida é muito para certo homem comer, e um quilo é pouco, não se conclui que o instrutor lhe dirá para comer três quilos, pois isso também pode ser demasiado para o referido homem, ou insuficiente.[6]

O argumento de Aristóteles é que não se pode simplesmente encontrar o meio exato entre extremos para se obter a virtude ou a excelência em uma empreitada específica. Em vez disso, necessita-se de uma quantidade de experimentação para encontrar o meio relativo para uma pessoa.

Para Aristóteles, a chave para se obter a excelência humana é a moderação constante entre extremos até que se descubra aquele meio certo, ou o meio-termo de ouro. Embora seja possível manter esse meio-termo ao longo da vida, talvez se descubra por meio do equilíbrio e da moderação constantes que o meio-termo relativo se modificará. De um modo prático, enquanto a excelência pode não ser obtida o tempo todo em tudo, esse comportamento moderador é, em si, um comportamento aperfeiçoador, pois permite que um indivíduo se aproxime da excelência. Como afirmou Aristóteles: "A excelência, ou virtude, adequada de um homem será o hábito ou a faculdade exercitada que torna o homem bom."[7] Em outras palavras, a excelência se obtém com a prática!

Embora Aristóteles utilizasse o conceito de meio-termo e moderação para ilustrar como alguém pode desenvolver virtudes, o conceito se aplica igualmente bem para determinar o equilíbrio saudável entre o uso de computadores e da tecnologia e a vida no mundo "real". Conforme Aristóteles afirmou: "Não vemos um homem como um indivíduo vivendo uma vida solitária, mas também levamos em conta pais, filhos, esposa e, em suma, amigos e compatriotas em geral, pois o homem é, naturalmente, um ser social."[8] Dessa forma, um indivíduo pode encontrar equilíbrio na vida, mas não podemos ignorar que o indivíduo também interage com uma comunidade. Consequentemente, as virtudes que um indivíduo desenvolve deveriam melhorar a sua habilidade de interagir com outros na comunidade.

Aristóteles, então, nos diria que nem toda tecnologia resultará na degradação de habilidades sociais; no entanto, nem toda tecnologia ajuda as habilidades sociais também. Cada indivíduo terá um meio-termo relativo diferente nesse contexto, mas cada usuário individual de tecnologia deverá manter boas habilidades sociais.

Aristóteles na TV

Raj e os pais já exercitam a moderação aristotélica. Suas conversas "virtuais" parecem ser um meio-termo saudável quando comparadas com os extremos de Raj ou dos pais mudando-se para outro país, fazendo viagens de avião excessivas e caras entre a Índia e os Estados Unidos ou de nenhuma interação pessoal entre Raj e os pais.

Para aplicar Aristóteles mais profundamente, reconsidere como Penny passou de raramente jogar videogames para jogá-los de modo obsessivo até quase chegar ao ponto de excluir todas as outras obrigações. Um exemplo de moderação aristotélica poderia ser Penny jogar videogame de vez em quando, sem sacrificar outros aspectos da vida, como a higiene e o sono. Essa prática certamente a beneficiou quando se escondeu da amiga (e de Howard) em *The Dumpling Paradox* [*O paradoxo dos bolinhos*]!

No reino da vingança virtual, um meio-termo aristotélico poderia ser que Sheldon não recorresse sempre à vingança virtual, mas também fizesse um esforço para lidar diretamente com seus problemas. Ele provavelmente deveria começar aprendendo a confrontar seus amigos mais próximos, como Penny, quando tem questões a serem resolvidas com eles, sem ter de recorrer a nenhum tipo de vingança virtual. Pela moderação, Sheldon poderia também utilizar confronto virtual bilateral, como em suas conversas com Amy, de modo que aprendesse a confrontar os outros de modo mais direto quando tem problemas. Talvez não haja problema, no entanto, em Sheldon usar vingança virtual unilateral com Kripke, pois ele, obviamente, não é seu amigo próximo.

De todo modo, como os personagens de *The Big Bang Theory* demonstram, podemos nos beneficiar dos insights de Aristóteles quando equilibramos o uso de computadores e da tecnologia, de forma que outros aspectos da vida, principalmente as habilidades sociais, não sofram. Conforme afirmou Aristóteles: "Podemos dizer, de modo geral, que um mestre em qualquer arte evita aquilo que é demasiado e aquilo que é insuficiente, e busca o meio-termo e o escolhe — não o meio-termo absoluto, mas o relativo."[9] Dessa forma, uma pessoa deve batalhar para encontrar o meio-termo adequado para utilizar a tecnologia, de modo que se torne o meio-termo relativo que impulsiona a pessoa no caminho da excelência.

Penny esperta e brilhante

Talvez de modo surpreendente, Penny e Amy Farrah Fowler são os dois personagens que ilustram de maneira mais consistente a moderação aristotélica no que diz respeito à tecnologia. Para ser justo, Leonard, Sheldon, Howard, Raj e Amy não têm culpa se suas carreiras exigem uso intenso de tecnologia, enquanto Penny não utiliza muita tecnologia como garçonete. No entanto, o que acontece após o trabalho? Leonard, Sheldon, Howard e Raj podem ser comumente encontrados jogando videogame, construindo robôs ou fazendo outra coisa que envolva tecnologia de alguma maneira. Saídas para boates ou outras atividades sociais tornam-se aventuras cômicas devido a seu comportamento continuamente esquisito e à falta de habilidades sociais.

Consideremos Penny. À exceção de sua breve desventura com *Age of Conan*, ela sabe como jogar, navegar pela internet e fazer compras on-line sem perder o resto da vida. Ela sai para dançar, beber e ver outras pessoas. Ela parece ter encontrado o equilíbrio certo de tecnologia na vida, o que lhe permite continuar a se desenvolver de outras formas. Os rapazes, ao contrário, jamais desenvolvem habilidades sociais adequadas. É claro que Leonard e Howard têm relacionamentos, mas ainda são esquisitos em seus relacionamentos e, embora o relacionamento de Sheldon com Amy funcione devido a suas personalidades similares, ele ainda é socialmente inapto. Por incrível que pareça, Amy também parece ter encontrado o equilíbrio certo de tecnologia na vida. Embora definitivamente utilize tecnologia com mais intensidade do que Penny, ela está disposta a sair e se divertir com sua "melhor amiga"! É claro que essas atividades sociais costumam ser experimentos para Amy, mas ela ainda se coloca no mundo físico com outras pessoas e se diverte. Ela até mesmo ficou bêbada em algumas ocasiões! E Amy consegue educar Sheldon em questões sociais. Embora os rapazes, sobretudo Sheldon, ainda sejam desajeitados com habilidades sociais depois de tantas temporadas, Amy está ficando melhor e mais satisfeita conforme anda com Penny em diferentes situações. Então, na verdade, talvez

Penny seja o exemplo máximo do programa no que diz respeito a equilibrar tecnologia e vida ao modo aristotélico!

Para onde vamos?

Como a internet se tornou mais presente e computadores portáteis e redes sociais continuam a se expandir, é útil ver os personagens nos mostrarem de modo interessante e engraçado como algumas dessas coisas podem se tornar desequilibradas em nossa vida, e como as coisas podem fugir com rapidez ao controle. No programa, é possível aprender como sair das aventuras preguiçosas de Penny e da presença estritamente virtual de Sheldon para relacionamentos virtuais saudáveis, como o que Raj tem com os pais, e para confrontos virtuais saudáveis, como o que Sheldon usa contra seu "não amigo" Kripke. Também podemos ver diferenças claras entre viver uma vida balanceada, como a de Penny ou a de Amy, e viver vidas que orbitam demasiadamente em torno da tecnologia, como aquelas dos rapazes. De algumas formas, o programa pode nos ensinar como aplicar a moderação de Aristóteles para utilizar a tecnologia de modo que não vivamos vidas desequilibradas ao sacrificar habilidades sociais pelo uso excessivo de computadores e de tecnologia. É claro que, para aprender essa lição com o programa, precisamos assistir à televisão, outro envolvimento com a tecnologia que deveria nos preocupar — mas isso já é assunto para outra discussão.[10]

NOTAS

1. Não planejo debater o que veio primeiro: habilidades sociais precárias ou uso intenso de computador e de tecnologia. Acho que é um debate que poderia prosseguir eternamente, e tenho certeza de que há argumentos legítimos de ambos os lados. Também não quero debater quais tecnologias — se é que há alguma — que não possuem efeitos colaterais prejudiciais. Não quero entrar nesse debate porque estou mais interessado no fenômeno que diz que, se você

usar computadores e outras tecnologias intensamente em sua vida, tende a ter uma compreensão pífia de protocolos sociais.

2. Agradeço ao site "Big Bang Theory Transcripts" em http://bigbangtrans.wordpress.com (em inglês) por todos os diálogos de episódios utilizados neste ensaio.

3. ARISTÓTELES. *Ética a Nicômaco*. Tradução para o inglês de F. H. Peters. Nova York: Barnes and Noble, 2004, pp. xi-xii. Daqui em diante, todas as referências a *Ética a Nicômaco* serão citadas como *EN*.

4. *EN*, p. 31, 1107a-1107b.

5. *EN*, p. 30, 1106a-1106b.

6. *EN*, p. 30, 1106a-1107a.

7. *EN*, p. 29, 1106a-1106b. Aristóteles usava exclusivamente o pronome masculino, e sua visão das mulheres é notória. Aristotélicos posteriores enfatizam a explicação de que suas visões a respeito da moderação e da excelência aplicam-se igualmente às mulheres, como as discussões subsequentes sobre Penny demonstrarão.

8. *EN*, p. 9, 1097b-1098a.

9. *EN*, p. 30, 1106b-1107a.

10. Gostaria de agradecer a Dean Kowalski, Adon, Brenda, Erika, Nora e Richard pelos comentários nas primeiras versões deste ensaio. Um agradecimento especial a Bill Irwin por me encorajar a contribuir neste livro.

PARTE DOIS

"É ERRADO DIZER QUE AMO NOSSO ROBÔ ASSASSINO?": ÉTICA E VIRTUDE

4

SENTIR-SE MAL POR SENTIR-SE BEM: É MORALMENTE ERRADO RIR DE SHELDON?

W. Scott Clifton

Em *The Bozeman Reaction* [*A reação de Bozeman*] (entre vários outros episódios), Sheldon Cooper afirma: "Eu não sou louco — minha mãe fez testes." Ele não faz nenhum comentário adicional sobre que tipo de teste foi administrado, mas é racional concluir que foi para alguma desordem *cognitiva*. Nesse contexto, a palavra "louco" provavelmente pretendia fazer referência a déficits desenvolvimentais de aprendizagem. Os resultados negativos, no entanto, mostraram que Sheldon não possuía uma desordem cognitiva, o que não deveria ser surpresa para quem está familiarizado com o programa — Sheldon é *brilhante*... mas também é incomum.

Pode-se dizer que muito do apelo da série *The Big Bang Theory* envolve nosso divertimento com as idiossincrasias de Sheldon. Ainda assim, eis nossa questão filosófica: gostamos do programa, em grande parte, por causa do comportamento humorístico e surpreendentemente não usual de Sheldon. Porém, a melhor explicação para esse comportamento é que o personagem tem um distúrbio social. Muitos espectadores percebem que algumas das características de Sheldon são tipicamente encontradas em pessoas com autismo. Se ele tem autismo e essa é a condição que torna seu comportamento tão divertido, então parece que estamos rindo do transtorno de um personagem. E ainda mais problemático moralmente falando é que gostamos do programa com base em nossas gargalhadas. Somos monstros morais porque rimos da deficiência de um personagem? E, em caso positivo, isso significa que não podemos gostar do programa e manter nossa integridade moral?

Vou argumentar que não somos monstros morais, em parte porque Sheldon não tem realmente uma deficiência, mas aquilo que poderíamos, de fato, chamar de *eficiência*. Sheldon pode ter alguns sintomas associados ao autismo, mas esses sintomas não constituem uma desvantagem dentro da vida que o personagem criou para si mesmo.

Lorre e Prady sobre Sheldon Cooper

Quando um leitor da revista *Time* perguntou como Jim Parsons havia se preparado para interpretar um personagem com autismo, ele respondeu que os roteiristas o haviam informado que Sheldon, na verdade, não tem esse transtorno.[1] Se isso é verdade, então nosso problema desaparece — nenhum transtorno, nenhuma deficiência. E, visto que não há deficiência, então não deveríamos sentir remorso por rirmos do comportamento dele.

No entanto, por que a afirmação dos roteiristas sobre Sheldon deveria resolver a questão? Há diversas razões pelas quais podemos não querer aceitar essa afirmativa como prova conclusiva de que Sheldon não tem nenhum distúrbio. É possível que os roteiristas não estejam sendo totalmente honestos, seja pelo bem de Parsons (pois ele poderia começar a interpretar Sheldon de forma diferente, levando em consideração essa nova informação) ou seja pelo bem do público (pois os espectadores poderiam começar a esperar um comportamento autista mais paradigmático). Mesmo que os roteiristas estejam sendo honestos e genuinamente não tenham a intenção de retratar esse transtorno em Sheldon, nossa própria determinação pode, de modo legítimo, sobrepujar a intenção declarada deles. Talvez os roteiristas não estejam familiarizados o suficiente com a condição e seus sintomas.

Essa questão remete às ideias de William Wimsatt e Monroe Beardsley, dois teóricos de literatura e estudiosos da estética. Eles notoriamente declararam como falacioso o ato de procurar saber as intenções de um autor ao criar uma obra de arte para, assim, construir uma interpretação.[2] Desde então, a maioria dos teóricos decidiu que essa é uma condição muito extrema. Wimsatt e Beardsley deveriam ter concentrado sua crítica na *priorização* da procura da intencionalidade autoral em detrimento da crítica do público. Quando argumentaram que a intencionalidade do autor é irrelevante para o significado da obra, eles foram longe demais, chegando a uma conclusão implausível. Podemos considerar que as intenções de um criador não deveriam ser um fator único — e nem mesmo central — envolvido em conceder significado a uma obra de arte. No entanto, podemos acreditar também que as intenções dele não deveriam ser prontamente descartadas e consideradas irrelevantes. É uma evidência entre muitas e não deve ser vista como de suprema importância ou totalmente inútil.

Dessa forma, deveríamos levar em consideração as intenções declaradas dos roteiristas do seriado *The Big Bang Theory*, mas também nos sentir livres para investigar por conta própria se há evidências de que Sheldon exibe sintomas de autismo. Podemos pensar por conta própria enquanto psicólogos amadores e diagnosticar um paciente a partir de representações em vídeo de seu comportamento.

Diagnosticando Sheldon I: Deficiência cognitiva

Ao fazer um diagnóstico, temos de manter em mente que o autismo existe em graus. É considerado um *transtorno de espectro*, com casos intensamente severos de um lado e casos menos graves do outro. Uma variante do autismo localizada na ponta menos severa do espectro é a síndrome de Asperger. Pessoas com essa condição exibem um subconjunto da família dos sintomas característicos do autismo, mas ainda conseguem levar vidas totalmente funcionais e autônomas. Sheldon é independente, então, se é realmente autista, é provável que tenha síndrome de Asperger em vez de uma forma mais séria do transtorno.

É possível diagnosticar Sheldon utilizando o *Manual diagnóstico e estatístico dos distúrbios mentais* (DSM, na sigla em inglês), que é a fonte padrão do diagnóstico de distúrbios utilizada por profissionais da saúde mental.[3] O DSM — um recurso primário para prestadores de serviços de saúde diagnosticarem pacientes que demonstrem certos conjuntos de sintomas — classifica transtornos e condições por sintomas e patologias. Então, uma pessoa que exiba um conjunto de sintomas que se encaixem naqueles classificados sob o transtorno X no DSM pode ser diagnosticada pelo médico como portadora do distúrbio X. A versão mais recente do DSM especifica que, para ser considerado como tendo a síndrome de Asperger, o indivíduo deve atender aos seguintes critérios:

> Falta de evidências de atraso de desenvolvimento da linguagem ou da cognição; exibição de "deficiência qualitativa nas interações sociais"; exibição de "padrões de comportamento, interesses e atividades restritos, repetitivos e estereotipados"; e, por fim, os sintomas resultantes no distúrbio causam "deficiência clinicamente significativa nas áreas social, ocupacional ou em outras áreas importantes da funcionalidade".

Até que grau ou extensão, se é que há algum, Sheldon atende a esses critérios?

Está claro que não há evidências de que Sheldon tenha mostrado algum atraso linguístico ou cognitivo durante seu crescimento. Pelo contrário: ele foi uma criança precoce, entrou na faculdade aos 11 anos, formou-se aos

14 e obteve seu Ph.D. aos 16. Ele também foi bastante criativo. Em *The Luminous Fish Effect* [*O efeito do peixe luminoso*], Mary Cooper nos conta que a tentativa de Sheldon de construir um reator nuclear aos 13 anos foi motivada pela esperança de garantir eletricidade para toda a cidade. Depois de tentar procurar urânio concentrado para abastecer o reator, um oficial do governo lhe fez uma visita com a intenção de que Sheldon parasse. Ao ser repreendido, ele construiu um raio da morte, o qual, conforme conta sua mãe, nem mesmo "atrapalhou os filhos do vizinho", mas "irritou absurdamente nosso cachorro".

Diagnosticando Sheldon II: Sociabilidade

Para determinar se Sheldon exibe uma deficiência para interações sociais, precisaríamos demonstrar que pelo menos dois dos fatores seguintes são verdadeiros: que ele não desenvolve relacionamentos apropriados com os colegas, que tem problemas para compreender e utilizar gestos físicos em interações sociais ou que acha difícil expressar sentimentos sociais recíprocos e/ou emoções para aqueles com os quais interage. Por mais incrível que pareça, Sheldon tem a habilidade de desenvolver relacionamentos apropriados com os colegas. Ele mantém amizades funcionais com Leonard, Howard e Raj — embora provavelmente sejam funcionais mais por conta dos esforços *deles*, e não por causa dos de Sheldon. Ele também tem o que parece ser um relacionamento de rivalidade (na maior parte das vezes) saudável com Barry Kripke. Pode haver alguma dúvida quanto a seus outros adversários (Leslie Winkle e — principalmente até a quinta temporada — Wil Wheaton) fornecerem a ele aborrecimento anormal, mas não entraremos nessa questão aqui.

Temos provas, no entanto, de que Sheldon tem dificuldades de compreender e utilizar linguagem corporal em interações sociais. Por exemplo, em *The Big Bran Hypothesis* [*A hipótese do Big Bran*], ele demonstra uma inaptidão fundamental para entender diversos níveis de sarcasmo.

Isso atinge o ápice quando Penny irrompe furiosa pelo apartamento deles, pois, enquanto dormia, Sheldon e Leonard haviam limpado o apartamento da moça durante a madrugada. Depois de Sheldon sugerir que ela visite um otorrinolaringologista — o que significa, conforme ele mesmo explica, "um médico de garganta" — para verificar seus roncos, Penny responde: "E que tipo de médico remove sapatos de bundas?" A expressão facial dela, a postura corporal e o movimento da cabeça: tudo indica, para qualquer um capaz de compreender linguagem corporal, que Penny não pretende que a pergunta seja um pedido sincero pela informação. No entanto, Sheldon, sem entender as entrelinhas, responde: "Dependendo da profundidade, seria um proctologista. Ou um cirurgião geral." Somente quando Leonard ergue uma placa pelas costas de Penny com a palavra "sarcasmo" escrita nele é que Sheldon entende e diz: "Ah." Esse evento é representativo de todo um conjunto de episódios nos quais a habilidade de Sheldon de compreender linguagem corporal mostra-se seriamente deficiente, até mesmo levando-o à cadeia em *The Excelsior Acquisition* [*A aquisição Excelsior*].

De modo similar, há evidências de que Sheldon tem dificuldades com a experiência e a expressão recíproca de sentimentos sociais e emoções. No episódio *The Bath Item Gift Hypothesis* [*A hipótese do presente de item para banho*], ele se tortura sobre o que fazer quando descobre que Penny lhe comprou um presente de Natal (ou, como Sheldon chama, "Saturnália"). Ele sabe que *se espera dele* uma resposta apropriada ao gesto, pois diz: "A essência do costume é que agora tenho de sair e comprar para você um presente de valor correspondente e que represente o mesmo nível percebido de amizade que aquele representado pelo presente que você me deu." A questão é que Sheldon não faz ideia do que seja apropriado. Para a maioria das pessoas, a solução para isso seria refletir a respeito da própria amizade e tentar adivinhar que presente Penny dará, tudo com base em uma visão intuitiva do grau emocional do relacionamento. A solução de Sheldon, no entanto, é se garantir contra uma derrota.

Ele vai a uma loja no shopping especializada em itens para banho e compra diversos tamanhos diferentes de cestas de presente. O plano é guardar todas no quarto e, depois de abrir o presente de Penny e julgar qual seria o valor correspondente, fingir "estresse digestivo" e sair do recinto para buscar a cesta mais apropriada. Repare que a decisão de Sheldon se sustentará apenas na estimativa que fizer do valor monetário do presente de Penny, mas não no sentimento subjacente. Essa é, presumivelmente, a razão pela qual Sheldon precisa adotar a abordagem da garantia contra a derrota — porque não pode mensurar o grau emocional do comportamento de Penny em relação a ele.

É importante lembrar-se de como Sheldon responde quando finalmente recebe o presente de Penny: um guardanapo autografado por Leonard Nimoy. Isso o deixa extasiado, mas ainda há mais — é um guardanapo que Leonard Nimoy utilizou para limpar a boca. Portanto, Sheldon não tem apenas um guardanapo autografado, mas o "DNA de Leonard Nimoy"! Isso deixa Sheldon extasiado, porque ele agora seria capaz de clonar seu próprio Leonard Nimoy, se conseguir acesso a um óvulo saudável. Preocupada, Penny rapidamente diz que só lhe dará o guardanapo.

E agora? Qual é o tamanho da cesta que Sheldon deveria lhe dar em troca de um presente tão perfeito? Para a maioria das pessoas, a cesta apropriada seria provavelmente a maior — ou talvez descartar de vez a ideia das cestas. A decisão de Sheldon, no entanto, é dar a Penny *todas* as cestas, porque o valor não monetário do guardanapo ultrapassa o valor monetário da maior delas. No entanto, o guardanapo também ultrapassa o valor monetário de todas as cestas juntas. Sheldon não tem mais nada para dar que seja de valor para si, mas reconhece que pode dar a Penny algo que seja valioso para ela. Então, Sheldon a abraça — mas o faz de um modo que fica óbvio que seus sentimentos, embora sinceros, não estão motivando o abraço. Leonard declara que o evento é um milagre de Saturnália. Esses exemplos, portanto, parecem fornecer provas de que Sheldon vivencia deficiências nas interações sociais.

Vamos voltar nossa atenção para o segundo conjunto de sintomas — padrões de atividades, comportamento e interesses repetitivos e estereotipados

— os quais, para serem satisfeitos, requerem que pelo menos uma das condições seguintes seja verdadeira a respeito de Sheldon: preocupação recorrente com um ou mais padrões estereotípicos de interesse, a adesão aparentemente inflexível a rotinas não funcionais, movimentos repetitivos do corpo ou preocupação com partes de objetos. As duas primeiras parecem particularmente relevantes.

Nosso desafio para determinar se Sheldon demonstra uma preocupação incomum com um padrão de interesse é que é possível dizer que o grupo inteiro — Sheldon, Leonard, Howard e Raj — demonstra a mesma preocupação. Considere a discussão sobre uma lavanderia kryptoniana. Em *The Bath Item Gift Hypothesis* [*A hipótese do presente de item para banho*], Sheldon comenta que o Super-Homem "limpa seu uniforme ao voar para dentro do sol amarelo da Terra, o qual elimina qualquer material contaminante e deixa o invulnerável tecido kryptoniano imaculado e fresco como o campo". Leonard replica com a observação perspicaz de que o suor do Super-Homem é kryptoniano. As *manchas nas axilas* do uniforme não poderiam ser limpas pelo método de incineração solar de lavagem de uniformes, o que leva Raj a finalmente exclamar: "Ahá!" É verdade que Sheldon costuma ser retratado como anormal dentro do grupo — quer dizer, mais anormal do que os outros — e seria mais do que destoante: superdestoante, talvez. Como não está claro qual unidade de medida deveríamos usar para a anormalidade aqui, recomendo que guardemos as críticas a respeito da satisfação desse critério por Sheldon.

Diagnosticando Sheldon III: Funcionalidade

Pelo mesmo critério, vejamos se Sheldon exibe uma aderência inflexível a rotinas não funcionais específicas. Antes de o fazermos, no entanto, deveríamos estabelecer uma distinção entre rotinas funcionais, não funcionais e uma vez funcionais/não mais funcionais. Rotinas funcionais são aquelas que atendem a um propósito — um propósito que, a qualquer momento, a pessoa praticante da rotina daria como motivo.[4] Rotinas não funcionais são aquelas que não possuem motivos específicos ou possuem apenas motivos arbitrários, subjacentes a elas. Por fim, rotinas uma vez funcionais/não mais funcionais são aquelas que persistem, mas não por causa de um propósito — embora já tenham servido a uma função. Podemos associar a emergência do padrão a uma série de razões; no entanto, essas razões não mais justificam a preservação da rotina. Repare que o segundo e o terceiro tipos são, mesmo assim, não funcionais, independentemente de como tenham se desenvolvido.

Agora vamos indagar se as rotinas de Sheldon — às quais ele se agarra firmemente — são funcionais ou não funcionais. Seu cronograma semanal revela-se da seguinte forma:

> Segunda-feira: mingau de aveia no café da manhã; comida tailandesa no jantar.
> Terça-feira: jantar no Cheesecake Factory. Cheeseburguer com bacon e molho barbecue, com molho, bacon e queijo à parte.
> Quarta-feira: noite de jogar *Halo*; dia de ir à loja de revistas em quadrinhos.
> Quinta-feira: pedir pizza do Giacomo — linguiça, cogumelos, azeitonas light.
> Sexta-feira: comida chinesa no jantar e noite de jogos antigos.
> Sábado: tigela de cereais com ¼ de xícara de leite com 2% de gordura no café da manhã, enquanto assiste a *Doctor Who* na BBC America; noite de lavar roupas a partir das 20h15.[5]

Toda semana é a mesma coisa — e é assim que Sheldon gosta. Quando uma mudança é proposta, ele resiste, insistindo repetidas vezes que alguns dias e noites estão programados para certos eventos. Agora, alguns desses eventos podem ser designados para seus dias por motivos funcionais, caso em que haveria um bom motivo para não mudar o cronograma. Por exemplo, o dia de ir à loja de histórias em quadrinhos é quarta-feira, pois é nesse dia que novas edições das revistas chegam às bancas. Esse é um bom motivo, mas é um bom motivo apenas para tornar as quartas-feiras, geralmente, o dia de histórias em quadrinhos. Se alguém fosse, vez por outra, impelido a adiar a visita à loja de quadrinhos até quinta-feira, pouco mal seria feito. No entanto, Sheldon não é flexível em relação a esse assunto, nem mesmo quando as circunstâncias exigem, como quando ele precisou filar caronas dos outros amigos, pois Leonard estava trabalhando à noite, como vimos no episódio *The Euclid Alternative* [*A alternativa Euclides*]. Sheldon insiste no argumento de que precisa ir à loja de quadrinhos na quarta-feira, mesmo que já seja um fardo para os amigos dar-lhe uma carona. É possível ter a impressão de que a motivação de Sheldon não são as novas revistas que o aguardam, mas o mero fato de que é quarta-feira e quarta-feira é o dia de ir à loja de quadrinhos.

Alguns dos eventos são mencionados sem ter referência a nenhuma função. As noites de sábado são para lavar roupas, mas não fica claro por quê. Mesmo assim, quando Penny o impede de lavar roupas no sábado, Sheldon irrompe em raiva, e coloca as "peças íntimas" de Penny na fiação telefônica da rua. Por nenhum motivo óbvio, ele sempre executa uma série de três batidas na porta de alguém. (O icônico "Toc-toc-toc, Penny... Toc-toc-toc, Penny... Toc-toc-toc, Penny".) Mesmo que a pessoa atenda antes da terceira série de batidas, Sheldon insiste em completar o ciclo.

Essa falta de atenção ao propósito é ainda pior quando Sheldon mantém suas rotinas e seus hábitos mesmo diante da *disfuncionalidade* — ou seja, quando o evento da rotina acarreta uma desvantagem clara para ele. Um exemplo disso pode ser encontrado em *The Gothowitz Deviation* [*O desvio Gothowitz*]. Penny fez rabanadas para Leonard e Sheldon em uma segunda-feira de manhã — mas as segundas de manhã são de mingau de aveia. Penny tenta fazer com que Sheldon saia da rotina, mas finalmente desiste, deixando-o com um prato cheio de rabanadas na mão. Quando fica sozinho, Sheldon diz: "Nossa, isso tem mesmo um cheiro bom... Pena que é segunda-feira." E, então, joga as rabanadas na lixeira.

É claro que a maioria dos hábitos cotidianos de Sheldon é funcional e se baseia em bons motivos, mas vemos que ele se agarra a essas rotinas menos pelos bons motivos e mais pelo fato de que são rotinas. Isso se torna evidente quando vemos o quanto Sheldon fica chateado ao ter seus planos minados, como quando alguém se senta em seu lugar no sofá, ou abre a porta antes da terceira série de batidas, ou quando não consegue lavar as roupas em um sábado à noite. Portanto, Sheldon exibe uma aderência inflexível a rotinas não funcionais, o que se torna claro quando ele mostra padrões de comportamento, de interesses e de atividades restritos, repetitivos e estereotipados.

O que é uma deficiência?

Um critério relevante para julgar se Sheldon tem síndrome de Asperger ainda persiste: esse transtorno causa deficiência clínica significativa na área social, ocupacional ou em outras áreas importantes do funcionamento. É por isso que classificamos a síndrome de Asperger como uma *deficiência*, e é nesse ponto que determinamos se somos monstros morais por rirmos de Sheldon. Se ele tem uma deficiência, então somos, acho, monstros morais. Dessa forma, o que importa não é saber se Sheldon tem os traços comportamentais característicos da síndrome de Asperger, mas sim saber se estes traços constituem uma deficiência. Para responder a essa pergunta, temos de considerar a discussão recente em bioética sobre como definir o termo "deficiência".

O primeiro passo para definir "deficiência" é, primeiro, definir "saúde" como algo do tipo *funcionamento normal típico da espécie*. A partir desse ponto, podemos definir "deficiência" como qualquer característica inata ou adquirida que esteja fora desse espectro.[6] Essa abordagem toma os traços evolutivos humanos como fixos e objetivos e, depois, classifica qualquer traço que esteja fora desse alcance como desvantajoso ou deficiente.

Há, é claro, o desafio de determinar o que constitui exatamente o "funcionamento normal típico da espécie". Uma vez que isso é feito, podemos então determinar como ajudar aqueles com deficiências. Esse "modelo médico" de deficiência sustenta que o modo apropriado de ajudar as pessoas com a deficiência em questão é o que se chama "nivelamento" — ou seja, melhorar os efeitos do transtorno no indivíduo. Pegue, por exemplo, a mudez seletiva de Raj. Ele não consegue falar com mulheres (exceto com a mãe e a irmã) em nenhum contexto, a não ser quando consome álcool (ou quando acredita ter consumido). O modo como Raj deveria ser tratado, de acordo com esse modelo médico, é por meio da prescrição de alguns medicamentos antiansiedade. É claro que ele se automedica com o uso do álcool, mas, como isso tem efeitos colaterais indesejáveis — como as ressacas —, não seria pragmático adotar esse tratamento a longo prazo.

Alguns estudiosos da bioética, como Anita Silvers, argumentaram que esse modo de abordar a questão da deficiência não é um nivelador, mas um *normalizador*.[7] A meta final de normalizar não é remover as desvantagens do deficiente, é torná-lo mais similar ao ser humano típico. Esse modo de lidar com o assunto, no entanto, é prejudicial à pessoa que tem o transtorno, pois passa a mensagem de que há algo inferior a respeito dele como indivíduo, o que o torna menos digno do que os supostos "normais".

Um conceito diferente foi sugerido em oposição ao modelo médico — o "modelo do construtivismo social". Nessa visão, o transtorno não é, no todo, subjacente ao indivíduo. Há um componente social que também é parcialmente constitutivo da deficiência. É justamente a falha na adequação entre os traços do indivíduo e o ambiente no qual ele vive que constitui o transtorno. Portanto, deveríamos buscar reparar a adequação, o que requereria abordar tanto as características do ambiente quanto as do indivíduo.

Nesse modelo, a mudez seletiva de Raj é considerada uma deficiência na cultura norte-americana, na qual os homens que conseguem falar com mulheres são preferíveis àqueles que não conseguem. Porém, ela não seria considerada uma deficiência em outros contextos. Se Raj fosse, digamos, um monge que tivesse feito voto de silêncio, sua mudez poderia ser uma vantagem. Ou se ele vivesse na própria cultura indiana patriarcal, na qual os casamentos costumam ser arranjados e os homens não possuem o dever de cortejar as possíveis noivas, sua mudez não seria nem uma vantagem nem uma desvantagem.

Na visão do construtivismo social, portanto, deficiências existem quando duas peças do quebra-cabeça estão presentes ao mesmo tempo — uma condição fisiológica, cognitiva ou comportamental *e* um ambiente no qual essa condição não é favorável para o sucesso. Portanto, nos Estados Unidos, Raj tem uma deficiência; em um monastério ou no patriarcalismo indiano, ele não tem. Ainda assim, nos dois ambientes, ele possui a mesma condição.

Não podemos iniciar uma longa defesa do construtivismo social aqui, mas espero que esteja claro por que podemos nos sentir tentados a adotá-lo para nossos propósitos. Se Sheldon tem síndrome de Asperger (ou todos os sintomas comportamentais dessa síndrome), mas os sintomas não constituem uma deficiência em seu ambiente, então não deveríamos nos sentir culpados por rir de seu comportamento. Não é um problema moral rir de personagens cujo comportamento deriva de traços não deficientes. Afinal de contas, não estámos preocupados se rimos dos esforços de Leonard, Howard e Raj, que têm QIs particularmente altos, ou das dificuldades de Penny, que é tão (convencionalmente) atraente que as pessoas costumam deixar de levá-la a sério.

Então, os traços de Sheldon constituem uma desvantagem para ele? Considere que ele se destacou em uma carreira que depende muito pouco da interação social e que recompensa a habilidade de comprometer-se com matéria inanimada — ou, no caso da física teórica, com ideias e equações que representam matéria inanimada. Sheldon organizou sua vida pessoal de modo que passe a maior parte de seu tempo livre em casa, com amigos que concordaram em aceitar seus desejos excêntricos. Quando ele sai, de fato, está acompanhado de amigos (quase nunca o vemos comendo sozinho em público) ou frequenta lugares onde há outras pessoas bastante similares a ele (a loja de quadrinhos, gerenciada por Stuart e frequentada por clientes como o Capitão Calça de Moletom). Em outras palavras, Sheldon intencionalmente projetou sua vida de modo que as condições sejam hospitaleiras aos traços que resultam de sua síndrome de Asperger. Mais do que isso, ele foi bem-sucedido ao fazer com que esses mesmos traços o *beneficiassem*. O sucesso de Sheldon enquanto físico deriva de sua síndrome de Asperger, e ele emerge como um tipo de líder da matilha — o "nerd alfa" — como resultado de sua atenção rígida e rigorosa a detalhes sutis. Portanto, ao contrário da sugestão de que a síndrome de Asperger seria uma *deficiência* para Sheldon, deveríamos, na verdade, dizer que é uma eficiência, pois o tornou mais (e não menos) apto para o sucesso — tanto profissional quanto pessoalmente.

Não deveríamos nos sentir mal por rirmos de Sheldon, não mais do que nos sentimos mal quando rimos de pessoas inteligentes por causa de sua inteligência, ou de pessoas ricas por causa de sua riqueza. Não deveríamos nos sentir mal por nos sentirmos bem. Então, vá em frente e ria![8]

NOTAS

1. PARSONS, J. "10 Questions for Jim Parsons". In: *Time*. Disponível em: http://www.time.com/time/magazine/article/0,9171,2048322,00.html (em inglês), acessado em 21 de fevereiro de 2011.
2. WIMSATT JR., W.K.; BEARDSLEY, Monroe C. The Intentional Fallacy. In: WIMSATT JR., W.K. *The Verbal Icon: Studies in the Meaning of Poetry*. Lexington/KY: University Press of Kentucky, 1954, pp. 3-18.
3. AMERICAN PSYCHIATRIC ASSOCIATION. *Diagnostic and Statistical Manual of Mental Disorders*: DSM-IV-TR. Washington/DC, 2000.
4. Pense na lista de verificação que equipes de companhias aéreas precisam seguir antes do voo. Há um bom motivo para ter uma rotina ali — proteger-se contra o erro humano.

5. Veja http://wiki.the-big-bang-theory.com/index.php/Schedule (em inglês).

6. DANIEL, N. *Just Health Care*. Nova York/NY: Cambridge University Press, 1985.

7. SILVERS, A. "A Fatal Attraction to Normalizing: Treating Disabilities as Deviations from 'Species-Typical' Functioning." In: Erik Parens (Ed.). *Enhancing Human Traits: Ethical and Social Implications*. Washington/DC: Georgetown University Press, 1998.

8. Agradeço ao webmaster de http://bigbangtrans.wordpress.com (em inglês) pelos diálogos dos episódios.

5

...MAS WIL WHEATON É REALMENTE MAU?

Donna Marie Smith

Ora, ora, se não é Wil Wheaton, o Duende Verde do meu Homem-Aranha.

— *Dr. Sheldon Cooper, The Wheaton Recurrence [A recorrência de Wheaton]*

Retratar uma "versão adoravelmente má" de si mesmo em *The Big Bang Theory* dá a Wil Wheaton a chance de interpretar um personagem muito diferente de seu papel em *Conte comigo* ou de sua participação em *Jornada nas estrelas: A nova geração* como Tenente Wesley Crusher.[1] Com uma autoconfiança nerd, Wheaton se transforma em um dos inimigos mais formidáveis de Sheldon após apenas três encontros. Sheldon, de maneira adequada, lhe confere o apelido de "Vil Wil". No entanto, o que exatamente torna Wil, ou qualquer pessoa, "vil"? Ele é inerentemente mau? Será que alguém é? Perguntas como essas interessam aos filósofos há muito tempo. Ao examinar algumas das mais notórias tentativas de lidar com o mal, talvez até ajudemos Sheldon a se entender com seu arqui-inimigo "Vil Wil".

As ocorrências de Wheaton

Em *The Creepy Candy Coating Corollary* [*O corolário da cobertura de doce bizarra*] — episódio no qual Wheaton aparece pela primeira vez —, Sheldon fornece a história por trás da rivalidade que sente em relação a ele. Quando garoto, Sheldon idolatrava o Tenente Crusher; os dois compartilhavam o amor pela ciência e uma memória eidética. Ele, vestido com um uniforme da Academia da Frota Estelar, viajou durante dez horas em um ônibus cheio de estranhos desde sua casa, no leste do Texas, até Jackson, no estado de Mississippi, para participar da convenção Dixie Trek de 1995. A viagem foi árdua e obrigou Sheldon a "violar duas vezes sua regra pessoal de usar o banheiro de um veículo em movimento". Apesar desse enorme desconforto pessoal, ele estava determinado a encontrar seu ídolo e pedir que ele autografasse seu boneco do Wesley Crusher ainda na embalagem. Wil, no entanto, não compareceu à convenção. Sheldon sentiu-se pessoalmente traído por isso, e jurou vingança ao ator, que está em sexto lugar em sua "Lista de inimigos", entre Joel Schumacher, "que quase destruiu a franquia de filmes do Batman", e Billy Sparks, "que morava no fim da rua e colocou cocô de cachorro no guidão de sua bicicleta". Quando Stuart informa a Sheldon que Wil competirá no torneio de *Guerreiros místicos de Ka'a* que ele organizará na loja de quadrinhos, a vingança se torna iminente! Sheldon se junta a Raj para destruir Wil Wheaton.

O torneio inicialmente vai bem, conforme Sheldon e Raj, sem qualquer esforço, vão eliminando seus adversários. Depois de detonarem Larry Solitário e Capitão Calça de Moletom nas semifinais, Sheldon rosna: "Traga-me Wil Wheaton!" As finais também começam bem. Quando Sheldon está prestes a "finalizar" seu inimigo, ele conta novamente o horror que passou para chegar à Dixie Trek de 1995. Wheaton se mostra confuso a princípio, mas logo pede desculpas a Sheldon por ter perdido a convenção e tê-lo desapontado. A avó de Wheaton "acabara de morrer", e ele "precisou ir ao funeral". Como Sheldon ama demais a própria avó — sua "vovozinha", que, carinhosamente, o chama de "Docinho de Coco" — ele imediatamente reconhece em Wil um semelhante. Ao sentir pena do adversário, Sheldon joga a carta do Coelho Encantado. ("Tudo derrota Coelho Encantado... a não ser que você tenha uma Cenoura do Poder.") Porém, Wil mentiu. Sua "vovó" está viva e bem. Wil caçoa de Sheldon, de modo sarcástico e triunfante, proclamando: "Fim do jogo, Docinho de Coco!" Sheldon urra: "Wheaton!... Wheaton!"

Em *The Wheaton Recurrence* [*A recorrência Wheaton*], Wil entra novamente em uma competição contra Sheldon e os outros protagonistas quando se torna o membro desconhecido da equipe de boliche de Stuart. Wheaton agora vive na mente de Sheldon "sem pagar aluguel", implica com ele e o desorienta a respeito de como o jogador de boliche à direita sempre joga primeiro ("É um costume, não uma regra", afinal de contas). Dessa vez, no entanto, o alvo principal de Wheaton é Penny. Por acaso, ele ouve que Leonard a deixou inquieta ao prematuramente soltar a "Bomba-A". Então, de modo astuto, porém agindo com indiferença, Wil narra um conto de amor sobre uma garota que amava. Ela jamais disse que amava Wil, seguiu iludindo-o, e terminou o relacionamento dois anos depois. Quando relaciona a história com seu romance com Leonard, Penny sai correndo do boliche, e o grupo perde a partida. Em consequência disso, eles surgem elegantemente vestidos de super-heroínas na loja de Stuart no dia seguinte.

Wil faz uma terceira participação em *The 21 Second Excitation* [*A excitação dos 21 segundos*], na qual Sheldon e os rapazes planejam assistir a uma edição especial à meia-noite de *Os caçadores da arca perdida* (que inclui "21 segundos de filmagens adicionais jamais vistas"). Para a tristeza de Sheldon, eles chegam tarde demais ao cinema. Raj sugere que "talvez nem consigam assentos", e o humor de Sheldon fica ainda mais azedo quando sua nêmesis, Wil Wheaton, aparece com alguns amigos e ganha entrada livre no cinema por um funcionário que o reconhece de *Jornada nas estrelas*. Sheldon fica colérico com a situação: "Essa afronta à justiça e à decência não pode seguir sem resposta. Como disse certa vez o Capitão Jean-Luc Picard: 'O limite deve ser traçado aqui! Nesta distância, não mais longe.'" Sheldon, novamente, jura vingança contra o covarde "Vil Wil".

O corolário da teodiceia

É claro que a história do mal data de muito antes de sequer existirem séries de TV. Durante a maior parte da história humana, considerações a respeito do mal recaíram primariamente sob a competência da religião. Sheldon é provavelmente agnóstico, considerando-se a pergunta que faz em *The Zarnecki Incursion* [*A incursão Zarnecki*]: "Por que me houveste abandonado, ó divindade de cuja existência duvido?" Como Sheldon foi criado em um lar religioso, talvez possamos imaginá-lo ligando para a mãe e pedindo a ela orientação a respeito do "Vil Wil". Assim sendo, voltar-se para filósofos e teólogos em busca de ajuda não está fora de questão. Não queremos, no entanto, debater *toda* a história do mal — lembrem-se do desastre de Sheldon ao ensinar física para Penny —, então vamos limitar nossa exploração a pensadores influenciados por tradições cristãs e judaicas. (Foi mal, Raj.)

Com o advento da revolução científica, muitos pensadores, sem abdicar de seus compromissos religiosos, modificaram sua abordagem em relação a Deus, à religião e ao mal. Uma tentativa notável foi a de Gottfried Leibniz (1646-1716) em seu livro *Teodiceia*. O termo "teodiceia", desde então, tornou-se sinônimo de uma tentativa de explicar a existência do mal em um mundo criado por Deus. Leibniz argumentava que a própria natureza de Deus, seu poder perfeito, seu conhecimento e sua bondade, determinam que Ele crie o melhor dos mundos possível. No entanto, qualquer coisa criada é, até certo ponto, inerentemente imperfeita. A criação está destinada a conter instâncias do mal, principalmente se criaturas racionais recebem a liberdade de tomar as próprias decisões. Por sua vez, o melhor de todos os mundos possível pode muito bem conter guerras, pragas e até mesmo a derrota de Sheldon em *Guerreiros místicos de Ka'a* pelo ardil de Wil Wheaton. O mundo criado, no entanto, conforme Leibniz argumentava, contém o melhor equilíbrio geral de bondade sobre o mal, solidificando, portanto, seu *status* de melhor dos mundos possível.[2]

Voltaire (1694-1778), um dos maiores opositores de Leibniz, satirizou sua ingenuidade otimista em seu romance *Cândido*. O jovem narrador, Cândido, foi ensinado que mora no melhor mundo possível por seu mentor, o Dr. Pangloss (a representação de Leibniz feita por Voltaire). No entanto, após vivenciar um terremoto, ser chicoteado e encontrar-se diante de outras terríveis provações, Cândido proclama: "Se este é o melhor mundo possível, como devem ser os outros?"[3] Sheldon, tão ingênuo quanto Cândido, poderia fazer uma pergunta similar. Se o melhor dos mundos possível contém a falha de Wil Wheaton em comparecer a uma convenção de fãs e as duas vitórias, por meios escusos, do referido ator sobre Sheldon, como devem ser os outros mundos possíveis?

A teodiceia de Leibniz não é a única.[4] Uma tentativa mais recente, porém ainda assim influente, foi oferecida por Martin Buber (1878-1965).[5] Buber — que estudava histórias do Velho Testamento, como aquela da queda do homem após Adão e Eva terem comido o fruto da árvore do conhecimento —, debateu como as pessoas, que possuem livre-arbítrio concedido por Deus, podem usar sua vontade para se opor ao caminho divino. Se Buber estivesse presente na loja de quadrinhos de Stuart para testemunhar a interação entre Sheldon e Wil, ele diria que a desonestidade de Wheaton fora perversa. Buber defendia que "a mentira é o mal específico que o homem introduziu na natureza".[6] Ele explicou, por meio da leitura minuciosa das escrituras bíblicas (especificamente o Salmo 73 do Velho Testamento), que aquele que engana faz o mal a seu próximo e a sua comunidade.[7] Portanto, ao escolher mentir para Sheldon — seu próximo —, Wil abusa do livre-arbítrio por um propósito perverso, o ganho egoísta.

É verdade que a mentira de Wil parece um tanto inofensiva — é apenas um jogo de cartas, afinal. Mesmo assim, ele introduz o mal no mundo de Sheldon, assim como Adão e Eva levaram o mal ao mundo em ampla escala. Sheldon, que já tem, para início de conversa, dificuldade em simpatizar com as pessoas, deliberadamente perde o jogo de cartas por preocupar-se com Wil. A tentativa do físico de encontrar um território emocional comum com outra pessoa ao compartilhar seus sentimentos sobre a vovozinha foi recebida não apenas com desdém, mas com desprezo e desrespeito manifestos. Na verdade, mentiras como essas são, como observa o jornalista William Hart, o que "os maiores pensadores do mundo" consideravam ser "a forma mais pútrida e mortal do mal, a qual consome a bondade humana".[8] Sheldon foi vítima das mentiras e da manipulação de Wil. O ator ganha um jogo que pela lógica deveria ter perdido, ao prejudicar Sheldon com suas ações enganosas.

Sheldon parece se espantar particularmente pelo desprezo frio que Wil tem por ele. Porém, observe que Sheldon, em outras ocasiões, está disposto a praticar a desonestidade. No episódio *The Loobenfeld Decay* [*A meia-vida de Loobenfeld*], ele se esforça para tornar a mentira de Leonard para Penny "in-indesatável". De modo semelhante, quando Sheldon quer terminar com Amy Farrah Fowler em *The Vengeance Formulation* [*A formulação da vingança*], pede a Leonard que minta por ele e chega ao ponto de dizer: "Você precisa montar um cenário que explique de modo plausível a minha ausência, tendo em mente que a chave para uma boa mentira está nos detalhes." Em nenhum dos casos, no entanto, Sheldon propositalmente tenta ferir alguém.

Conforme William Hart observa: "Furar fila é ruim, assim como jogar lixo no chão, roubar carros e enganar alguém; mas se considerarmos que essas coisas são o mal, como chamaremos o genocídio?"[9] À luz de algo incompreensivelmente horrível como o Holocausto, mentir ou explorar os sentimentos de uma pessoa para vencer em um torneio de cartas fantasiosas parece relativamente inofensivo, e provavelmente não muito maléfico. Considere o caso de Adolf Eichmann, que foi levado à corte em 1961 por seus crimes de guerra e crimes contra a humanidade. Ao relatar o julgamento histórico para o *New Yorker*, Hannah Arendt (1906-1975) teve a oportunidade de ver e ouvir o homem responsável pela terrível "solução final para a questão dos judeus". Ela ficou estupefata com o fato de que Eichmann parecia ser uma pessoa normal, sem problemas psiquiátricos aparentes, que não exibia um antissemitismo declarado. Para Arendt, ele parecia ser apenas um oficial de alta patente, de inteligência mediana, que fizera parte do governo de Hitler e considerava que seu dever era obedecer a ordens. Com eficiência mecanizada, esse burocrata indistinto ordenou o massacre de judeus e de outros "indesejáveis", como homossexuais e ciganos, sem pensar em outra coisa a não ser que aquele era seu emprego. Eichmann demonstrou um desprezo insensível ao que estava fazendo; não levou em consideração as consequências de seus atos. Arendt resumiu como mal "banal" a falta de reflexão de Eichmann ao seguir cegamente as ordens para cometer esses atos maléficos aparentemente "banais".

Dois insights relevantes devem ser apreendidos desta discussão sobre teodiceia. Primeiro, os tipos banais de mal, sobretudo aqueles aparentemente inúteis, sempre tornarão difícil para os filósofos a construção de uma teodiceia totalmente persuasiva. Segundo, e mais ligado ao cerne de *The Big Bang Theory*, precisamos fazer a distinção entre atos do mal e escolhas morais ruins. Devemos entender a diferença entre a decisão de Eichmann de executar uma ordem para massacrar pessoas *versus* a escolha de Wil Wheaton de jogar com a mente dos outros ou de furar uma fila. No caso de Sheldon, da próxima vez que se ofender pela zombaria de Wil, deveria pensar nos milhões que foram assassinados durante o regime nazista. Se esse físico teórico tão inteligente parasse um momento para comparar o que Wil fez com o que Eichmann fez, ele poderia colocar as coisas em uma perspectiva melhor. Então, considerando esses dois argumentos juntos, podemos dizer que o problema do mal é significativamente diferente do "problema" de Sheldon com o mal. Ainda que aprender sobre teodiceia forneça uma bagagem importante, precisamos pesquisar em outro lugar para entender a visão de Sheldon sobre o "Vil Wil".

Além do bem e do Vil Wil — ou A ira de Sheldon

Durante *The Wheaton Recurrence* [*A recorrência Wheaton*], Wil opta por uma ação que lhe permitirá manter vantagem sobre Sheldon: ser o mestre de seu oponente. De acordo com Friedrich Nietzsche (1844-1900), "a exploração é parte da *natureza fundamental* dos organismos vivos, como uma função orgânica fundamental; é uma consequência da verdadeira vontade de poder, a qual é simplesmente a vontade de vida".[10] Nietzsche chamava essa função inerente, esse autodesenvolvimento, de "Vontade de Poder", que é o esforço do indivíduo para ser o melhor possível, independentemente das circunstâncias.

Nietzsche via o conceito do bem e do mal de formas que contradizem as ideologias religiosas e democráticas e os valores familiares para muitos de nós. Ao contrário de Sheldon, é provável que Nietzsche aprovasse Wil e seus modos aparentemente perversos. Na verdade, talvez ele visse o Vil Wil como algo próximo de seu ideal de *Übermensch* — em geral traduzido como além do homem —, aquilo que vai além da natureza humana.[11] Nietzsche visava especificamente os princípios-guia da tradição judaico-cristã e das sociedades democráticas que floresciam nos Estados Unidos e na França. Enquanto essas sociedades enfatizavam a igualdade de todos os indivíduos pelo bem da sociedade, a moral de Nietzsche concentrava-se no bem do indivíduo. Ele acreditava que uma pessoa deveria se esforçar para se aperfeiçoar, não importavam os custos para outros ou para a sociedade como um todo.

Sheldon compara o horror que sofreu na Dixie Trek com o mal sofrido por Khan Noonien Singh nas mãos irresponsáveis do Capitão James T. Kirk. Como sabemos, Khan busca vingança contra Kirk a qualquer custo. Sua vingança o consome, o que traz à mente a referência exaltada de Khan à famosa citação "Ele me afronta", de *Moby Dick*. Sheldon repete as palavras de Khan, revelando seu lado vingativo, e jura "ódio eterno a Wil Wheaton". Quando Raj e ele estão jogando uma rodada anterior do torneio de cartas, Sheldon declara — em klingon fluente — que "a vingança é um prato que se come frio". Sheldon, portanto, apropria-se da persona do Capitão Ahab de Khan ao se tornar completamente obcecado por seu alvo. Ele declara seu desejo de destruir Wheaton — tornar-se o que mais tarde denomina um "Wesley Crusher"* — na rodada final do torneio ao proferir: "Traga-me Wil Wheaton!"

Os limites que Khan é capaz de ultrapassar para exercer vingança contra Kirk excedem em muito qualquer coisa da qual Sheldon seja capaz (exceto talvez por aquela tentativa falha quando criança de construir um raio da morte). Ainda assim, é tentador argumentar que ambos os personagens são moralmente culpados por procurarem vingança, pois procurá-la é indesejável do ponto de vista moral e, em última instância, autodestrutivo, como da forma que consumiu Khan. Nietzsche, no entanto, provavelmente teria discordado dessa avaliação. Ele provavelmente teria encorajado as buscas tanto de Sheldon quanto de Khan por vingança, embora teria reprovado o ressentimento de ambos. Nietzsche teria particularmente admirado Khan, com sua inteligência e força super-humanas. Em *Assim falou Zaratustra*, Nietzsche até mesmo sugeriu que a vingança fosse o uso favorável da vontade de alguém de alcançar o crescimento pessoal: "Um pouco de vingança é mais humano do que nenhuma vingança."[12]

Apropriadamente, Khan é um candidato plausível para o além do homem ideal do filósofo alemão. Como tal, Nietzsche não teria rotulado Khan como mau. Da mesma forma, embora a analogia esteja longe de ser perfeita, parece que Nietzsche não teria rotulado Wil como mau por sua exploração de Sheldon e do resto do grupo. Talvez Sheldon devesse fazer o que Wil sugere e "abraçar o lado negro" (ainda que essa "frase não seja da franquia da qual ele participa").

Nietzsche teria argumentado que Sheldon está simplesmente aplicando o termo *mal* de forma errada. No entanto, é provável que nem Sheldon nem os roteiristas de *The Big Bang Theory* aceitassem isso. Considere o Dr. David Underhill, ganhador da bolsa de pesquisa MacArthur para gênios, que conhecemos no episódio *The Bath Item Gift Hypothesis* [*A hipótese do presente de item para banho*]. Se algum dia existiu um além do homem nietzschiano

---

* Trocadilho entre a palavra *crusher*, do inglês, "aquele que esmaga", e o sobrenome do personagem da série *Jornada nas estrelas*. (*N. da T.*)

do tipo de Khan, é esse homem — não interessa que faça algo moralmente errado, como trair a esposa com Penny. E mais: Sheldon não parece aceitar a visão implícita de Nietzsche sobre ética, pois ele literalmente cria uma canção para Leonard porque o amigo "tem o bem a seu lado" quando, com coragem, confronta "Kurt, o Gigante" para recuperar o dinheiro que ele deve a Penny em *The Financial Permeability* [*A permeabilidade financeira*]. Então, uma solução nietzschiana para o problema de Sheldon não nos leva muito longe também.

As topologias de xingar e furar fila

Wil Wheaton não é a única pessoa em seu círculo social que Sheldon considera má. Barry Kripke, um físico da universidade, gosta de pregar peças em Sheldon, algumas das quais vão além da simples provocação. Em *The Vengeance Formulation* [*A formulação da vingança*], Sheldon é entrevistado pela NPR (Rádio Nacional Pública, na sigla em inglês) por telefone. Kripke sabota a entrevista ao bombear gás hélio no escritório de Sheldon, o que faz com que ele fique com a voz esganiçada — como Raj caçoa, exatamente como a do Pelotão do Pirulito de *O mágico de Oz*.

Sheldon também declara que Leslie Winkle, outra física da universidade, é sua "arqui-inimiga". Depois que ela e Leonard começam a sair juntos, Leslie é acrescentada à "Lista de inimigos" de Sheldon. Em *The Codpiece Topology* [*A topologia do protetor inguinal*], descobrimos que Leslie sempre é má com Sheldon. Ele explica a Penny que Leslie o chama de "burrinho" e "idiota" e costuma zombar de sua pesquisa sobre a teoria das cordas. Penny não tem certeza se isso a qualifica como "arqui-inimiga", mas Sheldon insiste.

> Sheldon: Sim, o Doutor Destino para o meu Senhor Fantástico. O Doutor Octopus para o meu Homem-Aranha. O Doutor Silvana para o meu Capitão Marvel.
> Penny: Tudo bem, entendi, entendi, entendi.

Rotular Leslie de má seria um engano. Xingar Sheldon e zombar da pesquisa dele não prejudica o cientista e nem a ninguém mais. Certamente essas ações não são boas, mas também não são propositalmente prejudiciais ou manipuladoras, como Sheldon acredita serem as mentiras e a exploração de Wil. Se esse comportamento contasse como o mal, então os constantes insultos de Sheldon à educação de Penny e ao mestrado de Howard também o seriam. Nesse sentido, Sheldon sempre caçoou do trabalho de Leslie, dizendo que a pesquisa dela em física da supersimetria é inútil. No entanto, ele não considera suas observações como insultos; Sheldon acha que está apenas afirmando os "fatos". Embora Leslie irrite Sheldon com seus comentários, do mesmo modo que Sheldon chateia Penny e Howard, ela não tem a intenção de feri-lo. Não há motivação subjacente ao que Leslie faz, ao contrário de Wil, que maliciosamente se satisfaz com os infortúnios das outras pessoas. Dizer que alguém com QI alto como Sheldon é "burro" é diferente de dizer que alguém com uma deficiência mental ou de aprendizagem é "burro". Ser mau com um colega pela competição não é o mesmo que ser mau com uma pessoa com síndrome de Down, para a qual tal xingamento poderia causar danos irreparáveis.

Nesse contexto, a distinção entre ser "não legal" e ser "mau" torna-se muito importante. Podemos compreender totalmente o que torna alguém ou alguma coisa má, se, como Sheldon, achamos que aquilo que Leslie Winkle diz a ele é mau. Nem mesmo Wil Wheaton é sempre mau em suas interações com os protagonistas da série. Ele sem dúvida não foi mau ao aceitar a entrada para a exibição especial de *Os caçadores da arca perdida*. No entanto, Wil agiu de modo presunçoso, e furar fila costuma ser desencorajado, mas lembre-se da afirmação de Hart sobre essa ação. Se chamarmos furar fila de "mau", então como chamaremos coisas como o Holocausto? Ser uma celebridade e conseguir "mimos" como "os melhores assentos da casa", ainda que isso inclua "pipoca de graça", simplesmente não torna alguém mau.[13] Então, por que Sheldon rotula seus adversários como maus tão rapidamente?

O paradigma das histórias em quadrinhos

Sheldon está obviamente familiarizado com o mundo dos quadrinhos. Toda quarta-feira, ele visita Stuart na loja de gibis. Histórias em quadrinhos, é lógico, oferecem distinções bastante claras entre o bem e o mal e entre super-heróis e vilões. Ao aliá-las com suas inseguranças sociais e seu problema para discernir as nuances das emoções humanas, Sheldon construiu seu próprio modo de lidar com o mundo e de entender relacionamentos interpessoais: pela utilização do que chamaremos de Paradigma do Mundo das Revistas em Quadrinhos. Isso é principalmente verdade quando ele pensa que alguém lhe fez mal. Em *The Excelsior Acquisition* [*A aquisição Excelsior*], Sheldon diz a Penny que ela é "responsável por todo o mal que recaiu [sobre ele]" pois ele recebeu uma multa de trânsito, teve de ir ao tribunal e, portanto, não pôde conhecer Stan Lee, o famoso criador de histórias em quadrinhos.

O Paradigma do Mundo das Revistas em Quadrinhos de Sheldon permite que ele categorize as pessoas de modo organizado. Seus amigos são os "bonzinhos", e pessoas como Wil, Leslie e Barry são os "malvados". Esse ordenamento lhe oferece uma noção de segurança e uma estrutura por meio da qual ele interage com os outros. O fato de Sheldon depender de tal estrutura não é surpreendente. Afinal, ele designou o lado esquerdo do sofá como seu, e instituiu um plano de fuga emergencial detalhado para o apartamento. Ele mapeia suas refeições semanais e suas atividades em torno de um cronograma fixo. Assim como Batman tem a Bat Caverna e Gotham, Sheldon tem o apartamento, o laboratório de pesquisas e a loja de revistas em quadrinhos. Até mesmo descobrimos que ele pensa que pode ser Batman — contanto que tenha "suficiente suporte técnico e capital inicial". Sheldon entende o mundo no contexto da ciência, das revistas em quadrinhos, dos videogames e dos programas e filmes de ficção científica. Então, não é de se surpreender que ele utilize o Paradigma do Mundo das Revistas em Quadrinhos para compreender o bem e o mal.

Conforme vimos, Sheldon utiliza analogias entre o bem e o mal — "o Duende Verde para o meu Homem-Aranha" — para comparar outros a si mesmo, sobretudo no caso daqueles em sua "Lista de inimigos". Sheldon vê as pessoas e as situações em preto e branco e não costuma entender as nuances dos relacionamentos interpessoais ou os tons de cinza intrínsecos às emoções das pessoas. Lembre-se do episódio *The Large Hadron Collision* [*A grande colisão de hádrons*], quando Leonard escolhe Penny, e não Sheldon, para acompanhá-lo à Suíça a fim de visitar o grande acelerador de partículas. Sheldon irrefletidamente condena Leonard como traidor (quem se importa se a viagem cai no Dia dos Namorados?). Sheldon compara o "horror da traição de Leonard" àquele de Darth Vader ou Rupert Murdoch, porque considera este como responsável em última instância pelo cancelamento da "excelente nova série de Joss Whedon, *Firefly*", pela Fox. É claro que Leonard não seria mau por querer levar a namorada em uma viagem romântica pela Suíça, certo? Então, ainda que Wil faça coisas ruins, Barry e Leslie sejam maus de vez em quando e certos executivos da Fox tomem decisões imprudentes, nada disso os torna pessoas más — ainda que Sheldon os eleve à categoria de supervilões.

Ao rejeitar teorias tradicionais sobre o mal, Paul Ricoeur (1913-2005) argumentava que o mal podia ser entendido por meio de mitos e símbolos, alegando que "teodiceias e seu projeto insano de justificar Deus" estão todas destinadas ao fracasso diante do inútil sofrimento comparável ao de Jó.[14] Ainda assim, Ricoeur sustentava que o mal ocorre como resultado do livre-arbítrio, que pode ser utilizado tanto para o mal quanto para o bem. Ao estudar os símbolos encontrados nos mitos de criação e em histórias das culturas judaico-cristãs e outras, pode-se aprender sobre ações certas e erradas e sobre o bem e o mal. Portanto, quando Sheldon cita falas de *Jornada nas estrelas — A ira de Khan*, ele está utilizando uma estrutura de mitos para lidar com um mal percebido. Ele incorpora a mitologia de *Jornada nas estrelas* em sua vida, de modo bastante similar ao modo como uma pessoa religiosa faria com histórias bíblicas. Ele usa Khan como um constructo de como agir quando está diante do que acredita ser uma situação similar, então imita o discurso do vilão de *Jornada nas estrelas* ao responder às mentiras e zombarias de Wil. Sheldon não entende por que Wil o enganaria para fazê-lo acreditar que sua vovozinha tivesse morrido ou por que instigou o término de Leonard e Penny na pista de boliche. No entanto, Ricoeur não sugeriu que o mal fosse um mito. Todas as interações que Sheldon tem com Wil são reais, e as mentiras que o ator conta a Sheldon são reais. Ao pensar no universo de *Jornada nas estrelas* ou das revistas em quadrinhos, Sheldon está melhor equipado para tentar compreender como as pessoas agem e por que podem escolher fazer coisas ruins ou serem más.

Como Sheldon tem uma limitação para entender as pessoas e ver e lidar com o mundo, ele enxerga tudo em preto e branco — ou talvez nas cores chapadas e bidimensionais das revistas em quadrinhos. Como mora dentro do Paradigma do Mundo das Revistas em Quadrinhos, ele não consegue ver em Technicolor, com todas as suas alegrias vibrantes, níveis de saturação de significado e falhas da telona.[15]

O fator da inescrutabilidade

Apesar de todas as mentiras, dos jogos mentais e dos insultos, Wil provavelmente não é uma pessoa de todo ruim. Não está claro se ele de fato merece o rótulo de "Vil Wil" que Sheldon lhe deu com seu útil etiquetador (o qual está literalmente rotulado como "etiquetador"). O personagem de Wil estaria simplesmente além do aceitável? Tais avaliações de caráter são difíceis de serem realizadas. Pense em uma pessoa que pode ter dito coisas ruins a você, ou lhe pregado uma peça, ou mentido para conseguir o que queria. Essas pessoas eram realmente más? Provavelmente não. Em vez disso, elas podem ser descritas como egoístas, sem consideração ou como pessoas que só advogam em causa própria. A natureza do mal continua um tanto impenetrável. Nenhuma teoria da teodiceia consegue capturar por completo todas as nuances. No entanto, mesmo que o problema do mal permaneça, talvez tenhamos feito avanços ao tentar entender o problema de Sheldon com o mal.

NOTAS

1. Para saber mais sobre as experiências de Wil Wheaton como convidado especial em *The Big Bang Theory*, veja http://wilwheaton.typepad.com/wwdnbackup/2009/10/the-creepy-candy-coating-corollary.html (em inglês).

2. Para saber mais a respeito desse tópico, veja Michael Murray, "Leibniz on the Problem of Evil" em *The Stanford Encyclopedia of Philosophy*. Disponível em http://plato.stanford.edu/archives/spr2011/entries/leibniz-evil/ (em inglês).

3. VOLTAIRE. *Cândido*. Nova York/NY: Barnes & Noble, 2003, p. 29.

4. Para uma visão geral de diversas respostas à existência do mal, veja HART, W. *Evil: A Primer: A History of a Bad Idea from Beelzebub to Bin Laden*. Nova York/NY: MJF Books, 2004, pp. 130-131.

5. BUBER, M. *Good and Evil*. Upper Saddle River/NJ: Prentice-Hall, 1997, p. 60.

6. Id., p. 7.

7. Ibid., p. 10.

8. HART, W. *Evil: A Primer: A History of a Bad Idea from Beelzebub to Bin Laden*. Nova York/NY: MJF Books, 2004, pp. 130-131.

9. Id., p. 21.

10. NIETZSCHE, F. *Beyond Good and Evil: Prelude to a Philosophy of the Future*. Tradução para o inglês de Marion Faber (Ed.). Oxford: Oxford University Press, 1998, p. 153.

11. Algumas traduções de *Übermensch* utilizam o termo "super-homem". Você consegue imaginar como Sheldon ficaria irritado caso acreditássemos que Vil Wil fosse o "super-homem", ou o "bonzinho" na opinião de Nietzsche?

12. KAUFMANN. W. *The Portable Nietzsche*. Nova York/NY: Penguin Books, 1977, p. 180.

13. Admissivelmente, Sheldon é muito mais culpado por suas ações nesse episódio. Ele convence os rapazes a roubar os rolos de filme, porque se ele "não pode ver, ninguém pode", principalmente seu inimigo. Esse é um caso no qual Sheldon, e não Wil, age de modo egoísta.

14. RICOEUR, P. *The Conflict of Interpretations*. Evanston/IL: Northwestern University Press, 1974, p. 281.

15. O episódio da quinta temporada *The Russian Rocket Reaction* [*A reação do foguete russo*], o qual foi ao ar depois que escrevi este capítulo, confirma felizmente essa interpretação de Sheldon. Nesse episódio, Wil dá a Sheldon

seu último boneco Wesley Crusher original e ainda na embalagem. Wil o autografou: "Para Sheldon, desculpe-me por ter demorado tanto. Seu amigo, Wil Wheaton." Isso imediatamente tira Wil da lista de inimigos mortais de Sheldon. Sheldon anuncia: "Vejam, todos. Wil Wheaton é meu amigo!" Mas, quando Brent Spiner (também conhecido como Sr. Data) abre a embalagem, instantaneamente toma o lugar de Wil na lista (mantendo-se na 61ª posição).

6

PRECISAMOS DE UM ACORDO DE CONVIVÊNCIA?: PRAZER, EGOÍSMO E VIRTUDE EM *THE BIG BANG THEORY*

Gregory L. Bock e Jeffrey L. Bock

O que é a vida boa? Qual é a coisa certa a fazer? Que tipo de pessoa eu deveria me tornar? Apesar de seus interesses comuns por ciência e revistas em quadrinhos, Howard, Sheldon e Leonard exemplificam respostas bastante diferentes para essas grandes indagações. Ao colocar nossos nerds preferidos sob o microscópio filosófico, consideraremos se a vida do prazer, do egoísmo ou da virtude é a melhor. Como um bônus, alcançaremos uma posição melhor para determinar se o grupo "arruinou a vida de Dennis Kim".

O colisor "hedônico" gigante

Uma resposta à pergunta da vida boa imediatamente se apresenta: hedonismo, a vida dos prazeres. O filósofo Jeremy Bentham (1748-1832) forneceu uma expressão clássica do hedonismo: "A natureza colocou a humanidade sob a governança de dois mestres soberanos, a *dor* e o *prazer*.

Cabe somente a eles determinar o que devemos fazer, assim como determinar o que faremos."[1] O hedonista, então, interpreta a vida boa como a busca bem-sucedida da vida do prazer e da evasão da dor.

Howard Wolowitz exemplifica isso. Ele vai longe na tentativa de obter prazer — pense em todo o trabalho que teve para encontrar as várias "futuras Sra. Wolowitz" que moravam na mansão do programa *America's Next Top Model.* E Howard busca prazer de modos incomuns. Lembre-se do anúncio que ele fez em *The Work Song Nanocluster* [*A nanopartícula da canção de trabalho*]: "Ei, sabe o que seria uma ótima ideia? Se chamássemos umas garotas aqui e brincássemos de strip-xadrez com laser." Persistente na busca, em *The Gothowitz Deviation* [*O desvio Gothowitz*], Howard veste luvas de tatuagens falsas para conseguir garotas góticas e, em *The Adhesive Duck Deficiency* [*A deficiência dos patos adesivos*], enfrenta o deserto para ficar com "professoras do ensino fundamental 'não feias' que cheiram a desespero".

Howard é atraído por mulheres fáceis, assim como Sheldon é atraído por revistas em quadrinhos novas. Não vamos levar em consideração a prostituta mostrada no episódio *The Vegas Renormalization* [*A renormalização de Vegas*]. Em vez disso, consideremos a amiga de Penny, Christy — a "prostituta de Omaha". Em *The Dumpling Paradox* [*O paradoxo dos bolinhos*], após uma sessão matinal na qual "esfoliou Christy até ela ficar louca", Howard triunfantemente entra no apartamento de Leonard e Sheldon declarando: "Quando aperfeiçoarem a clonagem, vou encomendar 12 dessas" — quer dizer, de Christy. Quando Leonard o avisa quanto a estar sendo usado, Howard responde: "Quem se importa? Na noite passada, ela tirou a blusa e eu chorei." Mas Penny o alerta: "Howard, eu conheço essa menina. Ela transa com qualquer um desde que essa pessoa continue lhe comprando coisas." Howard: "Oba! Se me dão licença, tenho umas ações que ganhei no meu Bar Mitzvah para vender."

Aristipo (435-356 a.C.), um seguidor menos conhecido de Sócrates (470-399 a.C.), capturou com eficiência o tipo de hedonismo sensual de Howard. O filósofo praticava gratificação sensual imediata sem consideração com os padrões sociais. Quando foi repreendido por dormir com uma cortesã, ele argumentou que não havia diferença significativa entre "navegar em um navio no qual muitos já navegaram e navegar em um no qual ninguém navegou". Antecipando a escola de pensamento wolowitziana, Aristipo concluiu: "Da mesma forma, não faz diferença se a mulher com quem você dormiu já esteve com muitas pessoas ou com nenhuma."[2]

Ainda assim, parece implausível sustentar que o tipo de hedonismo praticado por Wolowitz seja suficiente para levar uma vida boa. Esse tipo de hedonismo ingênuo parece uma doutrina "digna apenas de suínos", para parafrasear a objeção clássica. Penny parece concordar. Em *The Killer Robot Instability*, [*A instabilidade do robô assassino*], ela chama Howard de "porco" e o alerta para o fato de que ele "envelhecerá e morrerá sozinho" se não mudar suas práticas. John Stuart Mill (1806-1873), um aluno de Bentham, tentou defender o hedonismo contra as objeções "suínas" feitas pelos outros ao distinguir entre prazeres superiores e inferiores. Os prazeres superiores estão associados com nossas habilidades intelectuais: ouvir música clássica, escrever poesia e praticar filosofia (e, presumivelmente, física também, é claro). Os prazeres inferiores estão associados com nossos instintos mais básicos e animalescos — os desejos por comida, bebida e sexo. Mill argumentava que a felicidade que deriva dos prazeres superiores é mais valiosa do que a felicidade que deriva dos prazeres inferiores.

Wolowitz, é claro, não se devota apenas ao prazer sexual. Ele valoriza o carinho da mãe, pois dorme no mesmo quarto desde que nasceu. De algum modo sórdido e calculado, Howard deve obter algum tipo de satisfação por viver sob os cuidados sufocantes da mãe. No entanto, esse tipo de satisfação ainda parece infantil. As aspirações de Wolowitz na direção de um relacionamento mais adulto com Bernadette são bastante apropriadas, mas ele continua se debatendo com prioridades exageradas. Depois que a moça o recebe de braços abertos em *The Cohabitation Formulation* [*A formulação da coabitação*], declarando seu amor por Howard, ele retribui o sentimento, mas pergunta prontamente: "Então, o que tem para o jantar?" Depois que Bernadette admite que sua despensa está vazia, Howard sugere ir se divertir no quarto, mas afirma: "E depois você pode ir fazer compras." Bernadette, corretamente, se recusa a agir como a mãe de seu namorado e atender a todas as necessidades infantis dele, então Howard retorna com rapidez à casa da mãe, onde explica a ela que não é um criminoso sexual tentando arrombar a porta.

Howard intensifica os esforços de deixar seus desejos mais básicos e infantis para trás em *The Herb Garden Germination* [*A germinação do herbário*], quando pede Bernadette em casamento. Por causa do relacionamento com ela, Howard está se tornando menos assustador e mais admirável. Talvez não seja tão engraçado, mas seria melhor para ele se superasse a dependência infantil do carinho da mãe e a obsessão adolescente com prazer carnal.

A polarização do egoísmo

O hedonismo é uma teoria do bem, a qual é consistente com diversas teorias sobre o que deveríamos fazer. Sendo um utilitarista, Mill argumentava que deveríamos considerar o bem geral antes de decidir agir; ações são moralmente certas até o ponto em que produzem o máximo de felicidade para todos os envolvidos. Em contraste, um egoísta ético argumentaria que apenas a felicidade do agente importa.

Os rudimentos da teoria do egoísmo ético remontam a, pelo menos, um passado tão distante quanto *A república*, de Platão (428-348 a.C.), livro no qual o personagem Glauco serve como porta-voz de uma abordagem egoísta da ética. Glauco argumenta que as pessoas agem de modo justo apenas quando de interesse próprio. Agir de modo injusto, em geral, tem muitos efeitos colaterais negativos, principalmente considerando a probabilidade de ser pego.

Mas e se os efeitos colaterais negativos pudessem ser removidos? Glauco argumenta que se alguém tivesse o anel mágico de Giges, que torna quem o usa invisível, imediatamente agiria de modo injusto: "Nenhum homem manter-se-ia longe do que não fosse seu se pudesse, de modo seguro, pegar aquilo de que gostasse no mercado, ou entrar em casas e se deitar com qualquer pessoa que lhe aprouvesse, ou matar ou libertar da prisão quem pudesse, e, em todos os aspectos, ser como um deus entre os homens... Pois todos os homens acreditam, de coração, que a injustiça é muito mais lucrativa para o indivíduo do que a justiça."[3] Pode-se apenas imaginar o que Howard faria com tal artefato mágico.

Teorias da moral discutem sobre o que os agentes deveriam fazer. Você deve levar sua vizinha ferida para o hospital, mas não deve entrar na casa dela às escondidas enquanto ela dorme. Independentemente do que, de fato, você deva fazer ou não, qualquer imperativo do tipo deve estar embasado em bons motivos para que seja mantido. Se você deve fazer algo, então não faltam bons motivos para fazê-lo — você tem bons motivos para sustentar a obrigação. No entanto, se *você* tem bons motivos para fazer algo, então fazê-lo, portanto, serve (ou satisfaz) a *seus* interesses pessoais. Dessa forma, se você, moralmente, precisa fazer algo, fazer essa coisa serve a seus interesses.[4] É nisso que o egoísta ético acredita. De acordo com o egoísmo ético, você é moralmente obrigado a ocupar-se apenas daqueles comportamentos que servem a seus interesses.

Os egoístas éticos podem escolher ajudar os outros, mas são moralmente obrigados a fazer isso apenas se é de seu interesse. Howard, mais uma vez, serve como exemplo. Ele gosta do tempo que passa com os amigos, mas costuma exibir uma abordagem egoísta em relação às amizades; pensa em si mesmo em primeiro lugar. Lembre-se do diálogo em *The Pirate Solution* [*A solução pirata*], quando parece que Raj será deportado para a Índia:

> Howard: Vou sentir muito a sua falta.
> Raj: Você vai me visitar na Índia?
> Howard: Nossa, é um voo de, tipo, 17 horas. Que tal se a gente se encontrasse na metade do caminho?

Raj: A metade do caminho é a novecentos quilômetros da costa do Japão.
Howard: Que tal isto: nos falamos por Skype.

O futuro do relacionamento de ambos depende do quanto ele beneficia ou convém a Howard. Como a inconveniência de viajar até a Índia é considerável, ele decide abreviar o relacionamento. Se abreviar o relacionamento é do interesse de Howard, então, de acordo com o egoísmo, é isso que ele tem a obrigação moral de fazer.

O egoísmo ético não tem um grande número de seguidores entre os filósofos, pois é difícil defender a visão de que apenas os interesses do agente importam. Além disso, se alguém é seu amigo apenas por causa do que obtém com a amizade, não é um amigo de verdade. É difícil ter um relacionamento íntimo com alguém se apenas os interesses de um dos lados importam. Por que os interesses de Howard importam mais que os de Raj (ou de Bernadette)? E se os interesses de Howard e Raj colidirem? O que deveriam fazer? Existem modos não arbitrários de responder a essas perguntas? Em caso negativo, o egoísmo ético permanece teoricamente dúbio.

A instabilidade do contrato social

O filósofo Thomas Hobbes (1588-1679) era um proponente do egoísmo psicológico, de acordo com o qual é psicologicamente impossível que uma pessoa aja em oposição a seu próprio interesse (percebido). Não importa o que as pessoas decidam fazer, o ato é necessariamente feito por motivos de interesse próprio. O egoísmo psicológico é uma teoria descritiva, não prescritiva. Ela afirma algo a respeito de como os seres humanos de fato (necessariamente) agem, não de como deveríamos agir. O egoísta psicológico sustenta que toda ação humana é feita ou para obter um benefício pessoal, ou para evitar algum prejuízo pessoal.

Hobbes nos pedia para visualizar uma época antes de os governos manterem as sociedades estáveis. Nessas condições, como os egoístas psicológicos se comportavam? O que acontece quando egoístas competem pelo mesmo bem? O filósofo respondeu: "Se dois homens desejam a mesma coisa, da qual não possam, os dois, desfrutarem, eles se tornam inimigos; e encaminham-se para seu fim (...) lançam-se a destruir ou subjugar um ao outro."[5] Gargalhamos quando Sheldon aplica o "sufocamento da morte" de Darth Vader ou tenta fazer a cabeça de Leonard explodir como no filme *Scanners — Sua mente pode destruir*. No entanto, Hobbes falava bastante sério. Ele chamou nossa existência egoísta pré-governamental de "estado de natureza".

No estado de natureza, existe competição por recursos limitados, que atira uma pessoa contra a outra em um estado de guerra, em que ambas, se necessário, lutarão até a morte. Esse tipo de vida é austero. Hobbes escreveu:

> Em tal condição, não existe lugar para a indústria; pois o fruto dela é incerto: e, consequentemente, não há cultivo da terra (...), não há construções confortáveis [adequadas] (...), não há medição do tempo, não há arte, não há letras, não há sociedade e, pior que tudo, existe o medo contínuo e o perigo da morte violenta; e a vida do homem, solitária, pobre, desagradável, bruta e breve.[6]

Hobbes achava que as pessoas racionais naturalmente iriam querer evitar esse estado, exatamente porque procuramos nossos próprios interesses. Por fim, então, faríamos acordos uns com os outros para evitar comportamentos ameaçadores em troca de paz e prosperidade.

Os acordos contratuais que fazemos com outras pessoas que buscam a paz são o início das regras morais. Depois de estabelecido um governo que é poderoso o suficiente para suprimir a violação das regras, Hobbes acreditava que os contratos que fizéssemos seriam moralmente vinculantes. É errado quebrar um contrato. Essa é a versão de Hobbes da teoria do contrato social.

Como sabemos, Sheldon Cooper se preocupa muito com contratos sociais. Em *The Classified Materials Turbulence* [*A turbulência dos materiais sigilosos*], Stuart liga para Leonard. Como Leonard acredita que o dono da loja de quadrinhos quer conselhos sobre sair com Penny, ele não atende e permite que a ligação caia na caixa postal. Quando Leonard não verifica prontamente as mensagens, Sheldon fica angustiado, e declara: "Você precisa verificar as mensagens!", elaborando a seguinte afirmativa: "Deixar uma mensagem é a metade de um contrato social, que se completa quando se verifica a mensagem. Se esse contrato é quebrado, então todos os contratos sociais são quebrados. E caímos na anarquia." Hobbes provavelmente teria sorrido.

Não é de surpreender, portanto, que Sheldon requisite que Leonard assine um acordo de convivência extenso, de bases contratuais, antes que ambos comecem a viver no mesmo apartamento. Em *The Vartabedian Conundrum* [*O enigma Vartabedian*], entendemos o quanto o acordo é detalhado. Depois que o relacionamento entre Leonard e a Dra. Stephanie fica sério, Sheldon invoca o "Artigo Um, Seção Três" do acordo de convivência para fazer uma reunião de emergência. (Leonard faz uma moção para que a reunião não ocorra, mas, como ninguém o apoia, a moção falha.) Sheldon parabeniza Leonard pelo relacionamento com a Dra. Stephanie, mas prossegue invocando a "cláusula de coabitação" do acordo de convivência, já que, segundo ele, Leonard e Stephanie estão morando juntos. Confuso, Leonard responde: "Não estamos morando juntos." Sheldon discorda e lê o acordo: "Deve-se considerar que uma namorada, abre aspas, 'mora com' Leonard 'quando ela ficou no apartamento: a) por dez noites consecutivas ou b) mais do que nove noites em um período de três semanas ou c) todos os fins de semana de determinado mês mais três noites durante a semana.'" Leonard fala: "Isso é um absurdo." E Sheldon responde: "É mesmo? Mas você rubricou aqui, está vendo?" Em protesto, Leonard explica: "E rubriquei outra cláusula nomeando você meu *sidekick* caso eu adquirisse superpoderes."

As condições de Sheldon não param na definição de namoradas e *sidekikcs*. Elas incluem regulamentações mais mundanas: por exemplo, a que temperatura ajustar o termostato (23 graus Celsius), os horários nos quais é permitido passar aspirador de pó no apartamento e quais programas de TV serão assistidos em quais noites (*Firefly* às sextas-feiras).

Parece que, independentemente das circunstâncias, Sheldon pode apelar para o acordo de convivência. Em *The Cooper-Nowitzki Theorem* [*O teorema Cooper-Nowitzki*], o ego de Sheldon é paparicado por uma jovem e animada aluna de graduação chamada Ramona Nowitzki, que rapidamente passa a comandar a vida de Sheldon para mantê-lo concentrado no trabalho. Quando ele precisa abrir mão da noite de *Halo* e dos fins de semana de paintball, Sheldon grita por Leonard em busca de ajuda.

> Sheldon: Invoco a Cláusula Skynet...
> Leonard: Isso só se aplica se você precisar que eu destrua uma inteligência artificial que você criou e que está dominando a Terra.
> Sheldon: Não seja tão detalhista!
> Leonard: Boa noite!
> Sheldon: Está bem, invoco a Cláusula dos Invasores de Corpos.
> Leonard: A cláusula dos invasores de corpos requer que eu o ajude a destruir alguém que sabemos que foi substituído por um invólucro alienígena.
> Sheldon: Sim, ela está na sala. Vá. Eu espero aqui.[7]

O acordo é surpreendentemente detalhado — incluindo condições para ocorrências absurdas. Porém, tudo é feito na esperança de evitar a "anarquia no apartamento", na qual os colegas de quarto sofreriam com uma existência "desagradável, bruta e breve".

Hobbes acreditava que o controle governamental poderoso — na forma de um soberano — deve revisar todos os contratos para que eles sejam vinculantes. Somente então os termos *justo* e *injusto* se aplicam de verdade. No entanto, repare que falta ao acordo de convivência um soberano hobbesiano. O que obriga seu cumprimento? Sheldon pode ser de convivência desagradável se Leonard falhar em obedecer ao acordo, mas ele está longe de ser um soberano hobbesiano. Além disso, e se Leonard conseguir viajar no tempo, mas sua primeira parada não for a reunião original da assinatura do contrato?

Considere *The Staircase Implementation* [*A implementação das escadas*]. Após uma briga a respeito de assistir a *Babylon 5*, Sheldon invoca o dispositivo do acordo de convivência que diz que "todos os empates serão decididos por mim". Leonard o lembra: "Mas eu discordei disso." E Sheldon prontamente responde: "Mas eu disse sim. E eu decido todos os empates." Isso implica um tipo de arbitrariedade que Hobbes queria evitar. Talvez o soberano devesse "resolver todos os empates" no sistema dele. No entanto, isso levanta um questionamento interessante: na ausência de um soberano do tipo hobbesiano, o que deveríamos fazer em caso de divergência contratual? Por sua vez, isso nos leva a imaginar se toda a ética pode simplesmente se resumir a fazer acordos com os outros. Afinal, quão detalhado um acordo de convivência como o de Sheldon teria de ser para cobrir toda e qualquer situação imaginável que possa surgir? Mesmo um gênio como ele pode falhar em antever que um de seus colegas de quarto venha a possuir uma réplica em tamanho real da máquina do tempo.[8] A preocupação pendente aqui apenas se intensifica conforme tentamos imaginar que tipo de acordo seria necessário para que todos nós vivêssemos sob suas condições.

O problema com a teoria do contrato social, em geral, é que ela oferece uma concepção bastante parca de ética. Há mais relacionado a viver bem do que apenas seguir um conjunto de regras. Considere um exemplo de futebol americano: para ser um excelente jogador de futebol, é preciso conhecer e seguir as regras do jogo. No entanto, isso não é suficiente para ser um excelente jogador. Também é preciso ter talento, treinar e mostrar racionalidade dentro do campo. Do mesmo modo, ser uma pessoa boa requer mais do que simplesmente seguir regras; para ser excelente na vida, é preciso ter as virtudes da vida boa.

O vórtice da virtude aristotélica

De acordo com Aristóteles (384-322 a.C.), a vida boa somente é obtida por meio de uma vida de virtude, uma vida bem balanceada que evita os extremos de "insuficiente" e "demasiado". Por exemplo, uma pessoa que tem a virtude da coragem é aquela que não é nem covarde, nem precipitada, mas que alcança o meio-termo, está no meio entre os dois extremos.

Agir com virtude requer sabedoria prática. Com isso, Aristóteles quis dizer algo diferente de — ou talvez somado a — inteligência. Sheldon é incrivelmente inteligente, mas não sabe o que fazer em uma quantidade surpreendente de situações. Aristóteles dizia que o comportamento moralmente apropriado seria "conforme o homem de sabedoria prática o determinasse".[9] Uma pessoa de sabedoria prática é alguém que é um exemplo moral, alguém que queremos emular, pois essa pessoa sabe qual é a coisa certa a se fazer e age pelos motivos certos. A pessoa virtuosa também tem as emoções apropriadas. Aristóteles explicava que uma pessoa virtuosa sente as emoções "nos momentos certos, em relação aos objetos certos, para com as pessoas certas, com o motivo certo e do modo certo... e isso é característico da virtude".[10]

Aristóteles teria culpado Howard por enfatizar em demasia os prazeres carnais. O filósofo não era puritano, mas defendia a temperança. Ele chamava aqueles que enfatizavam demais as experiências prazerosas de "vulgares", deixando-se escravizar pelos apetites, como "animais de pasto". Aristóteles não tinha certeza de como caracterizar aqueles no extremo oposto, aqueles que são "deficientes de prazeres". O filósofo alegava que pessoas que "os aproveitam menos do que é certo não se costuma encontrar".[11] Sheldon, no entanto, chega desconfortavelmente perto de ser o tipo de pessoa que pouco enfatiza experiências prazerosas. Em qualquer situação, Aristóteles nos direcionaria para algum lugar entre Howard e Sheldon, no que diz respeito às atitudes em relação ao prazer.

Em *The Justice League Recombination* [*A recombinação da Liga da Justiça*], Sheldon insiste repetidas vezes na autenticidade da fantasia do grupo representando diversos membros da equipe de super-heróis Liga da Justiça. Por exemplo, assim que veste a fantasia de Flash, ele acelera sua rotina costumeira, e diz: "É assim que o Flash caminha de um lado para outro." De forma similar, ele critica Penny: "Sinto muito, mas em que universo a Mulher Maravilha é loira?" Porém, a insistência de Sheldon na autenticidade omite a qualidade mais importante da Liga da Justiça: a justiça. Após se depararem com um grupo de homens arrombando um carro, a equipe se prontifica e salva o dia? Não. Sheldon diz: "Somos a Liga da Justiça. Só há uma coisa que podemos fazer. Vamos nos virar devagar e ir embora." A desconexão óbvia aqui é a prova de que Sheldon sabe o que a Liga da Justiça faria, mas ele não consegue se obrigar a seguir o exemplo deles. No mínimo, Sheldon vestido de Flash deveria ter coragem de ligar para a polícia, mas ele parece tomado pelo medo. As falhas dele, nesse caso, contrastam muito bem com as virtudes de seus heróis. Deveríamos agir mais como Flash e menos como Sheldon vestido de Flash.

Leonard tem mais sabedoria prática do que Howard ou Sheldon. Quando comparado com os modos hedonistas de Howard, a busca de Leonard para encontrar um par verdadeiramente romântico é quase beata. Ele não arde por um caso meramente físico, mas, em vez disso, busca relacionamentos sólidos que o beneficiarão tanto do ponto de vista emocional quanto do físico. No primeiro episódio da série, Leonard imediatamente se apaixona por Penny e mostra os sinais precoces desse sentimento. Sheldon presume que o interesse do amigo na nova vizinha seja estritamente carnal, mas Leonard lhe assegura que o interesse que tem em Penny é no contexto de vizinhança, ainda que as ideias de ser algo mais não estejam de todo fora de cogitação.

> Leonard: Isso não quer dizer que se um relacionamento carnal se desenvolvesse eu não participaria. Ainda que fosse breve.
> Sheldon: Você acha que essa possibilidade seria ajudada ou minada se ela descobrisse seu shampoo do Luke Skywalker que não arde nos olhos na banheira?

Leonard: É do Darth Vader. O Luke Skywalker é o condicionador.

Embora seu relacionamento com Penny se torne algo mais nas temporadas seguintes, Leonard respeita os limites dela e não persegue com insistência seu interesse por Penny. Essa ação, por si só, é decididamente contrária ao modo de Howard.

É claro que Leonard tem algumas tendências hedonistas. Considere o caso dele com Leslie Winkle na primeira temporada. Em *The Hamburger Postulate* [*O postulado do hambúrguer*], Leslie convida Leonard para tocar violoncelo no quarteto de instrumentos de corda dela. Imediatamente após isso, Leslie dá em cima dele, e os dois logo se veem nos braços da paixão, sinalizando as escapulidas com a clássica gravata presa à maçaneta da porta. Embora Leonard comece a desenvolver sentimentos por Leslie (sem dúvida esse é naturalmente um efeito colateral do coito), ela rapidamente esmaga esses sentimentos e insiste que aquilo não deve ser algo mais do que físico. A princípio, Leonard é repelido pela ideia de sexo casual, mas ele não parece muito chateado quando Leslie lhe oferece isso mais uma vez no episódio *The Codpiece Topology* [*A topologia do protetor inguinal*] na segunda temporada.

A habilidade de Leonard de lidar de forma apropriada com situações desafiadoras, inclusive aquelas que envolvem Sheldon, é exibida com eficiência em *The Terminator Decoupling* [*A cisão da exterminadora*]. Lembre-se do enigma do TiVo.

Sheldon: Pare. Não podemos fazer isso; não é certo.
Raj: Sheldon, você tem duas escolhas. Ou permite que ele coloque um disco rígido maior no TiVo ou deleta alguma coisa antes de viajarmos.
Sheldon: Mas depois que abrirmos o aparelho, não há mais garantia. A garantia é o acordo sagrado que fazemos com o fabricante. Ele garante a manutenção do equipamento, e nós,

em troca, concordamos em não violar a integridade do hardware interno. Esse pequeno adesivo laranja é tudo o que resta entre nós e a anarquia.
Leonard: Tudo bem, então não vamos tocar no disco rígido. Apenas apagaremos a primeira temporada de *Battlestar*.
Sheldon (*arrancando o adesivo*): Pronto. Somos fora da lei.

Já vimos a propensão que Sheldon tem para buscar contratos sociais, sejam eles implícitos ou explícitos. No entanto, nesse episódio, mais uma vez, vemos que tentar moldar a vida completamente em torno dos contratos parece implausível. Da mesma forma que Howard se deixa escravizar pelo hedonismo, Sheldon se deixa escravizar pelas regras. Leonard, por outro lado, vive à base do discernimento e da racionalidade. Não é que regras e acordos não importem, mas a pessoa deve abordá-los e aplicá-los com consideração.

Leonard, apesar de suas falhas, é o personagem mais equilibrado do programa e, portanto, o mais próximo de uma pessoa de sabedoria prática. Na verdade, ele é um líder. Conforme Amy Farrah Fowler explica em *The Toast Derivation* [*A origem do brinde*]: "Sheldon... acho que está na hora de encarar o fato de que Leonard é o núcleo de seu grupo social. Aonde ele vai, o grupo vai... Seu grupo é Leonardcêntrico. Se fosse uma cidade, seria Leonardópolis. Se fosse uma nação islâmica — Leonardistão. Se fosse o berço do cinema, todos cantaríamos 'Viva Leonardwood!'"

No fim da quarta temporada, Leonard parece ter alcançado o cenário de sua vida boa. Ele encontrou o amor com a irmã de Raj, Priya, e superou o relacionamento com Penny (embora ainda exiba sentimentos por ela). Tornou-se mais confiante nas interações cotidianas. É como se o relacionamento com Priya (a soma daquele aspecto social final da vida boa que lhe faltava) tivesse incutido em Leonard uma confiança que ele jamais teve antes. O rapaz está modificando sua imagem, enfrentando valentões e desafiando de maneira mais vociferante o acordo de convivência de Sheldon. Embora o relacionamento com Priya fique abalado no fim da quarta temporada, Leonard percorreu um longo caminho desde o momento em que teve as calças roubadas pelo ex de Penny no episódio piloto.

O enigma Dennis Kim

Em *The Jerusalem Duality* [*A dualidade Jerusalém*], o Dr. Gablehauser apresenta Dennis Kim, um garoto de 15 anos, para Sheldon e Leonard, e informa-os que Dennis é um "candidato a doutorado bastante disputado" que estava fazendo um tour pela universidade. Sheldon fica impressionado e diz a Dennis que se formou aos 14 anos. Dennis educadamente explica: "Bem, perdi um ano enquanto minha família fugia da Coreia do Norte." Gablehauser espera que Sheldon e Leonard mostrem o lugar para Dennis, deixem-no ver que a faculdade tem as melhores instalações para pesquisa em física do país. Dennis, não tão educadamente, explica que já sabe que ela não tem, mas mesmo assim aceita o convite de Gablehauser de matricular-se na universidade.

Sheldon imediatamente sente um "desequilíbrio da Força". Dennis é o mais jovem ganhador do prestigiado prêmio Stevenson, tendo suplantado Sheldon por seis meses. Dennis chama a pesquisa de Sheldon de "beco sem saída" e começa a explicar por quê. Sheldon chama Dennis sarcasticamente de "O Escolhido" e pergunta ao menino se ele consegue enxergar a Matrix. Sheldon tinha certeza de que a próxima pessoa mais inteligente do que ele seria um ciborgue. O desespero torna-o insuportável (imagine só) e o resto dos rapazes sofre.

Leonard, Raj e Howard concordam em agir. Raj pergunta: "E se algo acontecesse [com Dennis] de modo que ele deixasse de ser uma ameaça a Sheldon?" Howard: "Então, nosso problema estaria resolvido." Leonard, com cautela, diz: "Esperem aí, vocês estão falando de assassinar Dennis Kim? [*pausa*] Não estou dizendo que não." Howard: "Não precisamos ir tão longe. Há outros meios disponíveis." Raj prontamente reclama que não podem mandar o jovem de volta para a Coreia do Norte ("Ele sabe como sair"). Em vez disso, os três bolam um plano para arranjar uma namorada para Dennis e, assim, distraí-lo da física. Após caminharem até o apartamento de Penny, eles reclamam: "Precisamos de uma garota asiática, gostosa e de 15 anos com uma queda por garotos inteligentes." Penny, então, bate a porta na cara deles.

Quando o departamento faz uma recepção de boas-vindas para Dennis, os rapazes organizam um falso dia de levar a filha (entre 14 e 16 anos) para o trabalho. Dennis conhece Emma e sai depressa para ir ao shopping com ela. Em seguida, vemos o menino com Emma, bebendo vinho barato de dentro de uma sacola de papel no parque. Raj admite: "Me sinto um pouco mal pelo que fizemos a ele." Nesse momento, Dennis e Emma começam a se beijar. Leonard, mais do que um pouco sarcástico, diz: "É, estragamos a vida dele." E Sheldon: "Dane-se. Ele era fraco."

Será que o grupo arruinou a vida de Dennis? Será que agiram de modo egoísta, considerando apenas seus interesses e não os do jovem? Será que quebraram algum tipo de contrato social? Será que Dennis arruinou a própria vida? Será que a vida passada em busca de prazeres carnais é menos desejável do que a vida dedicada a desvendar os segredos do universo? Além da comédia e da cosmologia, são essas as grandes questões que *The Big Bang Theory* nos faz considerar.

NOTAS

1. BENTHAM, J. *An Introduction to the Principles of Morals and Legislation*. In: BURNS, J.H.; HART, H.L.A. (Eds.). *The Collected Works of Jeremy Bentham*. Oxford: Clarendon Press, 1970, p. 11.
2. O'KEEFE, T. "Hedonism". *Internet Encyclopedia of Philosophy*.
3. PLATÃO. *A república*: Book 2. Mineola/NY: Dover, 2000, pp. 32-33.
4. Essa discussão foi adaptada de SHAFER-LANDAU, R. *The Fundamentals of Ethics*. Nova York/NY: Oxford University Press, 2010, pp. 106-108.
5. Modernizamos a grafia nessa citação de HOBBES, T. *Leviatã*. Nova York/NY: E.P. Dutton and Company, 1950, cap. 13, p. 102.

6. Id., p. 104.

7. Agradecemos ao webmaster de http://bigbangtrans.wordpress.com (em inglês) pelos diálogos dos episódios.

8. Além disso, o próprio acordo parece causar apenas discórdia no relacionamento deles, o que culmina na situação que surge em *The Agreement Dissection* [*A dissecação do acordo*], quando Priya quase anula de forma bem-sucedida o contrato por meio de argumentos legais. Apenas quando Sheldon a suborna ele consegue manter o acordo com emendas atualizadas que removem as brechas.

9. ARISTÓTELES. *Ética a Nicômaco*. Tradução para o inglês de W. D. Ross. In: Richard McKeon (Ed.). *The Basic Works of Aristotle*. Nova York/NY: Random House, 1941, p.959. Referências a Aristóteles deste ponto em diante serão feitas pelo número da margem da página assinalado por *EN*. Esta citação pode ser encontrada em 1107a1-1107a2.

10. *EN*, 1106b21.

11. Ver *EN*, 1095b14-1095b22 e 1119a1-1119a20.

PARTE TRÊS

"QUANDO VOCÊ DIZ 'CIÊNCIA', TALVEZ TENHA EM MENTE ALGO DIFERENTE DO QUE EU TENHO": CIÊNCIA, CIENTIFICISMO E RELIGIÃO

7

O FUNDAMENTAL SOBRE FAZER FÍSICA EM *THE BIG BANG THEORY*

Jonathan Lawhead

Você diz às pessoas que eu sou um cientista de foguetes?!... Eu sou físico teórico!... Meu Deus! Por que simplesmente não diz às pessoas que trabalho no pedágio da Golden Gate Bridge?! Cientista de foguetes! Que humilhação!

— *Sheldon Cooper, Ph.D., The Pork Chop Indeterminacy [A indeterminação da costela de porco]*

Como físico teórico, Sheldon se considera acima de sujar as mãos para validar seu trabalho com experiências — a não ser que se trate da sujeira dos resíduos de uma caneta para quadro branco. Ele zomba do trabalho mais aplicado de Leonard e Raj e considera que Howard está aquém do escárnio, é um oompa-loompa inferior da ciência. Mesmo assim, Sheldon valoriza engenheiros mais do que cientistas sociais. A mãe de Leonard, a neuropesquisadora Dra. Beverly Hofstadter, ecoa os sentimentos de Sheldon a respeito da hierarquia do conhecimento quando explica que ela e o marido, um antropólogo cultural, certa vez fizeram trabalhos sobre o mesmo assunto, e o dela era o único cuja leitura valia a pena. E, ah, as ciências humanas! Elas simplesmente não merecem receber dinheiro algum.

Cientificismo é a visão de que o projeto científico ocupa uma posição privilegiada entre as empreitadas humanas, e o cientificismo fundamentalista, a posição mais específica que Sheldon costuma expressar, é a visão de que todas as empreitadas humanas formam um tipo de pirâmide invertida, em que a física fundamental é o ponto de apoio sobre o qual todo o resto descansa. Ciência, de acordo com essa visão, é a coisa mais importante que os seres humanos já fizeram, e a física fundamental é a parte mais importante da ciência, o que justifica o "escárnio arrogante" de Sheldon pelas outras disciplinas.

Embora o cientificismo fundamentalista seja tentador, podemos — e provavelmente devemos — resistir a ele sem que nenhum dano seja causado à estrutura do projeto científico. Se ao menos Sheldon pudesse enxergar isso, ele conseguiria lidar melhor com Amy, Leonard, Raj e até mesmo com Howard.

Estudos em Sheldonologia

Em que sentido a física fundamental é fundamental? Em *The Codpiece Topology* [*A topologia do protetor inguinal*], Sheldon e uma de suas arqui-inimigas, Leslie Winkle, discutem se a teoria das cordas ou a teoria da gravitação quântica em *loop* está correta. Sobre o que, exatamente, eles estão brigando? Em uma instância, estão brigando para saber quem é o maior "idiota", porém, mais profundamente, discutem para saber qual teoria descreve melhor o mundo como ele de fato é. Independentemente de quem leva a melhor nesse debate — Sheldon ou Leslie —, não podemos desconsiderar o fato de que esses dois cientistas têm o mesmo objetivo.

Esse objetivo, não é de surpreender, está ligado ao que cientistas fazem. Em um nível bastante genérico, cientistas fazem previsões a respeito do mundo — mais especificamente, a respeito de como o mundo se comporta. Sheldon prevê a existência de monopolos magnéticos. Leslie prevê que há diferenças diminutas na velocidade da luz para cores diferentes. Leonard prevê a existência de "supersólidos", um estado da matéria anteriormente desconhecido, a temperaturas próximas do zero absoluto. Amy prevê que, se mapear o cérebro de Penny enquanto a garçonete chora, poderá fazer um macaco chorar ao excitar regiões análogas do cérebro dele. É razoável afirmar que o objetivo mais profundo da ciência é fazer previsões a respeito do que vai acontecer no mundo a partir de qualquer momento para o seguinte — fazer previsões sobre como o mundo muda com o tempo. Em algum momento, discussões a respeito de qual previsão descreve o planeta do modo mais preciso se tornarão bastante gerais e abstratas. Então, começamos a ver a natureza do debate entre Sheldon e Leslie. No sentido mais geral, abstrato e fundamental, é o teórico das cordas ou o teórico da gravitação quântica em *loop* que faz as melhores previsões a respeito do mundo e seu comportamento?

Para melhor observar como os cientistas procedem ao fazer suas previsões, vamos inventar um novo campo do questionamento científico: "Sheldonologia". Obviamente, Leonard, Howard e Raj são os principais especialistas no assunto — o que, então, transforma Howard de oompa-loompa em Willy Wonka da ciência! Os sheldonologistas lidam com o estudo e a previsão do comportamento profundamente incomum de Sheldon; eles se especializam em prever o que Sheldon fará de um momento para o outro — para onde vai, o que dirá, o que comerá no jantar, onde se sentará e assim por diante. Dessa forma, como os sheldonologistas devem proceder para alcançar esse objetivo?

Qualquer aspirante a sheldonologista (como Penny) imediatamente notará que seu objeto de estudo é — para colocar de forma bastante suave — uma criatura de hábitos: Sheldon tem rotinas muito particulares e invariavelmente se torna "inquieto" quando essas rotinas são perturbadas. Esse fato é incrivelmente útil para os sheldonologistas, porque significa que o comportamento dele não é aleatório; assim, o trabalho dos especialistas em prever o que Sheldon fará se torna mais fácil devido a esse fato. Considere, por exemplo, que para cada localidade onde passa qualquer quantidade de tempo, Sheldon pareça ter um "lugar" particular onde prefira se sentar, e fica bastante chateado se não consegue se sentar nele: chame isso de Princípio Estacionário de Sheldon (PES). No apartamento que divide com Leonard, o lugar de Sheldon é na ponta esquerda do sofá. Considerando o PES, podemos fazer previsões relativamente confiáveis sobre o comportamento dele por uma grande variedade de circunstâncias. Por exemplo, sabemos (com alto grau de certeza) que se alguém recém-chegado ao apartamento sentar-se na almofada favorita de Sheldon, ele pedirá que o convidado (ou convidada) saia do "seu lugar". Isso explica o aviso de Leonard para Penny no episódio piloto para que não se sentasse na ponta esquerda do sofá. Penny aprende rápido e, em *The Gorilla Experiment* [*O experimento gorila*], ela compartilha seu conhecimento com Bernadette durante a primeira visita desta. Quando Bernadette pergunta por que Sheldon não pode se sentar em outro lugar, Penny discorre articuladamente sobre o PES com bastantes detalhes:

> Ah, não, não, sabe, no inverno, esse assento é próximo o suficiente do aquecedor, de modo que Sheldon fica quentinho, mas não tão próximo que o faça suar. No verão, está no caminho de uma brisa cruzada criada pela abertura das janelas ali e ali. Está diante da televisão em um ângulo que não é direto — então Sheldon ainda pode conversar com todo mundo —, mas que não é tão aberto de modo a distorcer a imagem.[1]

Sheldon, levemente surpreso, assente com aprovação e diz: "Talvez haja esperança para você, afinal de contas."

Com o PES em mãos, os sheldonologistas podem prever o comportamento de Sheldon em uma extensa variedade de circunstâncias novas. Eles sabem que se houver algum tipo de *dano* àquele lugar — como o causado por Penny (ou qualquer pessoa, na verdade) quando ela acidentalmente dispara uma bala de paintball na almofada — Sheldon será incapaz de sentar-se confortavelmente em *qualquer* outro lugar do apartamento. Além disso, o PES permite que sejam feitas previsões em uma gama de circunstâncias *não observadas* ou *hipotéticas*. Quando Sheldon visita o apartamento de Penny pela primeira vez em *The Tangerine Factor* [*O fator tangerina*], ele passa um bom tempo deliberando sobre onde se sentar (discorrendo mais uma vez sobre o PES para uma Penny espantada — não surpreende que ela tenha aprendido tão bem). Depois que toma essa decisão, o PES permite que mesmo sheldonologistas amadores prevejam com bastante eficácia que Sheldon retornará àquele lugar toda vez que visitar o apartamento de Penny (o que ele faz, é claro). Generalizar nessa instância nos permite prever que Sheldon se comportará de modo similar em qualquer novo local. Na verdade, se pensarmos a respeito, podemos dizer bastante sobre como as partes do mundo que contêm Sheldon vão mudar de um momento para outro, considerando o PES e uma quantidade muito pequena de informação sobre o mundo (onde ele se senta na primeira vez que visita um local).

É claro que a sheldonologia inclui muito mais do que apenas o PES. Em *The Cooper-Nowitzki Theorem* [*O teorema Cooper-Nowitzki*], por exemplo, Sheldon descreve seu cronograma de alimentação dia por dia, explicando que faz uma rotação entre sete jantares de sete restaurantes, um para cada dia da semana. Considerando essa informação e uma data arbitrária, os sheldonologistas podem prever (com muita confiança) o que Sheldon comerá no jantar em determinado dia. Há muitos outros cenários previsíveis: o que acontece quando ele tenta dirigir um carro, quando fica doente e quando interage com a mãe. Todas as previsões se baseariam na observação de que há padrões bastante estáveis passíveis de identificação no comportamento de Sheldon. Dessa forma, o negócio da sheldonologia consiste em três tarefas: observar regiões do mundo que contêm Sheldon, identificar padrões em como essas regiões mudam com o tempo e utilizar esses padrões para prever como *outras* regiões que contenham Sheldon poderiam mudar em diversas circunstâncias. Esse é um grande passo para descrever como cientistas não imaginários praticam ciência.

Uma teoria unificada de Sheldon?

A descrição de Penny da mecânica por trás do PES pode parecer apelar para princípios psicológicos gerais. No entanto, os sheldonologistas não são psicólogos que se especializam na mente incomum de Sheldon ou tentam adivinhar os *motivos* psicológicos subjacentes para o comportamento dele. Eles são mais como físicos. Para os sheldonologistas, portanto, Sheldon existe como um tipo de partícula ou unidade atômica básica. Isso não significa que ele seja pequeno e redondo ou que pareça com uma bola de bilhar, mas apenas que é um objeto não analisado na teoria sheldonologista, do mesmo modo que, digamos, elétrons na física das partículas, ou as *cordas* no próprio campo da teoria das cordas de Sheldon. Isso quer dizer que sheldonologistas não estão preocupados com o que acontece dentro da mente de Sheldon conforme ele prossegue com seu dia. Na verdade, tratam-no como algo *simples* — como uma unidade atômica — e apenas tentam discernir padrões em seu comportamento (exterior).

Esse insight começa a capturar outro aspecto importante de fazer ciência: ela é conduzida em domínios distintos. Pense no experimento comum, conduzido em muitas salas de aula do ensino fundamental, para determinar se os torrões de açúcar se dissolvem mais rapidamente em água morna ou fria. Aqui, a unidade atômica básica é o torrão de açúcar, e a temperatura da água é a variável. Isso se aproxima dos sheldonologistas estudando Sheldon em um novo lugar no qual se senta. Após alguns experimentos, os cientistas iniciantes serão capazes de fazer previsões confiáveis a respeito de torrões de açúcar na água e de Sheldon em novos lugares. Então, existem "açucarologistas" e "sheldonologistas", e esses representam campos distintos de pesquisa. Campos distintos da pesquisa científica costumam ser chamados de "ciências especiais", pois cada um tenta fazer predições apenas sobre seu objeto de estudo (quer dizer, *especialmente* sobre seu objeto de estudo).

No entanto, poderíamos perguntar: o que acontece dentro de torrões de açúcar (ou de Sheldon) que explica seus respectivos comportamentos? A primeira indagação requer que — de maneira bem literal — adentremos mais profundamente a natureza do açúcar. A segunda requer que — muito metaforicamente — adentremos Sheldon mais profundamente. Por conseguinte, não mais tomamos os torrões de açúcar ou Sheldon por unidades básicas; começamos a analisar nosso objeto de estudo com maior intensidade. Isso pode ocorrer conosco depois de aprendermos um bocado com nossas empreitadas na "açucarologia" ou na "sheldonologia". O que explica por que o açúcar se dissolve da forma que se dissolve? O que explica por que Sheldon age do modo como age? Isso, por sua vez, sugere que há um modo científico de questionamento que é mais fundamental do que a "açucarologia" ou a "sheldonologia", pois fornece informações mais profundas ou intensas a respeito do objeto do estudo. Esse nível subsequente de questionamento científico — a ciência especial seguinte — seria mais fundamental na explicação do objeto de estudo. Parece que os "açucarologistas" em algum momento chegarão à ciência especial da química. A química, presumivelmente, pode explicar tudo o que os açucarologistas estudam, mas o contrário não é verdadeiro. Esse é outro modo de entender como é mais fundamental, mas também explica por que cientistas provavelmente diriam que a química é, teoricamente, mais geral do que a "açucarologia". É tentador argumentar que a ciência especial da física é mais fundamental do que a química. Se esse é o caso, então a física pode explicar tudo que a química explica, mas o contrário não ocorre. Isso explica por que alguns cientistas sustentam que a física é mais geral do que a química; seu escopo inclui mais do que apenas química. Obviamente, a mais fundamental das ciências especiais seria também a mais geral; seu escopo incluiria tudo.

E quanto a Sheldon? Qual é a próxima parada para os sheldonologistas? Alguns acadêmicos podem debater que é a sociologia ou a antropologia. Daí, é um passo curto até a psicologia. No entanto, se a Dra. Beverly Hofstadter estiver correta, a neurobiologia é mais fundamental para os sistemas cognitivos do que a psicologia. Se esse é o caso, então a neurobiologia explica tudo que a psicologia explica, mas o oposto não é verdadeiro. Isso torna a neurobiologia mais geral, porque seu escopo inclui mais do que apenas a psicologia. Amy Farrah Fowler, sem dúvida, concordaria. No entanto, existe um campo de pesquisa a respeito de Sheldon (ou de qualquer um, suponho) mais fundamental do que a neurobiologia? Talvez a biologia? É tentador argumentar que assim como a física é mais fundamental do que a química, ela é também mais fundamental do que a neurobiologia ou a biologia. Sheldon Cooper (e também Leslie Winkle) concordariam. Sheldon argumenta que como o mundo é feito de matéria, a física é a mais fundamental das ciências especiais, e aquela que fosse mais fundamental para a física explicaria tudo. Em *The Zazzy Substitution* [*A substituição Zazzy*], entretanto, Amy discorda com veemência da visão de Sheldon, o que dá início a um dos mais memoráveis "não términos" da história das séries de comédia.

> Amy: Definitivamente não. Meus colegas e eu estamos mapeando os substratos neurológicos que auxiliam o processamento global de informações, o qual é requisito para qualquer raciocínio cognitivo, inclusive questionamentos científicos, o que torna minha pesquisa *ipso facto* primordial no *ordo cognoscendi*. Isso significa que é melhor do que a pesquisa dele e [voltando-se para todos na mesa], por extensão, é claro, do que a sua.
> Sheldon: Com licença, mas uma grande teoria unificada, na medida em que explica tudo, explicará *ipso facto* a neurobiologia.
> Amy: Sim, mas se eu for bem-sucedida, conseguirei mapear e reproduzir o processo de seus pensamentos conforme chega a uma grande teoria unificada e, portanto, subordinarei suas conclusões ao meu paradigma.

Sheldon acusa Amy de praticar "psicologismo excessivo" e ambos, sem rancor, concordam em "terminar de imediato o não relacionamento", o que misteriosamente faz com que Sheldon torne-se um apaixonado por gatos.

De toda forma, a discussão de Sheldon com Amy retoma a briga dele com Leslie: que modo de questionamento científico é mais fundamental para a compreensão do mundo em termos de prever seu comportamento de um momento para o seguinte? Sheldon e Leslie concordam que é a física (fundamental), mas discordam a respeito de qual teoria específica. Amy, no entanto, discorda de Sheldon, argumentando que a física teórica — mesmo em sua tentativa de uma grande teoria unificada — não é fundamental do modo que Sheldon acredita.

Resolvendo uma discussão de "não amantes" (sobre ciência)

A física fundamental é o estudo da identificação de padrões que irão prever a evolução de qualquer sistema que possamos escolher para considerar, desde Sheldons a golfinhos, estrelas, clones do Leonard Nimoy, luzes que avisam que é hora de verificar o motor do carro, planetas distantes, partículas subatômicas ou bichos de pelúcia "suados" (e, por extensão, "prostitutas de Omaha"). Se bem-sucedida, uma grande teoria unificada seria fantasticamente importante. Não é de espantar que Sheldon acredite que há um Nobel em seu futuro.

Em sua briga com Amy, Sheldon observa muito corretamente que "uma grande teoria unificada, na medida em que explica tudo, explicará *ipso facto* a neurobiologia". Há uma fatia bem grande de verdade aqui: Sheldon está, com certeza, seguro de que qualquer sistema que possa ser estudado por neurobiólogos — qualquer sistema *cognitivo* — também estará sujeito a estudo por físicos fundamentais. Quaisquer *padrões* identificados por neurobiólogos serão, *por definição*, padrões em sistemas dos quais os físicos fundamentais também se ocupam; uma grande teoria unificada não é muito grande ou muito unificada se não tiver nada a dizer sobre (por exemplo) o cérebro humano.

Vale a pena considerar esse argumento com mais detalhes, pois isso chega ao cerne da questão com a qual nos preocupamos: a atitude arrogante de Sheldon em relação a outros modos de questionamento é justificada ou não? Vamos pensar com maior cuidado na afirmativa de Amy de que, se for bem-sucedida, conseguirá mapear e reproduzir o processo de seus pensamentos conforme chega a uma grande teoria unificada e, portanto, subordinar as conclusões ao paradigma dela. Embora Sheldon despreze isso por ser "psicologismo excessivo", há certamente algo a se considerar na afirmativa da moça. Se ela for bem-sucedida em discernir *todos* os padrões subjacentes ao cérebro, então, caso obtenha informações suficientes sobre o estado de um sistema que contenha um cérebro em determinado momento, ela deve conseguir prever o que aquele sistema fará em um momento ulterior, certo? Sabemos, por exemplo, que a mãe de Leonard (também uma neurocientista) tem uma ressonância magnética detalhada do cérebro de Sheldon à mão, obtida do "encontro" que tiveram com o aparelho de ressonância em *The Maternal Capacitance* [*A capacitação maternal*]; não poderiam Amy e a Dra. Hofstadter juntar as cabeças (sem trocadilhos intencionais), descobrirem como funcionam os cérebros de forma geral e, então, prever cada pensamento (sobre física ou outras coisas) que Sheldon terá no futuro?

Talvez sim, mas vale a pena indagar o que elas conquistarão se forem bem-sucedidas nessa tarefa. Será que um sucesso nesse contexto equivaleria, conforme Amy argumenta, a "subordinar as conclusões [de Sheldon] ao paradigma [dela]"? Isso comprova que a neurociência é *mais fundamental* do que a física fundamental? Sinto muito, Amy, mas não exatamente. Se Amy e Beverly conseguissem preparar o tipo de Sheldon-simulação do qual estamos falando até agora, elas teriam, na verdade, construído um sistema que consegue *fazer física*. Isso com certeza seria um triunfo para a neurociência, mas reconhecer esse fato ainda equivale a reconhecer que um número enorme de padrões está fora do escopo do projeto de Amy. De forma simples, existem coisas físicas que não fazem física. Esse ponto retoma o comentário de Sheldon para Penny em *The Gorilla Experiment*

[*O experimento gorila*]: "A física engloba o universo inteiro, das partículas quânticas até supernovas, de elétrons girando a galáxias rotacionando." A neurociência não pode reinvindicar isso, nem *nenhuma* das ciências especiais: uma bióloga como Bernadette não pode dizer nada sobre supernovas além do que uma neurocientista, como Amy, pode. Apenas os físicos podem reivindicar a generalidade máxima, e é *nesse* sentido que a física fundamental é fundamental.

Ainda assim, isso não chega perto de justificar a arrogância de Sheldon, pois a física fundamental está longe de ser o *único* projeto que vale a pena levar adiante. Embora seja verdade que os padrões da física fundamental também devam se aplicar aos cérebros, o projeto de identificação de padrões que ocorrem *apenas* nos cérebros ainda pode ser fantasticamente útil. O fato de que esses padrões ocorrem apenas em um conjunto de sistemas restrito pode ser considerado um benefício, e não um problema: se estivéssemos apenas interessados em prever o comportamento dos sistemas que contêm cérebros, então poderíamos ignorar um montante enorme de informações exteriores sobre como sistemas que *não* contêm cérebros se comportam, sobretudo se isso torna nossa tarefa mais fácil! Se nos deparamos com sistemas que contêm cérebros diariamente (como o nosso), então temos bons motivos para nos importarmos bastante com a maneira que esses sistemas se comportam, ainda que, para identificar os padrões relevantes, ignoremos informações sobre como se comportam (por exemplo) "elétrons girando e galáxias rotacionando". O negócio da ciência está na identificação de sistemas interessantes e padrões discerníveis na forma como esses sistemas mudam com o tempo, e é fato irrefutável que há padrões tremendamente úteis para serem encontrados que não ocorrem em todos os lugares do universo. É função das ciências especiais identificar esses padrões, e Sheldon deveria reconhecer que essa empreitada é fantasticamente importante por mérito próprio.

Nada do que dissemos até agora nos dá motivo para preferir *apenas* a sheldonologia, a neurociência, a microbiologia ou a física fundamental. É certamente verdade que qualquer sistema que contenha Sheldon é *também* um sistema que contém cérebro (e, portanto, qualquer sistema que pode ser estudado por sheldonologistas pode *também* ser estudado por neurocientistas). E qualquer sistema que contenha cérebro é *também* um sistema que contém organismo vivo (e, portanto, qualquer sistema que possa ser estudado por neurocientistas *também* pode ser estudado por biólogos). Entretanto, ainda podem existir circunstâncias nas quais preferíssemos a sheldonologia à neurociência ou a neurociência à biologia. Em particular, é possível haver razões que nos estimulem a nos *interessarmos* por padrões que ocorrem apenas em sistemas que contêm Sheldon mais do que nos interessamos por padrões que ocorrem em *todos* os sistemas que contêm cérebro (por exemplo, se encontramos Sheldon muito mais do que encontramos a maioria das outras pessoas).

Isso significa que é bastante possível que estejamos dispostos a trocar a característica generalista da neurociência pela relativa simplicidade da sheldonologia, ainda que isso signifique trabalhar com uma ciência especial que abarca um conjunto menor de sistemas possíveis. Quando Leonard e os rapazes tentam solucionar a melhor combinação entre restaurante e cinema no início de *The Financial Permeability* [*A permeabilidade financeira*], eles (de forma bastante racional) o fazem sob os termos da sheldonologia. O problema relevante, conforme Leonard observa, é encontrar "um restaurante aprovado por Sheldon próximo a um cinema aprovado por Sheldon". Seria possível, é claro, resolver esse problema sob os termos da (digamos) física fundamental — Sheldons, restaurantes e cinemas são todos intrínsecos ao campo da física fundamental. Há um modo muito fácil de proceder, no entanto. Considerando os princípios da sheldonologia, o grupo pode apurar *apenas* os padrões relevantes (os quais contêm fatos a respeito de coisas como Red Vines e máquinas de raspadinha) e excluir todos os padrões irrelevantes sobre supernovas e galáxias. Expressar a questão como um problema da sheldonologia torna a vida deles mais *fácil*, então por que não prosseguir dessa forma?

A pragmática das ciências especiais

Isso nos leva a outro aspecto importante de fazer ciência, não menos importante do que os outros: em muitos casos, a escolha da ciência especial para a qual apelar é altamente pragmática. Isso quer dizer que a ciência contém um elemento pragmático que, às vezes, é ignorado. Por exemplo, faz pouco sentido argumentar com Amy que ao estudar o cérebro humano ela está perdendo tempo, pois os padrões que identifica são de um tipo que jamais ocorreria no interior do sol. Por que não ocorreria? Exatamente pelo mesmo motivo que poderia muito bem levar Leonard a se especializar em sheldonologia e não em algo mais geral: nós encontramos condições em que ocorrem as generalizações da neurobiologia com muito mais frequência do que encontramos condições como as do interior do sol. Temos bons motivos para nos interessar pelos padrões que os neurobiólogos identificam, porque há muitos sistemas que exibem esses padrões por aqui. Se nossa meta é prever o comportamento desses sistemas, não nos importa necessariamente se essas previsões não se sustentariam em certas condições extremas — ou seja, se há sistemas possíveis nos quais os padrões identificados pela neurobiologia não se aplicariam.

Então, onde fica Sheldon e seu desdém por ciências diferentes da física fundamental? Em algum sentido, ele está correto ao acreditar que seu projeto de descobrir os padrões subjacentes a tudo é especial. Se Sheldon for bem-sucedido, ele poderá alegar que obteve sucesso em articular um conjunto de padrões que tem um nível de generalidade que supera o de qualquer outra ciência. Em outro sentido, no entanto, esse não é o único projeto que vale a pena levar adiante.

Também pode ser útil observar, para concluir, que não está nem mesmo claro que Sheldon de fato *pensa* que apenas a ciência é digna de atenção. Embora ele alegue sentir-se humilhado quando a irmã fala que ele é um cientista de foguetes, em vez de um físico teórico, ele, ainda assim, demonstra o que somente pode ser descrito como uma reverência amorosa pela mãe de Leonard, uma pesquisadora de cérebros, ao chamá-la de "uma mulher notável". Também vale a pena apontar que a dedicação de Sheldon à física não é absoluta. Quando Ramona Nowitzki toma controle da vida dele em *The Cooper-Nowitzki Theorem* [*O teorema Cooper-Nowitzki*], Sheldon, em certo ponto, tenta obter a ajuda de Leonard para destruí-la (ao invocar a Cláusula Skynet do acordo de convivência), apesar de Ramona o estar impulsionando para a grandiosidade. Sheldon valoriza coisas além da física — Red Vines, *Halo*, revistas em quadrinhos, comida tailandesa de boa qualidade e (talvez) até mesmo a companhia de Amy.[2] Ele valoriza todas essas coisas porque elas o ajudam a viver da forma que quer viver — Sheldon as valoriza por razões *pragmáticas*. Em última instância, ele deveria ter uma apreciação similar por biologia, neurociência e pelas outras ciências especiais.[3]

NOTAS

1. Ofereço meus sinceros agradecimentos ao webmaster de http://bigbangtrans.wordpress.com (em inglês) pelos diálogos dos episódios neste ponto e ao longo do texto.
2. Isso é confirmado pelo desejo de Sheldon de que Amy se torne sua namorada e deixe de ser apenas sua "amiga-garota" — considerando que ela concorde com o recém-redigido "acordo de relacionamento"!
3. Agradeço ao Dr. Dean Kowalski por seu feedback útil, pelos comentários e pelas sugestões editoriais.

8

SHELDON, LEONARD E LESLIE: AS TRÊS FACES DA GRAVITAÇÃO QUÂNTICA

Andrew Zimmerman Jones

No início da segunda temporada de *The Big Bang Theory*, um relacionamento romântico termina de modo abrupto, antes mesmo de começar. O relacionamento tem o potencial para algumas boas gargalhadas, mas esfria após apenas um episódio. Não, não estou falando do romance entre Leonard e Penny (versão 1.0), mas do segundo episódio da temporada, *The Codpiece Topology* [*A topologia do protetor inguinal*], no qual um Leonard em busca de consolo começa a sair com Leslie Winkle, sua colega do departamento de física da universidade. Lembre-se do debate caloroso entre Leslie e Sheldon sobre a gravitação quântica em *loop* e a teoria das cordas. A moça acredita que a gravitação quântica em *loop* descreve melhor o universo, e Sheldon discorda (fortemente). Leonard é puxado para dentro da discussão e afirma de modo diplomático: "Bem, há méritos nas duas teorias." Leslie não aceita isso; ela reclama: "Bem, fico feliz por ter descoberto a verdade a seu respeito antes de isso ter ido mais longe." Leonard prontamente responde: "Que verdade? Estamos falando de hipóteses não testadas. Não é nada demais." Leslie insiste: "Ah, não é? Diga-me, Leonard, como criaríamos nossos filhos?... Sinto muito... Isso é a gota d'água."

No entanto, qual é exatamente a "gota d'água"? A discussão dela foi, originalmente, com Sheldon. Leonard falhou em defender a honra de Leslie de algum modo suficientemente cavalheiresco? É claro que o apartamento é despojado de trovadores com instrumentos de corda, mas o relacionamento termina de modo que deixa muitos de nós perplexos. No mínimo, é mais misterioso do que o término que Leonard vivenciou apenas um episódio antes, em *The Bad Fish Paradigm* [*O paradigma do peixe ruim*]: Penny sentia-se insegura com relação à sua falta de educação formal, e Leonard não foi suficientemente sensível a esse fato.

Acredite ou não, podemos entender melhor (e valorizar) o término Leonard/Leslie se esquadrinharmos os rudimentos da ciência e o modo como ela é executada em nossa era moderna. Para isso, precisaremos confrontar a indagação complexa do objetivo máximo da ciência e quais métodos devem ser empregados para alcançá-lo.

Os métodos da ciência

O método científico envolve a observação de algum comportamento na natureza, a formulação de uma regra que explicaria esse comportamento e, então, a concepção de um teste para verificar se essa regra se sustenta em uma situação nova, porém relevantemente similar. Qual, no entanto, é a parte mais importante desse processo? É a formulação da regra (ciência teórica) ou o teste da referida regra (ciência experimental)? E se cada parte for igualmente importante?

Leonard e Howard são práticos e põem a mão na massa em seus trabalhos científicos, mas Raj parece ser algo como um misto entre um cientista teórico e um experimental. Ele é um astrofísico que, pelo menos em *The Pirate Solution* [*A solução pirata*], trabalha *para* (e não *com*) Sheldon na exploração "das implicações para a teoria das cordas dos raios gama provenientes da aniquilação da matéria". No entanto, em *The Griffin Equivalency* [*A equivalência Griffin*], Raj é reconhecido pela revista *People* pela descoberta de um objeto do tamanho de um planeta. Sheldon, é claro, encontra-se firmemente (e orgulhosamente) no lado teórico dessa divisão. Em *The Monopolar Expedition* [*A expedição monopolar*], ele recebe uma prestigiada bolsa de pesquisa da National Science Foundation, mas sua aceitação requer que Sheldon vá a campo — até o Polo Norte, nada menos. Ele a princípio hesita, e explica: "Sou um físico teórico, uma carreira que escolhi basicamente porque se pratica dentro de quatro paredes." Depois de aceitar a bolsa da NSF, Sheldon logo demonstra sua falta de intuição experimental prática quando pede que *sua* equipe pratique a montagem do equipamento no freezer do Cheesecake Factory. Leonard leva apenas alguns minutos para sugerir que os rapazes o montassem do lado de dentro e, então, o levassem para o lado de fora.

Esses cientistas fictícios e sua viagem iminente ao Ártico ilustram como a ciência costuma se desdobrar. Os teóricos constroem modelos matemáticos e os utilizam para fazer previsões que os experimentalistas, por sua vez, testam contra o verdadeiro comportamento de sistemas físicos. As teorias de hoje costumam ser tão elaboradas que o conjunto de habilidades envolvido é fundamentalmente diferente de muitas maneiras. Ainda assim, precisamos atentar para a percepção errônea de que apenas os físicos teóricos motivam os avanços científicos, com os experimentalistas de carona. A interação entre o teórico e o experimentalista é muito mais sutil do que isso.

Um dos pontos-chave a respeito das ideias científicas, pelo menos de acordo com o filósofo da ciência Karl Popper (1902-1994), é que elas devem ser falsificáveis. Em outras palavras, se não há um experimento que possa ser conduzido (seja em princípio ou na prática) para demonstrar que uma ideia está errada, então você não pode realmente dizer que a ideia é científica. Por exemplo, a ideia de Deus é uma hipótese que, de acordo com a maioria dos pensadores, jamais pode ser falsificada, então não se qualifica como teoria científica.

Por meio desse processo de falsificação, os experimentalistas forçam os teóricos a revisar suas teorias falhas. Uma vez que uma teoria tenha sido falsificada, então seu status como parte do "paradigma científico" atual é questionado.[1] O paradigma atual representa um modo coerente de sistematizar todos os dados de entrada; ele fornece um *status quo* de como a ciência — e os cientistas — operam. Se uma teoria não consegue explicar algum dado novo, isso perturba o *status quo* científico. No entanto, os teóricos não abandonam de imediato suas teorias como um todo apenas por causa de algumas contradições ou previsões falhas. Nas palavras do filósofo da ciência Thomas Kuhn (1922-1996): "A ciência normal (...) costuma suprimir novidades fundamentais [de dados] porque elas necessariamente subvertem seus compromissos básicos."[2]

Isso significa que os cientistas seguem com suas vidas, perfeitamente felizes com o *status quo* descrito por seu paradigma existente. Vez ou outra, no entanto, alguma evidência contraditória ou inesperada surge, perturbando o *status quo*. Os cientistas devem, então, fazer uma escolha. Alguns são tentados pelos novos dados, como quando uma nova vizinha bonitona se muda para o apartamento em frente. Esses cientistas anseiam por abandonar o antigo paradigma na esperança de fazer novas descobertas, do mesmo modo como Leonard estava ansioso por deixar para trás seu eu nerd e solitário e cortejar Penny. Tais cientistas estão determinados a procurar por novas teorias que sejam "inteligentes e lindas". No entanto, da mesma forma que Sheldon brinca que os filhos de Leonard com Penny serão imaginários, a maioria dos cientistas não chega nem perto de estar pronta, como Leonard, para desbravar um novo caminho e seguir a vizinha bonitona — ou seja, a nova e inesperada evidência científica — aonde quer que isso os leve. Muitos preferem agarrar-se desesperadamente ao *status quo*, recusando-se a reconhecer que qualquer mudança fundamental ocorreu. Esses cientistas preferem tentativas de explicar os dados novos, aparentemente inesperados, sob o atual paradigma.

Essa última estratégia incorpora-se com outro dos argumentos de Kuhn sobre ciência. Em respeito ao acúmulo de evidências contrárias, ele escreveu: "Depois de atingir o status de paradigma, uma teoria científica é declarada inválida apenas se um candidato alternativo estiver disponível para tomar seu lugar."[3] Isso sugere que os cientistas estão inclinados a apegar-se a uma teoria por mais tempo do que deveriam. Mesmo assim, a própria natureza da ciência ajuda a garantir que falhas escondidas em uma teoria serão, em algum momento, descobertas por alguém que esteja disposto a estabelecer um novo paradigma científico. Kuhn também apreende essa propensão entre cientistas, conforme escreveu: "O cientista deve (...) dedicar-se a entender o mundo e a expandir a precisão e o escopo com o qual ele foi ordenado."[4]

Em *The Alien Parasite Hypothesis* [*A hipótese do parasita alienígena*], Sheldon fornece um exemplo engraçado de um cientista ilicitamente afastando-se da força dos dados contrários. Ele tenta ajudar a "garota-que-é-amiga" Amy Farrah Fowler a descobrir a causa de seus comportamentos biológicos irregulares na presença do ex-namorado de Penny, Zack. Sheldon trabalha sob o quase-paradigma de que Amy, como ele próprio, evoluiu para além dos desejos carnais medíocres. Os dois são seres intelectuais. No entanto, todos os dados apontam para a conclusão de que Amy sente-se sexualmente excitada por Zack. Sheldon recusa-se a aceitar isso, proferindo, então, a hipótese de que ela foi infectada por um parasita alienígena, o que cria reações biológicas consistentes com a excitação sexual. Isso permite que Sheldon atenha-se a seu paradigma, mas como não há evidências de que a moça deparou-se com seres extraterrestres, a hipótese preferida por Sheldon também requer que ele imoralmente distorça os dados. No fim das contas, Sheldon não está sendo científico.

Do mesmo modo, considere outro componente fundamental da ciência: sua natureza cética e inquisidora. A ciência, em última instância, busca respostas *onde quer* que estas possam nos levar. Richard Feynman, físico ganhador do Nobel (1918-1988), explicou de modo conciso esse aspecto:

> A ciência é um modo de nos ensinar como algo se torna conhecido, o que não é conhecido, até que ponto as coisas são conhecidas (porque nada é completamente conhecido), como lidar com a dúvida e com a incerteza, quais são as regras de

> evidência, como pensar em coisas de modo que julgamentos possam ser feitos, como distinguir a verdade da fraude e do espetáculo.[5]

De acordo com o ponto de vista de Feynman, embora os cientistas certamente não estejam tentando o tempo todo refutar o paradigma existente, também não estão fugindo das evidências contraditórias. Ou, pelo menos, não deveriam estar.

Feynman descreveu a ciência de modo mais sucinto como "o ceticismo organizado na confiabilidade da opinião especialista".[6] Novamente, o Dr. Sheldon Cooper tem dificuldades para aceitar esse sentimento, como evidenciado no diálogo seguinte de *The Worksong Nanocluster* [*A nanopartícula da canção de trabalho*]:

> Sheldon: Penny, eu sou físico. Tenho um conhecimento abrangente sobre o universo e tudo o que ele contém.
> Penny: Quem é Radiohead?
> Sheldon: Tenho conhecimento abrangente das coisas *importantes* do universo.

Sheldon não sabe a resposta à pergunta de Penny, mas, em vez de literalmente fugir dos dados como fez ao sair com rapidez do escritório de Amy, aqui Sheldon simplesmente deixa de reconhecer a pergunta. Ele responde não de modo a tentar expandir seu conhecimento, mas de modo a permanecer confortavelmente dentro do paradigma existente. Tudo de que Sheldon precisa saber está incluído em sua compreensão atual da física teórica. Se parece haver algo que se encontra fora dela, Sheldon o classifica como uma coisa sem importância que não vale a pena ser explorada ou estudada.

Um exemplo vívido de cientistas que *seguem* as orientações de Popper e de Feynman é a descoberta da "energia escura". Em 1998, astrofísicos descobriram que a expansão do universo estava se acelerando. Essa descoberta foi inesperada, mas as evidências eram sólidas, então os cientistas modificaram seus modelos. Isso é a falsificação de Popper em progresso, porque as evidências claramente contradiziam a ideia de um universo com expansão desacelerando-se ou constante (os dois pensamentos predominantes antes de 1998). É um dos casos mais claros de experimentos que levam a novos trabalhos teóricos. Mais de uma década depois, físicos ainda tentam entender a natureza exata da energia "escura" (não visível) que propulsiona essa aceleração, assim como suas implicações para o resto da física... especialmente considerando que as evidências agora sugerem que cerca de 75% de nosso universo seja composto de energia escura!

"Descobertas" teóricas

Físicos tomam as propriedades físicas do universo e as traduzem em equações, as quais podem utilizar para prever ou interpretar outras propriedades físicas do universo. Por exemplo, considere o atual paradigma da física, às vezes chamado de "física moderna". Esse paradigma consiste na relatividade geral de Einstein, a qual descreve a gravidade, e em um modelo abrangente de tudo o mais na natureza, chamado de "modelo padrão" da física quântica. Esses dois domínios evoluíram de evidências experimentais que não condiziam com a física newtoniana clássica, que foi dominante durante três séculos antes de Einstein. Hoje, a relatividade geral e a física quântica são a fundação de todo nosso entendimento acerca de como o universo funciona.

Tanto a relatividade geral quanto a física quântica tomam a forma de equações matemáticas. Na verdade, quando os físicos fazem qualquer tipo de ciência, estão trabalhando com equações. Mesmo os experimentos, de fato, são apenas um meio de fazer com que os números certos se adequem às equações. As variáveis representam as propriedades físicas do universo. Experimentos organizam alguns desses valores, mas os físicos teóricos costumam alterar alguns parâmetros para ver quais resultados obtêm, algo como um cenário do tipo: "E se o universo fosse assim?"

Na verdade, muito do trabalho teórico da física é descobrir as equações corretas para serem utilizadas na descrição de determinada situação. Essas equações têm de se conformar à evidência experimental conhecida, mas o trabalho matemático também pode constituir um tipo de nova descoberta por si mesmo. Considere a descoberta da antimatéria. O físico Paul Dirac (1902-1984) estava trabalhando com equações para descrever o comportamento de elétrons e descobriu que elas permitiam que os elétrons fossem negativa ou positivamente carregados. Isso o deixou perplexo, pois elétrons haviam sido observados apenas com carga elétrica negativa. Como suas equações pareciam corretas, Dirac foi levado a considerar a existência de elétrons carregados positivamente: pósitrons. Será que o universo continha "antimatéria" — algo exatamente como a matéria comum, porém com uma carga oposta? Sim. A suposição de Dirac foi confirmada experimentalmente alguns anos mais tarde por Carl David Anderson (1905-1991).[7]

É fácil imaginar isso como uma descoberta que poderia ter sido desencadeada pelo experimento, em vez de pela teoria. É concebível que os físicos jamais teriam considerado a antimatéria até Anderson acidentalmente tropeçar nesses elétrons esquisitos, de carga positiva, em seu trabalho experimental, forçando, portanto, os teóricos a revisarem suas equações de modo a adequar-se a um novo paradigma. No entanto, não está claro se Anderson teria encontrado os pósitrons se não fosse pelas equações de Dirac. De toda forma, parece mesmo que o trabalho teórico de Dirac levou à previsão antes que os experimentalistas chegassem a ela.

A descoberta da antimatéria fornece um insight para a ciência que, aparentemente, motiva o episódio *The Monopolar Expedition* [*A expedição monopolar*]. Sheldon procura confirmar seu trabalho teórico ao detectar experimentalmente monopolos de movimentos lentos no polo norte magnético. Monopolos são teóricos, mas não puramente fictícios. As equações dos físicos teóricos previram que nos altos níveis de energia do princípio do universo teria havido polos magnéticos livres, chamados de monopolos magnéticos. Eles podem ser compreendidos quando contrastados com um ímã comum (incluindo a própria Terra). Ímãs têm polos carregados negativa e positivamente ("polo norte" e "polo sul"), mas o problema é que esses estão sempre conectados. Se você pegar um ímã (ou qualquer outra coisa que produza um campo magnético) e cortá-lo ao meio, não terá um polo norte e um polo sul separados; terá dois ímãs menores, cada qual com um polo norte e um polo sul. Monopolos, então, são partículas minúsculas que consistem apenas em um único polo norte sem nenhum polo sul conectado (ou vice-versa).

Toda a ciência de Sheldon (e a atual) aponta para — ou seja, prevê a existência de — monopolos. A matemática sustenta essa previsão. Se tais coisas existissem, ainda deveria haver algumas delas flutuando por aqui, ou teriam passado a existir em colisões de grande energia no espaço. Presume-se que o campo magnético da Terra as tornaria difíceis de detectar normalmente, e é por isso que uma viagem ao Ártico se faz necessária. Se os experimentos de Sheldon forem bem-sucedidos — ainda que isso signifique ter de incluir Raj, Howard e Leonard — as ramificações seriam grandiosas. Nas palavras do próprio Sheldon: "Se eu conseguir detectar monopolos magnéticos de movimento lento, serei o cientista que confirmou a teoria das cordas. As pessoas escreverão livros a meu respeito. Alunos do terceiro ano farão dioramas com macarrão na aula de artes retratando imagens da minha vida." Infelizmente, as esperanças dele são destruídas; Sheldon não teve a mesma sorte de Dirac quando previu a antimatéria. Ele precisa rever suas equações ou construir um experimento diferente.

De modo interessante, Sheldon estava certo a respeito de suas previsões com relação a supersólidos em *The Cooper-Hofstadter Polarization* [*A polarização Cooper-Hofstadter*]. Nesse caso, Leonard fez o papel de Carl David Anderson, verificando experimentalmente as teorias de Sheldon. Mais uma vez, a preferência de Sheldon pela ciência teórica ocupa lugar central. Ele está tão certo de que a matemática estava correta que não vê motivo em apresentar as descobertas em uma conferência de prestígio. Por que deveria "se curvar a mentes inferiores"? E mais, Sheldon proíbe Leonard de apresentar as descobertas sem ele. Quando seu amigo decide apresentá-las mesmo assim, Sheldon tenta sabotar a apresentação (e Howard filma todo o episódio vergonhoso e coloca no YouTube).

O paradigma da teoria das cordas

Tentativas de explicar a teoria das cordas na presença do Dr. Sheldon Cooper estão fadadas ao ridículo, se é que as perguntas "exploratórias" de Sheldon para o Dr. Brian Greene em *The Herb Garden Germination* [*A germinação do herbário*] são alguma indicação... "Muá-há-há." Mesmo assim, aqui vai. Lembre-se que a física teórica atual consiste em duas estruturas teóricas separadas. A mecânica quântica descreve os modos como as partículas fundamentais interagem por meio de forças eletromagnéticas e também por meio das interações nucleares fortes e fracas. Há um quarto tipo de interação, a gravidade, mas a teoria quântica não a abrange de fato. Em vez disso, a gravidade é abarcada pela teoria da relatividade geral de Einstein.

O problema é que previsões feitas na teoria quântica não chegam realmente a se sustentar na relatividade geral e vice-versa. Para a maioria das coisas, isso não é um problema, pois os métodos de aproximação atenuam tudo. Dessa forma, os físicos podem descrever a maioria dos comportamentos sem deparar-se com conflitos, mas, vez por outra, esbarram em situações exóticas — por exemplo, no limiar de um buraco negro.

Einstein passou a última metade de sua vida tentando criar uma "teoria do campo unificado", uma única equação e um paradigma que abarcasse todas as regras fundamentais sobre como a realidade funciona. Ele não foi bem-sucedido nessas tentativas, embora haja (evidentemente) discussões a respeito do motivo de isso ter acontecido, conforme provocantemente descrito no diálogo a seguir, de *The Wildebeest Implementation* [*A implementação do gnu*]:

> Sheldon: Devo dizer que desde que você começou a ter relações sexuais regularmente, sua mente perdeu o sentido aguçado. Você deveria refletir a esse respeito.
> Leonard: Com licença, mas Einstein teve uma vida sexual bastante agitada.
> Sheldon: Sim, e ele jamais unificou a gravidade com as demais forças. Se não tivesse sido tão assanhado, todos teríamos máquinas do tempo agora.

(Só para constar, não há provas de que a promiscuidade de Einstein interferiu em seu trabalho ou nos impediu de ter máquinas do tempo.)

Em determinado momento, o campo da teoria das cordas tornou-se proeminente enquanto possível teoria unificada da gravitação quântica. Em *The Fuzzy Boots Corollary* [*O corolário de Fuzzy Boots*], Leonard faz uma rápida referência a essa questão durante seu primeiro pseudoencontro com Penny:

> Penny: Então, quais são as novidades no mundo da física?
> Leonard: Nenhuma.
> Penny: Sério mesmo, nenhuma?
> Leonard: Bem, à exceção da teoria das cordas, não aconteceu muita coisa desde os anos 1930. E não é possível comprovar a teoria das cordas. Na melhor das hipóteses, podemos dizer: "Ei, veja, essa ideia tem uma consistência lógica intrínseca."
> Penny: Bem, tenho certeza de que as coisas vão melhorar.

Na teoria das cordas, toda matéria é vista como minúsculas cordas vibratórias, de ordem de magnitude menor do que a menor das partículas que hoje conseguimos observar. Elas são tão pequenas, na verdade, que a maioria dos cientistas que trabalham na teoria das cordas não acredita que exista um modo de observar experimentalmente uma corda, apenas as consequências da interação entre elas. Isso, em parte, explica o comentário de Leonard de que "não é possível comprovar a teoria das cordas". Ele tem consideração pela matemática, porém o experimentalista dentro de Leonard pede uma prova discernível.

No entanto, há mais. Não é apenas a matéria que é feita de cordas. Na mecânica quântica, as forças — as eletromagnéticas, a força nuclear forte e a força nuclear fraca — apenas trabalham porque há tipos especiais de partículas, chamadas de bósons, que quicam de um lado para outro e as fazem funcionar. Esses bósons também são criados por cordas vibratórias, então toda matéria e suas diversas interações são descritas como tipos diferentes de cordas vibratórias. Esse entendimento levou a uma previsão tão particularmente incrível que fez com que muitos cientistas a abandonassem. A teoria das cordas apenas funciona se você montar as equações de modo que o universo tenha um total de 26 dimensões!

Esse assunto provocador é levantado no episódio piloto, disfarçado na tentativa inicial dos rapazes de impressionar Penny:

> Leonard: Pelo menos não tive que inventar 26 dimensões só para fazer a matemática dar certo.
> Sheldon: Eu não tive que inventá-las. Elas estão lá.
> Leonard: Em que universo?
> Sheldon: Em todos eles. Essa é a questão.

De novo, vemos um embate entre Leonard (mais experimental) e Sheldon (mais teórico). Leonard requer previsões que possam ser testadas. Sheldon acredita que a matemática, se bem-feita, fala por si mesma. Em parte, isso explica um pouco melhor a rixa entre os dois em *The Cooper-Hofstadter Polarization* [*A polarização Cooper-Hofstadter*]. Leonard faz a Sheldon uma pergunta retórica: "Então a comunidade científica inteira deve simplesmente aceitar sua palavra?" Sheldon, confiante (mas de alguma forma enigmático), responde: "Ela não *deve*, mas *deveria*."

Há uma complexa corrente subjacente aqui, a qual se provará vital para nossa compreensão do término Leonard/Leslie. As *equações* da teoria das cordas exigem dimensões extras, o que é suficiente para que Sheldon tenha certeza de sua existência. Leonard, enquanto experimentalista, zomba do fato de que a teoria não se adequa a nossa *experiência* conhecida (a qual sugere apenas quatro dimensões espaço-tempo: cima/baixo, esquerda/direita, frente/trás e uma dimensão que representa nosso movimento ao longo do tempo). Além disso, não está claro se a teoria das cordas oferece alguma previsão testável. Então, ela é ciência ou não?

Isso nos leva ao cerne do problema da teoria das cordas, o término Leonard/Leslie e, na verdade, toda a ciência teórica: quanta confiança deveria ser depositada nas equações na ausência da confirmação experimental? Certamente, com base no que sabemos até agora, não há motivo real para ter alguma fé nessa teoria louca. No entanto, nos anos 1970 foi feita outra descoberta fascinante. Físicos haviam aplicado conceitos da mecânica quântica à gravidade e previram que, se esses dois paradigmas fossem unificados, seria preciso existir um bóson que explicasse a força da gravidade. Eles chamaram essa partícula de gráviton e previram as propriedades que ela precisaria ter.

Eis a descoberta fascinante: as equações para a teoria das cordas preveem — na verdade, exigem — que as partículas bóson com exatamente essas propriedades existam. Sob a teoria das cordas, os grávitons precisam existir e, portanto, a gravidade também precisa existir. Essa é a chave para a teoria das cordas enquanto uma teoria da gravitação quântica. O gráviton foi criado para explicar interações entre partículas, mas parece requerer que o universo que ele descreve tenha gravidade. Portanto, a previsão que a teoria das cordas faz a respeito dos grávitons é extremamente poderosa. Se a matemática estiver correta, isso seria um grande avanço na direção de uma teoria unificada.

Pendências, términos e novos começos

A teoria das cordas ainda deixa muitas pendências (como todas aquelas dimensões extras), mas é claramente a teoria de gravitação quântica a mais desenvolvida e influente que temos. No entanto, não é a única. Considerando a maioria dos padrões, a maior concorrente da teoria das cordas é a teoria da gravitação quântica em *loop* — que é defendida por Leslie Winkle em *The Big Bang Theory*. A gravitação quântica em *loop* está praticamente no mesmo estado que a teoria das cordas estava no fim dos anos 1970. É uma teoria interessante, mas, à exceção de um pequeno acordo de teóricos dedicados, a maioria dos cientistas acredita que as equações não atendem ao que é necessário e veem pouco mérito na abordagem.

Nessa teoria, em vez da natureza fundamental da matéria e das forças, os cientistas olham para a natureza fundamental do espaço-tempo e observam-na como minúsculos incrementos quânticos. Ela interage em diversos "*loops*", e é daí que o campo recebe seu nome. Consequentemente, Leslie atua fora da corrente dominante, conforme ilustrado pelos frequentes ataques de Sheldon contra a colega, explicitamente em *The Codpiece Topology* [*A topologia do protetor inguinal*], os quais se concentram (na maior parte) na qualidade do trabalho científico de Leslie, comparando-o a um jogo de "galinha choca". Além disso, Sheldon afirma: "A metodologia da pesquisa dela é desleixada, ela é injustificadamente arrogante quando se trata da gravitação quântica em *loop* e, para piorar tudo, ela é má comigo." Por tudo isso, é certamente fácil para um espectador acreditar que a avaliação de Sheldon é mais levada pela emoção do que pela objetividade, o que pode ser outra chave para melhor compreender as disputas profissionais entre eles.[8]

Para entender melhor como dois cientistas aparentemente inteligentes podem estar tão seguros em seus caminhos opostos, vamos considerar o que fazem de fato. Eles trabalham com equações que se dispõem a descrever a realidade, mas que contêm partes de informações (outros parâmetros), que os físicos teóricos organizaram em um cenário de “E se?”. Intrínsecas ao estado atual de nosso universo, as duas teorias se adequam a nossas observações e também à relatividade geral e à física quântica.

São os parâmetros extras, as situações exóticas, que tornam as coisas interessantes. Essas podem ser utilizadas para prever como os buracos negros se comportam, como era o universo próximo a seu início e que tipos de resultados podemos esperar das altas energias do Grande Colisor de Hádrons. Na maioria dos casos, esses parâmetros não possuem impacto no que esperamos ver; é apenas no mundo hipotético da extrapolação teórica que uma teoria tem vantagem sobre as demais.

Isso nos leva de volta à cena do início deste capítulo: o término da relação Winkle/Hofstadter. Tudo se concentra nos papéis das teorias das cordas e da gravitação quântica em *loop* — ambas sem nenhuma sustentação experimental discernível — enquanto abordagem apropriada para unificar a física sob um paradigma mais abrangente. Sheldon, obviamente, prefere a teoria das cordas. Assim como ele, Leslie é motivada por um forte compromisso com as equações e suas consequências, mas é comprometida com um conjunto *diferente* de equações. Ela se opõe às equações de Sheldon, mas interpreta perfeitamente o papel da física teórica tanto quanto ele. Leonard ainda aguarda mais provas experimentais e duvida implicitamente das conclusões de Leslie. Pior do que isso, ele parece um pouco mais simpático à teoria das cordas. Isso é demais para a moça, que sinaliza a “gota d'água”. No entanto, essa realmente é uma atitude arrogante da parte de Leslie? Afinal de contas, Sheldon às vezes permite que fatores não racionais invadam seu trabalho. (Como poderíamos testar *isso*?) De toda forma, Leonard é um cientista experimental e utiliza a abordagem cética de Feynman diante da ciência com muito mais vigor do que Leslie ou Sheldon. Leonard busca não apenas consistência interna das equações matemáticas; ele quer descobrir como o universo funciona pela confirmação dessas equações.[9] Podemos culpá-lo por isso?

É claro que Leonard também quer colocar a gravata de volta na maçaneta da porta, mas reviver esse pedacinho de semiótica terá de aguardar mais alguns episódios. Leslie deixou o apartamento. Embora Leonard e Leslie pareçam ter terminado — de vez —, espero que esse capítulo impulsione você a aprender mais sobre o que é ciência e o que fazem os cientistas (ainda que ninguém chame você de uma "besta magnífica" por fazer isso).

NOTAS

1. O termo *paradigma científico* costuma ser atribuído a Thomas Kuhn. Veja KUHN, T. *The Structure of Scientific Revolutions*. 2 ed. Chicago/IL: University of Chicago Press, 1970.
2. Id., p.5.
3. Id, p. 77.
4. Id, p. 42.
5. KRAUSS, L. *Quantum Man: Richard Feynman's Life in Science*. Nova York/NY: W.W. Norton & Company, 2011. Citação de Richard Feynman, p. 1.
6. FEYNMAN, R. P. "what is Science?" *The Physics Teacher*. Setembro de 1969.
7. Com base em seu trabalho teórico anterior, Dirac propôs a ideia das partículas de antimatéria em 1930. Essas partículas são exatamente como matéria comum, mas com uma carga oposta. Em 1932, Carl David Anderson descobriu experimentalmente o pósitron em raios cósmicos. Dirac recebeu o Nobel da Física de 1933 (junto com Erwin Schrödinger) "pela descoberta de novas formas produtivas da teoria atômica", enquanto, em 1936, Anderson recebeu o mesmo prêmio por "sua descoberta do pósitron". Para mais informações a respeito desses cientistas e de suas realizações, veja http://nobelprize.org/nobel_prizes/physics/laureates/1933/ (em inglês) e http://nobelprize.org/nobel_prizes/physics/laureates/1936/ (em inglês), respectivamente.
8. Nada a respeito de Leslie sugere que ela seja uma cientista incompetente; em *The Cushion Saturation* [*A saturação da almofada*], descobrimos que a pesquisa dela é valiosa a ponto de justificar uma viagem ao Grande Colisor de Hádrons, em Genebra, na Suíça. Além disso, ao contrário de Sheldon, Leslie parece igualmente confortável tanto no âmbito experimental quanto no teórico. Quando seu personagem é apresentado, é dito que ela trabalha no mesmo laboratório que Leonard, e em sua primeira aparição Leslie está tentando utilizar um laser para esquentar uma xícara de macarrão instantâneo.
9. Devido à falta de evidências experimentais discerníveis, é tentador interpretar o debate entre Sheldon e Leslie como se ambos fossem fundamentalistas

de religiões diferentes. Isso pode explicar por que Leslie se refere aos "filhos". Embora a analogia seja um pouco exagerada, muitos pais deparam-se com a difícil questão de decidir em qual religião os filhos deveriam ser criados. Leonard sugere uma abordagem neutra, na qual seria permitido que as próprias crianças escolhessem, mas Leslie diz que elas precisam de mais orientação. De toda forma, a analogia não se sustenta no sentido de que, se evidências experimentais algum dia contradisserem firmemente a teoria das cordas ou a teoria da gravitação quântica em *loop*, seria esperado que Sheldon ou Leslie enfim cedessem à questão, o que não é um fator típico na religiosidade.

9

UM PARADIGMA PARA TODOS GOVERNAR: CIENTIFICISMO E *THE BIG BANG THEORY*

Massimo Pigliucci

Por que *The Big Bang Theory* é tão engraçado? Alguns fãs acreditam que a causa é o roteiro; outros, a atuação; outros ainda creem que é a direção. Aspectos diferentes do programa sem dúvida trabalham em conjunto em diversos níveis. Este capítulo explora um modo no qual as diversas facetas — roteiro, atuação, direção — se unem para nos fazer rir. Os personagens de Sheldon Cooper, Leonard Hofstadter, Howard Wolowitz e Rajesh "Raj" Koothrappali são tão engraçados (em parte) devido a suas visões "cientificistas" ao extremo do mundo, completamente estruturadas em sua prática da ciência. O humor se manifesta conforme a abordagem científica dos rapazes se desdobra na rotina diária. Eles, é claro, invariavelmente falham em diversas tarefas mundanas, em um contraste nítido com a não intelectual, porém muito mais pragmática, Penny. Nesse sentido, a arte nos ensina algo a respeito da vida. Pelas lentes de *The Big Bang Theory*, podemos ver como as tentativas de desenvolver uma visão de mundo amplamente cientificista estão fadadas ao fracasso, o que clama por abordagens mais equilibradas para a compreensão do que está ao nosso redor.

Os dados

Em *The Hamburger Postulate* [*O postulado do hambúrguer*], Leonard Hofstadter finalmente decide chamar sua colega também nerd, Leslie Winkle, para sair:

> Leonard: Leslie, eu gostaria de propor um experimento... Estava pensando em uma exploração biossocial com sobreposição neuroquímica.
> Leslie: Espere, você está me chamando para sair?
> Leonard: Eu caracterizaria como uma modificação de nosso paradigma "colegas barra amigos" com a adição de um componente do tipo encontro, mas não precisamos discutir a terminologia.

Leslie sugere que eles simplifiquem as coisas um pouco, como em qualquer bom experimento científico, ao pular o encontro de fato e seguirem direto para o estágio do beijo. Isso determinará empiricamente que tipo de excitação neuroquímica eles obterão com a experiência e, portanto, determinará se desejam, de fato, começar a sair. Leslie relata que o beijo de Leonard não produz nenhuma excitação nela, o que acaba com o experimento e com a indagação do rapaz. Após concordarem com os parâmetros, Leonard sai em silêncio do laboratório, um pouco deprimido.

É "Quinta à Noite em que Tudo Pode Acontecer" em *The Hofstadter Isotope* [*O isótopo de Hofstadter*], e os rapazes estão — surpreendentemente — considerando ir a um bar para pegar mulheres. Leonard logo retorna à realidade, murmurando: "Por favor, Howard, as chances de conseguirmos pegar garotas em um bar são praticamente zero." Desafetadamente, Wolowitz responde: "Ah, é? Você conhece a equação de Drake?" Sheldon, sem piscar, recita a fórmula da equação, que é utilizada para calcular as chances de encontrar uma civilização extraterrestre com a qual é possível se comunicar.[1] "Isso, essa mesma!", exclama Howard rapidamente, e então continua:

> Você pode modificá-la para calcular nossas chances de fazer sexo mudando a fórmula para que utilize o número de mulheres solteiras em Los Angeles, o número daquelas que podem nos achar atraentes e o que chamo de coeficiente Wolowitz: necessidade vezes estresse ao quadrado. Após processar os números, cheguei ao conservador total de 5.812 parceiras sexuais em potencial dentro de um raio de sessenta quilômetros.

Leonard observa, pensativo, que Howard deve estar de brincadeira. Chocado, Howard responde: "Sou um engenheiro excitado, Leonard, jamais brinco com matemática ou sexo."

Em *The Friendship Algorithm* [*O algoritmo da amizade*], Sheldon procura desenvolver uma abordagem científica para a aquisição de amigos. Ele prossegue ao demonstrar o poder do algoritmo ao telefone, quando tenta convencer o irritante Barry Kripke a passar um tempo com ele. Sheldon, no entanto, logo fica preso em um *loop* infinito causado pela estrutura do próprio algoritmo. Howard repara e, prontamente, caminha até o quadro branco de Sheldon para modificar o procedimento, ajudando, então, Sheldon a alcançar sua meta. Ao tapar o telefone com a mão, Sheldon pondera: "Um contador de repetições e uma saída para a última atividade. Howard, isso é brilhante! Estou surpreso por ter visto isso." Devagar, Howard retorna a seu assento e pergunta, de modo retórico e sarcástico: "Nossa, por que será que Sheldon não consegue fazer amigos?"

Esses exemplos ilustram a tentativa de reduzir habilidades sociais complexas a simples questões de lógica, do tipo que podem ser implementadas em um programa de computador. Após termos terminado de rir de Sheldon, Howard, Leonard e Raj, a reação inevitável é: namorar ou fazer amigos simplesmente não é tão sucinto e objetivo. Isso, por sua vez, nos leva a perguntar: por que dar-se ao trabalho de tentar aplicar metodologias científicas a interações sociais complexas? Por que pensar que a ciência contém todas as respostas?

Os antecedentes

A ciência é indiscutivelmente o modo mais eficiente que os seres humanos desenvolveram para compreender — e até mesmo controlar, ainda que de forma limitada — o mundo natural. Ela costumava ser uma ramificação da filosofia, até a revolução científica do século XVII. Galileu e Newton acreditavam serem "filósofos naturais", e o próprio termo "ciência" foi cunhado pelo filósofo William Whewell em 1834, em uma analogia à palavra "artista". A raiz do termo, no entanto, vem do latim, *scientia*, o que significa conhecimento, em sentido amplo, não apenas no sentido do que hoje consideramos conhecimento científico.

O cientificismo é a ideia de que a ciência pode e deve ser expandida para todos os domínios do conhecimento ou do interesse humano, inclusive as ciências sociais e as humanas. Alternativamente, também pode ser considerada a ideia de que o único tipo de conhecimento que de fato vale a pena ter é aquele fornecido pelas ciências naturais. O apelo do cientificismo pode derivar de outra ideia importante que é fundamental para a prática da ciência: o reducionismo. O reducionismo é uma abordagem básica e muito bem-sucedida comum às ciências físicas e biológicas, articulado por René Descartes (1596-1650) em seu livro *Meditações sobre a filosofia primeira*. Descartes interessava-se por estabelecer fundamentos epistêmicos sólidos para a matemática, a filosofia e a ciência. Para esse fim, ele propôs quatro princípios que descobriu, nos quais deveria se construir uma ciência bem-sucedida. O segundo e o terceiro princípios resumiam a prática do reducionismo:

> O segundo, dividir cada uma das dificuldades sob escrutínio em tantas partes quantas forem possíveis, e quantas forem necessárias para a solução adequada. O terceiro, conduzir meus pensamentos em tal ordem que, começando com objetos mais simples e mais fáceis de conhecer, eu consiga ascender aos poucos e, conforme for, passo a passo, até o conhecimento do mais complexo; designar em pensamento certa ordem até mesmo a esses objetos, na qual a própria natureza deles não permaneça em posição de antecedência e sequência.[2]

A estratégia de "dividir e conquistar" (o segundo princípio), aliada à abordagem da "construção de baixo para cima" (o terceiro princípio), explica exatamente como a física é capaz de incluir o domínio inteiro da química, e por que a biologia molecular tem sido uma ciência de tanto sucesso desde a descoberta da estrutura do DNA, em 1953. É esse triunfo do método cartesiano que tornou o reducionismo a base do modo como a ciência é feita hoje.

Além disso, há um apelo intuitivo ao reducionismo e, por extensão, ao cientificismo, por causa do reconhecimento comum — tanto entre cientistas quanto entre filósofos — de que o mundo é feito do mesmo tipo de coisas básicas, sejam elas quarks ou supercordas. A partir disso, é tentador concluir que uma compreensão total do mundo pode ser alcançada simplesmente estudando-se cuidadosamente as coisas básicas do universo. É claro que a ciência — e, em especial, a física — é a disciplina que estuda as coisas básicas do universo. Talvez esse tipo de pensamento alimente a discussão calorosa entre Leslie e Sheldon a respeito da teoria das cordas e a da gravitação quântica em *loop* em *The Codpiece Topology* [*A topologia do protetor inguinal*]. Se uma compreensão total de tudo depende da exploração das coisas básicas do universo, é muito importante que você estude as coisas básicas certas.

A controvérsia

Cientistas de verdade realmente praticam o cientificismo? Bem, há alguns dados a se considerar. Repare no famoso ensaio do físico Steven Weinberg, "Against Philosophy" ["Contra a filosofia"].[3] E repare na mais recente e ousada (e infundada) declaração de outro físico, Stephen Hawking, de que a filosofia está morta.[4]

Um dos exemplos mais ambiciosos do cientificismo, no entanto, veio do biólogo Edward O. Wilson.[5] Na publicação, intitulada ironicamente (ainda que de forma não intencional) *Consiliência — A unidade do conhecimento*, Wilson tenta subordinar as ciências humanas e as ciências sociais à biologia com o embasamento epistemológico um tanto frágil de que qualquer coisa que os seres humanos fazem deve, em algum momento, resumir-se a sua biologia.[6] Em um sentido trivial, Wilson está correto: os seres humanos são entidades biológicas, e tudo o que fazemos é possibilitado (e delimitado) por nossos corpos físicos, nossos sentidos e nossos cérebros. Simplesmente não procede, no entanto, que explicações biológicas — embora talvez uma parte necessária do cenário — sejam suficientes (ou mesmo nossa melhor aposta) quando se trata das complexidades da cultura humana, tais como namorar e fazer amigos. Sim, nós namoramos (em parte) porque queremos sexo, e queremos sexo (em parte) porque estamos programados por nossos genes para nos reproduzirmos. No entanto, se alguém seriamente acredita que o cortejo humano e os relacionamentos podem ser explicados somente (ou mesmo amplamente) por esses termos, essa pessoa merece o tipo de "escárnio arrogante" que Sheldon e os rapazes regularmente incitam em Penny devido a sua apreensão do mundo absurda e dominada pela ciência.

Mais recentemente, o neurocientista Sam Harris abordou o cientificismo ao desafiar (e descartar de imediato) todo o campo da ética, uma província clássica da filosofia.[7] Ele alega que "fatos" morais são do mesmo tipo que fatos científicos, e a ciência — e particularmente o próprio campo dele, a neurobiologia — é melhor preparada do que a filosofia (ou a religião) para investigá-los. Harris rejeita a distinção padrão entre fatos e valores que David Hume (1711-1776) tornou famosa em sua obra *Tratado da natureza humana*. Para Hume, fatos empíricos — tais como aqueles com os quais a ciência lida — eram de uma natureza bastante diferente dos julgamentos éticos, algo em que, a filosofia moral está interessada, e não se podia apenas passar, sem debate, de fatos para valores.

Harris não aceita isso, e aponta, por exemplo, que ressonâncias cerebrais mostram que, quando pessoas aceitam a verdade de uma proposição matemática (como "2 + 6 + 8 = 16"), ativam a mesma região do cérebro (o córtex pré-frontal médio) que é ativada quando aceitamos a verdade de uma proposição moral (como "É bom deixar seus filhos saberem que você os ama"); a partir disso, Harris deduz que "a fisiologia da crença pode ser a mesma, independentemente do conteúdo de uma proposição, [o qual] também sugere que a divisão entre fatos e valores não faz muito sentido em termos de função cerebral subjacente".[8] Isso pode muito bem ser verdade, mas não tem nada a ver com a questão de as verdades morais serem do mesmo tipo que as verdades científicas ou matemáticas. Para convencer a si mesmo disso, simplesmente reflita sobre o fato amplamente conhecido de que seu cérebro ativa o mesmo circuito quando você faz sexo no mundo real e quando você *pensa* em fazer sexo. Espero que isso não o leve a acreditar que os dois tipos de experiências são remotamente iguais, exatamente como Howard e Raj descobriram no fim de *The Gothowitz Deviation* [*O desvio Gothowitz*], episódio no qual os vemos imaginando como foi a noite, ou pelo menos o que esperam contar aos amigos a respeito de como foi a noite. Depois que uma noite atrás de garotas no clube gótico dá errada, os dois inventam uma história sobre sexo grupal e banheiras de hidromassagem. Raj chega ao ponto de incluir o detalhe (imaginário) de como as conquistas femininas deles cheiravam a jasmim. No entanto, torna-se imediatamente, e dolorosamente, claro que há diferenças muito relevantes entre imaginar fazer sexo e fazer sexo de fato — o que, sem dúvida, explica o plano deles de visitarem um bar estilo country na noite seguinte.

Talvez, por incrível que pareça, não sejam apenas os cientistas que praticam o cientificismo; alguns filósofos são culpados disso também. Por exemplo, Paul e Patricia Churchland endossaram uma posição na filosofia da mente conhecida como materialismo eliminativo, que consiste na ideia de que a conversa sobre experiências subjetivas deveria ser eliminada e substituída pela linguagem mais precisa da neurobiologia. Então, por exemplo, "sinto dor" é *realmente* apenas um modo subjetivo e impreciso de dizer que certas fibras-C em nervos específicos de meu sistema somático foram ativadas por uma ferida física de um determinado tipo.[9] A dor, nesse sentido, não é nada além da ativação das fibras-C. O problema, obviamente, é que a declaração sobre dor e a declaração sobre a ativação das fibras-C — embora estejam certamente relacionadas — não são, de modo algum, maneiras intercambiáveis de se referir ao mesmo fenômeno, mas aspectos bastante distintos (a experiência subjetiva e a descrição neurobiológica) do referido fenômeno. Os Churchland estão, de certa forma, cometendo o mesmo erro que Harris, tratando a neurobiologia como uma explicação fundamental e contida em si mesma da questão mental, deixando completamente de lado o fato de que nossas experiências subjetivas têm uma riqueza qualitativa que simplesmente não é capturada por um relato científico (tecnicamente correto).

Leonard comete um erro similar em *The Grasshopper Experiment* [*O experimento gafanhoto*], quando Penny está treinando para ser *bartender*. Muito orgulhosa de si, ela anuncia: "Tudo bem, aqui está, Leonard, uma Tequila Sunrise." Satisfeito, Leonard responde: "Obrigado! Sabe, essa bebida é um exemplo maravilhoso de como líquidos com gravidades específicas interagem em um recipiente cilíndrico." É verdade que a Tequila Sunrise (uma bebida feita com três partes de tequila, seis partes de suco de laranja e uma parte de xarope de granadina) é um modo maravilhosamente colorido de demonstrar o comportamento em camadas de líquidos caracterizados por gravidades específicas diferentes, mas isso definitivamente *não* é o motivo pelo qual as pessoas pedem uma Tequila Sunrise em bares, e essa informação também não tem nada de interessante a nos contar a respeito da experiência de beber uma Tequila Sunrise (prove uma e descobrirá por conta própria). Algo desse tipo também acontece em *The Friendship Algorithm* [*O algoritmo da amizade*] quando Sheldon percebe que subir uma parede de escalada tem uma sensação qualitativa distinta do que apenas ler e aprender sobre como subir uma parede de escalada. Na verdade, a primeira fez Sheldon passar mal, enquanto a segunda não fez.

As ramificações

O termo *cientificismo* quase nunca é utilizado em um sentido positivo. Na verdade, ele costuma significar um insulto, em geral proferido por (alguns) filósofos e humanistas para cientistas que parecem ultrapassar um território que não pertence a eles. É verdade que a tentativa de Howard de quantificar matematicamente a delicada arte do relacionamento humano é divertida, assim como o experimento de Leslie e Leonard. E a tentativa de Sheldon de fazer amizade é simplesmente cômica. No entanto, o que explica a animosidade associada ao cientificismo?

Considere que valorizar irredutivelmente uma abordagem científica em relação às coisas pode prejudicar nossa habilidade de ver o "cenário como um todo". Hoje em dia, por exemplo, nossa sociedade parece submissa a um frenesi de quantificação: desejamos medir (e comparar) a inteligência das pessoas ou a aprendizagem ou a felicidade pela utilização de escalas simples e lineares que nos fornecem uma sensação de precisão e de exatidão científica. O risco, é claro, é que podemos sentir falta da estrutura (e da beleza?) da floresta, porque estamos concentrados em contar as árvores uma a uma, em descontar a importância de qualquer coisa que não esteja propensa a uma abordagem científica-quantificadora (pense novamente no algoritmo da amizade de Sheldon) ou em restringir fenômenos complexos (tais como a inteligência, a aprendizagem ou a felicidade) em números de fácil digestão que tornam nossas decisões e nossa visão de mundo muito mais simples do que seriam de outra forma.

Até mesmo Sheldon parece aproximar-se de compreender essa questão durante uma conversa com a irmã Missy em *The Pork Chop Indeterminacy* [*A indeterminação da costela de porco*]. Ao apresentá-la para o resto do grupo, ele diz: "Ela é minha irmã gêmea, acha que é engraçada, mas, francamente, eu jamais consegui perceber isso." Missy rapidamente responde: "Isso é porque você não tem senso de humor mensurável, Shelly." Sem perder um segundo, Sheldon pergunta, de maneira retórica: "Como, exatamente, alguém poderia medir o senso de humor? Com um humorômetro?" A brincadeira divertida com o termo mensurável mostra que Missy, e não Sheldon, tem senso de humor, exatamente porque o humor resiste à análise quantificadora.

Ênfase demasiada na ciência por si mesma também corre o risco de se tornar um objetivo estéril, como neste diálogo de *The Cooper-Hofstadter Polarization* [*A polarização Cooper-Hofstadter*], no qual os rapazes, orgulhosos, mostram a Penny um novo software que Howard desenvolveu, que permite que pessoas do mundo todo controlem as instalações do apartamento de Leonard e Sheldon:

> Leonard: Está vendo?
> Penny: Não.
> Sheldon: [impaciente] Alguém na província de Szechuan, na China, está utilizando seu computador para acender e apagar nossas luzes.
> Penny: Ah, isso é... útil. Hã, uma pergunta: por quê?

Quando os quatro cientistas respondem em uníssono "porque podemos", Penny sacode a cabeça, exasperada. O exercício é fascinante para os rapazes, pois mostra que pode ser feito, ainda que existam modos muito melhores (porém menos "científicos") de atingir a mesma meta. Penny simplesmente os faria usar o interruptor (ou, pelo menos, comprar um controle remoto universal na Radio Shack).

Filósofos que criticam abordagens cientificistas para problemas humanos buscam salientar as questões éticas levantadas por uma visão embasada em ciência de tudo. Quando tentamos reduzir ou reinterpretar as ciências humanas e nossas experiências cotidianas em termos científicos, não estamos apenas fadados a deixar de lado algo importante; também corremos o risco de desumanizar nossa própria existência e também a de outras pessoas — possivelmente, podemos até nos tornar insensíveis em relação aos perigos de praticar certos tipos de ciência com base no fato de que a visão científica representa em si mesma a maior das metas concebíveis. Por exemplo, desde que o Grande Colisor de Hádrons (LHC), o maior acelerador de partículas energéticas do mundo, entrou em funcionamento próximo a Genebra (Suíça), surgiram discussões a respeito dos possíveis perigos representados por alguns dos experimentos planejados para as instalações. A controvérsia aparece brevemente em *The Pork Chop Indeterminacy* [*A indeterminação da costela de porco*]. Leonard informa Raj: "Alguns físicos estão preocupados com a possibilidade de, se o supercolisor funcionar de verdade, ele criar um buraco negro e engolir a Terra, acabando com a vida como a conhecemos." Raj, sem solidariedade, responde: "Que bando de bebês chorões."

Verdade, não parece haver de fato nenhum risco mensurável (!) de que um buraco negro de repente se materialize dentro do LHC e destrua a Terra. No entanto, a ciência tem um longo histórico de efeitos questionáveis sobre a vida humana, desde a tragédia da eugenia (a qual, de 1909 até os anos 1960, foi responsável pela esterilização forçada de 60 mil indivíduos considerados geneticamente "inadequados" nos Estados Unidos) até a invenção das armas nucleares e o desenvolvimento das armas biológicas. Assim, um argumento pode ser formulado, o de que não deveríamos necessariamente levar adiante certos tipos de pesquisas científicas apenas "porque podemos", conforme os rapazes explicaram a Penny. A ciência precisa da orientação das disciplinas externas — tal como a ética — assim como de um sério engajamento com o debate público, para evitar cenários bizarros, como o causado pela eugenia. No entanto, isso presume exatamente aquilo que uma abordagem cientificista nega: que o discurso racional significativo é possível ou relevante fora da própria ciência.

Ainda que os cientistas tenham bom senso, será que a ciência deveria ser utilizada para melhorar a condição humana sem consentimento explícito das pessoas cujas vidas são afetadas, de modo a alcançar a referida melhora? E o que constitui uma "melhora" em nossa existência, de toda forma? Essa pergunta é implicitamente feita em *The Gothowitz Deviation* [*O desvio Gothowitz*], quando Leonard descobre que Sheldon está utilizando condicionamento positivo (um controle comportamental descrito por B. F. Skinner) em Penny — ele lhe dá chocolate sempre que Penny faz algo de que Sheldon gosta:

> Leonard: Você não pode treinar minha namorada como se fosse um rato de laboratório.
> Sheldon: Na verdade, parece que posso.
> Leonard: Bem, você não deveria.
> Sheldon: Não é possível agradá-lo, não é, Leonard? Você não estava feliz com minha abordagem anterior ao lidar com Penny, então decidi aplicar técnicas operantes de condicionamento... Só estou ajustando a personalidade dela. Aparando as arestas, se preferir.
> Leonard: Não, você não vai aparar Penny!
> Sheldon: Ah, por favor, não pode me dizer que não está intrigado com a possibilidade de construir uma namorada melhor.

O diálogo é hilariante, mas o assunto subjacente — a interação entre a ciência a todo custo e uma consideração por valores éticos extracientíficos — levou a alguns resultados aterrorizantes, mesmo na história recente. Um dos casos mais notórios é o Caso Tuskegee, estudo sobre sífilis feito na cidade de Tuskegee, no estado do Alabama, entre 1932 e 1972. Médicos trabalhando com o governo dos Estados Unidos começaram um estudo com 399 homens negros afetados pela sífilis, e também com um adicional de 201 homens usados como grupo de controle, sem dizer aos referidos homens que eles possuíam a doença. O que é mais importante: depois que uma cura eficiente foi disponibilizada — com o desenvolvimento da penicilina, em meados dos anos 1940 — os pesquisadores, sabidamente, interromperam o tratamento dos participantes. O estudo continuou durante décadas, e foi encerrado apenas porque vazou para a imprensa, com a controvérsia resultante sendo, por fim, levada à legislação federal para regulamentação de pesquisas científicas que afetavam participantes humanos, assim como o estabelecimento do Office for Human Research Protections [Escritório de Proteção à Pesquisa com Humanos].[10]

A análise

Então qual, exatamente, é o problema com o cientificismo, e que soluções estão disponíveis para nós? As respostas a essas duas perguntas estão, na verdade, entre as diversas premissas cômicas que fazem com que *The Big Bang Theory* funcione tão bem como série de TV: respectivamente, a tendência dos cientistas a irem longe demais e a resistência que podemos gerar ao aplicar um pouco de bom senso (junto com, talvez, boa reflexão filosófica). Novamente, não deveria haver dúvidas de que a ciência é, de longe, a melhor caixa de ferramentas que a humanidade inventou para descobrir como o mundo funciona. A ciência também precisa de muita defesa, pois anda sob crescente ataque nos últimos tempos, com grande parte dos norte-americanos negando a teoria da evolução, rejeitando a noção da mudança climática antropogênica ou acreditando que de alguma forma as vacinas causam autismo.[11] Conforme Carl Sagan apropriadamente observou no livro *O mundo assombrado pelos demônios*, uma coleção clássica de ensaios sobre a pseudociência e *nonsense* diversificado, a ciência é como uma vela muito preciosa no escuro, que merece nosso respeito e requer nossa proteção.

No entanto, deveria estar igualmente claro que a ciência tem um domínio apropriado de aplicação (ainda que grande). Isso implica dizer que há áreas às quais a ciência não pertence ou não é particularmente informativa, ou não tem nada a ver com o que de fato queremos. Um dos benefícios de *The Big Bang Theory* é sua efetividade ao demonstrar essa questão, sobretudo por meio de muitos dos diálogos engraçados entre Penny e Sheldon.

Um desses diálogos é particularmente relevante para o debate a respeito do cientificismo. Em *The Work Song Nanocluster* [*A nanopartícula da canção de trabalho*], Sheldon voluntaria-se para ajudar Penny em sua nova empreitada: tornar a empresa "Flores da Penny" o mais lucrativa possível. Um pouco surpresa, Penny pergunta: "E você sabe sobre essas coisas?" Sheldon, com um pouco de escárnio, responde: "Penny, eu sou físico. Tenho um conhecimento abrangente sobre o universo inteiro e tudo o que ele contém." Um pouco irritada, Penny faz uma pergunta para testar a hipótese de Sheldon: "Quem é Radiohead?" Dessa vez, hesitante, Sheldon declara: "Tenho um conhecimento abrangente de todas as coisas *importantes* do universo." Esse é um exemplo quase perfeito da falácia do cientificismo: os físicos podem algum dia obter sucesso ao chegar a uma teoria de tudo, mas "tudo" tem um significado muito específico e limitado aqui, referindo-se aos fundamentos básicos do universo. Não é verdade, seja do ponto de vista epistemológico ou do ontológico, que alguém possa, então, simplesmente aplicar o método cartesiano para trabalhar sua ascensão desde as supercordas até a significância cultural da banda Radiohead.[12] Além disso, Sheldon oferece um juízo de valor não tão implícito aqui. No entanto, seria racional perguntar por que a física teórica é o único modo de discurso importante? Ou, mais diretamente, como Sheldon poderia provar ou justificar sua posição dentro da ciência sozinha? Juízos de valor, mais uma vez seguindo David Hume, parecem distintos do discurso científico exatamente porque o que é ou o que pode ser feito não é um guia certeiro para o que deve ser feito.

E mais, é absolutamente pernicioso para a ciência, e também para a sociedade como um todo, quando cientistas proeminentes como Stephen Hawking declaram que um campo de pesquisa inteiro (a filosofia) está morto. Hawking o faz, enquanto ao mesmo tempo entra em uma argumentação filosófica (ruim) ao longo de seu livro, particularmente quando comenta sobre a própria natureza da ciência — um domínio clássico do estudo para a filosofia. Ou considere novamente Sam Harris, que escreveu um tomo inteiro sobre como a ciência pode nos fornecer valores, rejeitando sem argumentação uma das distinções mais fundamentais já feitas pelos filósofos, aquela entre fatos empíricos e valores.[13] Harris faz isso e, ao mesmo tempo, faz um conjunto de escolhas filosóficas muito específico (e totalmente não reconhecido) bem no início do livro, tais como utilizar-se de uma filosofia ética consequencialista como base para suas ideias sobre a felicidade humana.

Uma visão muito mais racional, acredito, é que a ciência natural, a ciência social, a filosofia, a literatura e a arte devem ter um lugar de respeito na mesa do discurso da sociedade, porque são todas necessárias — e nenhuma é suficiente — para o engrandecimento humano. Ou, em termos filosóficos: às vezes, a ciência simplesmente não é a questão, e ela certamente não é a única questão.

NOTAS

1. A verdadeira equação se parece com isto: *N* = *R x fp x ne x fl x fi x fc x L*, onde *N* é o número de civilizações em nossa galáxia com as quais a comunicação é possível; *R* é a taxa média galáctica de formação de estrelas por ano; *fp* é a fração de estrelas com planetas; *ne* é o número médio de planetas que potencialmente possuem vida por estrela; *fl* é a fração de planetas que de fato estão desenvolvendo vida; *fi* é a fração dos que estão desenvolvendo vida inteligente; *fc* é a fração de civilizações que estão desenvolvendo tecnologia de comunicação; e *L* é a extensão de tempo durante a qual essas civilizações produzem sinais detectáveis. Você pode brincar com as variáveis da equação aqui: www.activemind.com/Mysterious/Topics/SETI/drake_equation.html (em inglês).

2. Caso esteja realmente curioso, aqui estão o primeiro e o quarto: "O primeiro era jamais aceitar como verdade aquilo que eu claramente não sabia se era; ou seja, evitar cuidadosamente ser precipitado e preconceituoso, e não considerar nada em meu julgamento além do que foi apresentado a minha mente de forma tão clara e distinta a ponto de excluir toda possibilidade de dúvida." E: "Último, fazer, para cada caso, enumerações tão completas e revisões tão generalistas de modo que eu possa me assegurar de que nada foi omitido."

3. Veja WEINBERG, S. *Dreams of a Final Theory*. Nova York/NY: Vintage Books, 1992, cap. 7.

4. Isso está bem no início de *O grande projeto*, escrito com Leonard Mlodinow.

5. Veja WILSON, E. O. *Consilience: The Unit of Knowledge*. Nova York/NY: Vintage Books, 1999.

6. A ironia do título vem do fato de que *consiliência* é uma palavra também inventada pelo já mencionado filósofo William Whewell para indicar um tipo de racionalidade por meio da qual uma pessoa utiliza linhas convergentes de evidências para chegar a uma conclusão particularmente forte, conforme faz Sherlock Holmes em suas famosas aventuras com a lógica e com a detecção de crimes, e muito longe do que Wilson consegue fazer nesse livro.

7. Veja HARRIS, S. *The Moral Landscape: How Science Can Determine Human Values*. Nova York/NY: Simon and Schuster, 2010.

8. Id., Cap. 3, "Belief".

9. Fibras-C são estruturas neurais encontradas nos nervos periféricos de nosso sistema, e sua função primária é transportar informação dali até o sistema nervoso central; elas são um de dois tipos de fibras responsáveis pela sensação de dor.

10. Perturbadoramente, no entanto, algumas agências federais ainda podem praticar pesquisas em humanos sem consentimento, por meio de uma ordem executiva do presidente, sob a crescente e abrangente desculpa de "segurança nacional".

11. Para uma discussão mais completa sobre o relacionamento entre a ciência e a pseudociência, veja meu livro: PIGLIUCCI, M. *Nonsense on Stilts: How to Tell Science from Bunk*. Chicago/IL: University of Chicago Press, 2010.

12. Epistemologia é o ramo da filosofia que lida com o que podemos saber, enquanto a ontologia é o ramo que trata da existência das coisas. Nesse contexto, o reducionismo pode ser ontologicamente insuficiente para explicar a realidade, caso seja revelado que há fenômenos verdadeiramente novos ("emergentes") em altos níveis de complexidade que não podem ser diretamente reduzidos

a níveis mais baixos. Ainda que seja ontologicamente factível, o reducionismo certamente não funciona de modo epistemológico, pois resultaria em uma descrição insustentável da realidade acima do nível quântico. Por exemplo, por mais que os engenheiros certamente concordem que uma ponte é, em última instância, feita de quarks (ontologia), tentar descrever suas propriedades físicas macroscópicas por meio do desenvolvimento de um modelo detalhado de mecânica quântica (epistemologia) seria simplesmente loucura.

13. Para ser justo, até mesmo alguns filósofos, tais como W. V. O. Quine, questionaram a existência de uma distinção nítida entre fatos e valores, mas eles o fizeram dentro de limites rigorosos e com base em argumentos cautelosos. Harris, em vez disso, simplesmente acredita que argumentos filosóficos são capazes apenas de aumentar o grau de tédio no universo e, em concordância com isso, os descarta de imediato — uma atitude excessivamente anti-intelectual exibida por um autodeclarado intelectual público.

10

CONSIDERAÇÕES DE COOPER: CIÊNCIA, RELIGIÃO E FAMÍLIA

Adam Barkman e Dean A. Kowalski

Às vezes, membros da mesma família não concordam muito um com o outro. No entanto, em meio às diferenças, há quase sempre algo para ser aprendido. A família Cooper de *The Big Bang Theory* fornece um rico embasamento para uma tese sobre "aprendizagem pelas diferenças familiares". É verdade que poucos felizardos entre nós têm pais que um dia lutaram com um lince por causa de um alcaçuz. No entanto, muitos precisam enfrentar relacionamentos com irmãos, mesmo que a maioria de nós não seja tão contrastante quanto Sheldon e Melissa, e todos temos de negociar algumas diferenças com nossos pais. Como podemos perceber, Sheldon e Mary Cooper podem aprender com suas diferenças, e nós podemos aprender com eles.

Mac Marajás Mágicos

Mary Cooper obviamente amou Sheldon com muito carinho desde que ele saiu de dentro dela no Kmart. Mary consolou o filho após as "surras" que ele levou nas mãos dos filhos do vizinho — antes e depois da solução do raio da morte. Ela não se opôs quando Sheldon foi para a faculdade na tenra idade de 11 anos, e Mary aceitou a decisão do filho de estudar ciência, o que resultou em um Ph.D. aos 16 anos. No entanto, exceto por uma viagem esporádica até a Califórnia — terra dos pagãos — para apaziguar as crises de Sheldon, Mary não sai do Texas. Ela passou a maior parte da vida cercada por pessoas que tendem a aparentar, pensar e agir mais ou menos como ela — ou seja, cristãos conservadores que se apoiam na Bíblia.

Não é que Mary seja totalmente ignorante às outras culturas ou fés. Em *The Luminous Fish Effect* [*O efeito do peixe luminoso*], ela conta aos rapazes sobre um homem indiano que frequenta sua igreja, o Dr. Patel. Mary detalha: "É uma linda história. O Senhor falou com ele e o comoveu a nos dar a todos 20% de desconto no LASEK — vocês sabem, para aqueles que precisassem." No entanto, Raj e Howard não são cristãos. Mary reconhece esse fato ao interromper uma de suas orações e se virar para Raj e Howard e dizer: "Agora, depois de um momento de meditação silenciosa, vou terminar com 'em nome de Jesus', mas vocês dois não precisam sentir nenhuma obrigação de se juntar. [*pausa*] A não ser, é claro, que o Espírito Santo os comova." Mary inclina a cabeça e pega a mão de Howard; Howard, desconfortável, pega a de Raj, e, então, todos comem a refeição que Mary preparou para eles.

A situação desconfortável continua nas interações mais diretas de Mary com Raj. Em *The Electric Can Opener Fluctuation* [*A flutuação do abridor de latas elétrico*], Sheldon descobre que Leonard, Howard e Raj falsificaram alguns de seus dados sobre monopolos magnéticos. (Em defesa deles, Sheldon estava sendo um grandessíssimo "dita-dor" do polo norte.) Sheldon achou que finalmente havia confirmado a teoria das cordas, mas sua reputação agora estava arruinada. Ele vai para o Texas, em busca do consolo da mãe. O trio, sentindo-se culpado, viaja até o Texas para pedir desculpas e levar Sheldon de volta à Califórnia. Mary cordialmente os recebe. Ao aproximar-se de Raj, ela pergunta: "E você? Radge, não é?" Raj olha para os pés e sacode a cabeça de modo afirmativo. Mary continua: "Ah, você ainda tem aquele problema para falar com as damas?" Ela (de modo sábio) gargalha consigo mesma, mas continua: "Porque, sabe, em nossa igreja, há uma mulher que é uma curandeira incrível. Em geral, ela trabalha com pessoas de muleta e cadeiras de rodas, mas aposto que estaria disposta a tentar dar um jeito nesse demônio do Terceiro Mundo que está circulando dentro de você."

Considerando o progresso da neurobiologia e da psicologia, é difícil acreditar que algum tipo de demônio sobrenatural cause a mudez seletiva de Raj. Em *The Maternal Capacitance* [*A capacitação maternal*], a Dra. Beverly Hofstadter fica "fascinada" com a condição de Raj. Ela admite que é uma condição "bastante rara", porém a atribui a um "medo patológico de mulheres". O diagnóstico de Mary sobre Raj provavelmente se sustenta nas escrituras sagradas, não na ciência. No Evangelho de São Marcos, Jesus fala com "demônios"; esses "espíritos impuros" que possuem as pessoas e causam grande sofrimento. Jesus cura o sofrimento delas ao afastar os demônios.[1] Além disso, o Evangelho de São Marcos afirma que "sinais seguirão os que crerem: em meu nome expulsarão os demônios; (...) e porão as mãos sobre os enfermos, e os curarão".[2]

Se Mary acredita, assim como vários cristãos conservadores, que a Bíblia é a infalível Palavra de Deus, então seria mais crível que ela apresentasse Raj à amiga da igreja. No entanto, a infalibilidade bíblica é assunto altamente contestado entre acadêmicos. Ainda assim, é requerimento que o crente devoto interprete a Escritura dessa forma? Gênesis 41:57 afirma: "De todos os países (de toda Terra) vinha gente ao Egito comprar grãos de José." Ao ler-se "todos" de forma literal, isso incluiria a Escócia ou os povos nativos da América do Norte? De forma similar, Crônicas, 2º livro, 9:23 diz: "Todos os reis da Terra (...) buscavam Salomão para ouvir sua sabedoria." Os reis celtas ou coreanos buscavam a presença de Salomão? E o patriarca do Gênesis, Seth, viveu até os 912 anos?

O filósofo contemporâneo Peter van Inwagen argumenta que Deus poderia ter bons motivos para não inspirar os autores bíblicos a sempre disseminar verdades literais. Ele observa: "Uma reescrita cientificamente precisa do Gênesis se transformaria em algo totalmente inútil, pois o resultado seria inacessível", e teria "pouco valor pedagógico para a maioria das pessoas na maior parte das vezes".[3] Isso também pode se aplicar às referências aos "demônios" no Novo Testamento. Autores bíblicos simplesmente não podiam estar em uma posição histórica apropriada para compartilhar insights cientificamente embasados sobre males psicológicos. E mais, ao invocar crenças populares da época, ainda que não fossem literalmente verdadeiras, a mensagem básica de São Marcos sobre Jesus parece ousada: Jesus é um ótimo curandeiro de diversas doenças — físicas, psicológicas, espirituais — à exceção da existência literal de demônios.[4]

Talvez a interação mais esquisita entre Mary e Raj esteja em *The Luminous Fish Effect* [*O efeito do peixe luminoso*]. Conforme Mary cozinha o jantar do grupo, ela se aproxima de Raj e diz: "Fiz frango, espero que este não seja um dos animais que seu povo considera mágico?" Mary provavelmente pretende demonstrar consideração pelas crenças tradicionais do hinduísmo em carma e reencarnação, mas a pergunta está embebida em complacência. Ela pode argumentar que a crença e a prática hindus contenham elementos de "magia", mas é incrivelmente improvável que os hindus enxerguem dessa forma. Na verdade, um hindu devoto pode, em vez disso, ver o Jesus bíblico como algum tipo de mago.

Como a crença e a prática religiosas parecem centrais para a experiência humana, a questão da diversidade religiosa é de importância máxima. O escárnio arrogante associado à denominação da crença de outras pessoas como "mágica" parece inapropriado. A tolerância e o diálogo parecem melhores soluções, é claro.[5] Afinal de contas, se Mary tivesse sido criada na Índia, é muito provável que ela praticasse alguma forma de hinduísmo. Talvez isso queira dizer que todas as crenças religiosas sejam, de alguma forma, verdadeiras ou, pelo menos, igualmente válidas. O problema com essa abordagem é que religiões diferentes acreditam em coisas contraditórias. Não podem todas estar certas. Os cristãos acreditam que seu Deus é um único ser, mas os hindus negam isso. Cristãos acreditam que Jesus é divino, mas os judeus não. Então, como podemos saber quais crenças são verdadeiras? Será que alguém está em posição de alegar que as crenças religiosas de outro são simplesmente falsas? Além disso, se nem todas as crenças religiosas podem ser verdadeiras, como os que aderem a uma religião devem conceituar as crenças daqueles que aderem a outras religiões?

Qualquer um que leve sua religião a sério deve levar essas perguntas a sério. Os filósofos tendem a conceituar a diversidade religiosa sob três campos concorrentes: exclusivismo, inclusivismo e pluralismo. O exclusivista diz que nem todas as crenças religiosas são verdadeiras e que os seguidores de uma religião que professe doutrinas falsas não podem obter a salvação ou a iluminação. O inclusivista, similarmente ao exclusivista, acredita que nem todas as crenças religiosas são verdadeiras; no entanto, esse campo também acredita que há caminhos múltiplos para a salvação ou para a iluminação. O pluralista acredita que todas as crenças religiosas, de alguma forma, são verdadeiras ou igualmente válidas (pelo menos entre as maiores tradições religiosas), e que há caminhos múltiplos para a salvação ou para a iluminação.[6]

Sermão aos filhos cientistas

Mary não está acima de ser rígida ou de praticar o amor rigoroso. Em *The Luminous Fish Effect* [*O efeito do peixe luminoso*], cansada de aguardar que Sheldon recobre a razão, ela caminha até o armário do filho, pega um par de calças e declara: "Vista-as." Um Sheldon vestido em pijamas pergunta: "Por quê?" Mary responde: "Porque você vai até a universidade para pedir desculpas ao seu chefe e pegar de volta seu emprego." Quando Sheldon está prestes a começar a dar um ataque, Mary pergunta, de forma retórica: "Com licença, mas será que comecei a frase com as palavras 'Se vossa alteza quiser'?"

No entanto, cinco minutos antes de Mary pedir ao filho para "se apressar" para que os dois "se mandem" para o escritório do Dr. Gablehauser, ela vê Sheldon na beira da cama trabalhando em algo "que parece muito chique". Podemos apenas imaginar quantas vezes ela começou conversas dessa maneira. De qualquer forma, Sheldon informa a mãe que aquela é a "concepção dele de como seria o DNA se baseado em uma forma de vida de silício". O comportamento de Mary se altera imediatamente. Sheldon deixou de ser o "biscoitinho de canela" da mãe e (de novo?) assumiu o papel de cientista que necessita de um lembrete: "Mas inteligentemente projetada por um criador, não é?" Está muito mais do que claro que na mente de Mary, pelo menos, não há dúvida quanto a isso. Ela é direta: DNA de qualquer tipo só pode surgir de um design inteligente (e nem mesmo o genial filho é inteligente o suficiente para ser o arquiteto que Mary tem em mente).

A pergunta retórica de Mary nos lembra do relacionamento tumultuoso entre a ciência e a religião nos Estados Unidos. O conflito foi recentemente reanimado em parte, pelo bioquímico Michael Behe com sua ideia da "complexidade irredutível". Nas palavras de Behe: "Com irredutivelmente complexo refiro-me a um sistema único composto de diversas partes que se adequam e interagem e contribuem para a função básica, e no qual a remoção de qualquer das partes causaria o encerramento do funcionamento do sistema efetivamente."[7]

Embora Behe prefira os exemplos da máquina molecular de cílio ou a coagulação sanguínea, o olho é um exemplo clássico de um sistema que parece irredutivelmente complexo. Um olho sem metade de suas partes não enxerga nem pela metade: não enxerga nada. De acordo com Behe, isso deveria ser evidência de que alguns sistemas não podem se formar de modo gradual, parte a parte, por meio dos processos darwinianos. O problema é que, de acordo com a teoria da evolução de Darwin, funções podem ser selecionadas apenas se fornecerem alguma vantagem evolucionária. Sistemas não funcionais ("meios-olhos") não podem ser vantajosos; portanto, alguns sistemas biológicos — aqueles que requerem que todas as partes tenham uma função benéfica — devem ter sido criados de uma vez só por algum arquiteto inteligente.

Esse pode ser um caso no qual Mary se beneficiaria por discutir mais detalhadamente com os filhos e seus colegas cientistas. (Alguém tem o novo telefone do professor Crawley?) O próprio Darwin antecipou esse tipo de crítica. Em vez de visualizar metade de um olho, ele nos fez considerar um organismo que possui algum tipo de célula fotossensível. Isso forneceria uma vantagem evolutiva sobre animais que não as tivessem. Portanto, esse traço seria selecionado e, presumivelmente, refinado — e se tornaria mais complexo com o passar do tempo.[8]

Microbiologistas contemporâneos aplicam o insight básico de Darwin à posição de Behe em relação a máquinas moleculares — inclusive os flagelos bacterianos, seu exemplo preferido de um sistema irredutivelmente complexo. Os flagelos funcionam como um motor de popa. Sua rotação faz com que a cauda em filamentos da bactéria gire como um saca-rolha. Esse movimento funciona como um propulsor, permitindo que a bactéria "nade". O motor é uma estrutura complexa de quarenta proteínas. Tire qualquer uma delas e o motor não funciona, e é por isso que Behe acredita que é irredutivelmente complexo. Estudos recentes, no entanto, descobriram uma estrutura muito similar ao flagelo que executa uma tarefa diferente. A bactéria que transmite a peste bubônica utiliza o filamento como se fosse uma seringa. O "êmbolo" contém um subconjunto das proteínas que compõem o "motor" do flagelo. Ele não gira, mas transporta o veneno pela "seringa" até outra célula. Esse aparato não ajuda a bactéria a nadar, mas funciona perfeitamente para transmitir doenças. Portanto, há um sentido no qual a seleção natural poderia favorecer estruturas similares àquelas que Behe afirma serem irredutivelmente complexas, o que levou o microbiologista Kenneth Miller a concluir: "É por isso que o argumento da irredutibilidade complexa cai por terra."[9]

A preocupação filosófica mais profunda aqui é que pessoas como Mary Cooper deveriam ser mais cautelosas com uma abordagem do tipo "deus-das-lacunas" para suas crenças religiosas. Essa abordagem é eventualmente invocada quando os cientistas têm dificuldades de explicar imediatamente algum fenômeno natural recém-encontrado sob o paradigma atual. Alguns crentes logo concluem que "deve ser o produto do design inteligente", apenas para que os cientistas mais tarde ofereçam uma explicação naturalista plausível. Esse processo, caso repetido um número de vezes suficiente, tem um efeito erosivo e corrosivo na crença religiosa.

O contexto da evolução darwiniana nos lembra de Mary repreendendo o filho por sua (breve) meta profissional de lecionar no Texas. Lembre-se, em *The Electric Can Opener Fluctuation* [*A flutuação do abridor de latas elétrico*], quando Sheldon inicialmente se recusa a voltar para a Califórnia com Leonard, Raj e Howard, ele anuncia: "Não, este é meu lar agora. Graças a vocês [indicando o trio culpado] minha carreira está acabada e vou passar o resto da vida aqui no Texas tentando ensinar evolução para criacionistas." Mary não aceita esse tipo de conversa: "Cuidado com o que diz, Shelly, todo mundo tem direito a uma opinião." Sheldon replica: "A evolução não é uma questão de opinião, é um fato." E Mary acrescenta rapidamente: "E essa é a sua opinião!" Sheldon, olhando na direção dos amigos, afirma: "Eu perdoo vocês. Vamos para casa."

O argumento de Mary de que todos têm direito a uma opinião é verdadeiro, mas provavelmente não do modo como ela quer dizer. Sim, todos deveriam ter o direito de opinar sobre um tópico; seria desprezivelmente grosseiro silenciar alguém apenas porque você não deseja ouvir o que a pessoa tem a dizer. No entanto, não se conclui com isso que a opinião de todos tem o mesmo peso ou a mesma plausibilidade. Sheldon e Howard têm direito a ter opiniões diferentes a respeito de se "Toby" é um grilo da espécie *Oecanthus fultoni* ou não, mas a opinião do professor Crawley é absoluta, pois ele é o especialista em insetos no local. Às vezes, uma opinião é mais confiável exatamente porque a pessoa que a oferece é especialista no campo. Um cientista, por exemplo, estaria em melhor posição do que um não cientista para julgar a legitimidade da evolução darwiniana.

Há muito mais que precisa ser explorado. É comum distinguir entre a microevolução e a macroevolução. A primeira lida com pequenas mudanças em sistemas biológicos que resultam de diversas pressões ambientais. A segunda lida com mudanças maiores, que são mais difíceis de observar. É bastante plausível que a cadela de Leonard, Mitzie, tenha dado à luz um filhote albino — antes de morrer, é claro — mas é implausível que ela tenha dado à luz um coelho. Alguns cientistas contra-argumentam que, idealmente, considerando pequenas "micro" mudanças o suficiente e bastante tempo, é possível observar "macro" mudanças. Ainda assim, alguns imaginam (mesmo presumindo que a Terra é muito antiga) se já se passou tempo suficiente para justificar a grande diversidade que observamos no mundo animal. E quanto ao registro de fósseis? Ele contém lacunas inesperadas ou não? Nesse caso, devemos compreender com mais clareza o que é um "fato científico", quando uma teoria é "verdadeira" e que papel tem a observação na pesquisa científica.

Com todo esse trabalho a ser feito, talvez Mary deva primeiro fazer amizade com Bernadette, em vez de brigar com Sheldon de modo tão apressado. Isso retoma o sábio conselho do filósofo inglês John Locke (1632-1704): "Aquele que acredita sem ter nenhum motivo para acreditar pode estar apaixonado pelos próprios devaneios, mas também não busca a verdade como deveria e nem presta a obediência devida a seu criador, o qual preferiria que ele utilizasse as faculdades de discernimento com as quais o dotou para evitar que cometesse erros e falhas."[10] Se opiniões de especialistas têm maior valor do que opiniões de não especialistas, até mesmo os crentes parecem bem aconselhados a explorar a ciência.

Mistérios monumentais da matemática

Em *The Luminous Fish Effect* [*O efeito do peixe luminoso*], Mary fornece algum contexto para a crise de ovos mexidos, peixe luminoso e tecelagem de poncho de Sheldon: "Ele puxou o temperamento do pai (...) Tem meus olhos (...) Toda essa coisa de ciência vem de Jesus." Não é incomum que os pais descrevam os filhos desse modo. Além disso, considerando as crenças religiosas de Mary, não é de surpreender que ela acredite que o dom mais espetacular de Sheldon — sua mente brilhante — venha de Deus. Na verdade, pode haver mais na afirmativa dela de que "toda essa coisa de ciência vem de Jesus" do que pensamos.

A primeira questão implícita na alegação de Mary é se poderíamos esperar a existência de físicos teóricos considerando simplesmente os processos darwinianos. O filósofo contemporâneo Alvin Plantinga argumenta que não poderíamos esperar isso se o naturalismo fosse verdade.[11] De fato, ele defende que a probabilidade de processos darwinianos não auxiliados terem resultado na existência de um Sheldon Cooper é extremamente baixa (para não falar de um Albert Einstein ou um Stephen Hawking). Além disso, ele diz que a probabilidade de que nossas faculdades cognitivas efetivamente persigam a verdade é, no todo, muito remota em uma abordagem inteiramente darwiniana. Na abordagem restritamente darwiniana, o cérebro humano avançado garante a propagação da espécie — não a verdade. Além disso, Plantinga afirma que se os darwinianos extremos aceitarem sua argumentação a respeito da confiabilidade cognitiva, isso de fato serve para minar a abordagem deles. Caso os darwinianos estejam certos sobre a probabilidade de confiabilidade cognitiva humana ser baixa, então não há motivo para acreditar que a teoria deles é verdadeira! Portanto, o fato de Sheldon existir é motivo para Mary acreditar que ele, em última instância, tem origens sobrenaturais.

A segunda questão implícita na afirmação de Mary é o fato de que Sheldon — e o resto de nós, é claro — está vivo para início de conversa. Deixando de lado o complexo argumento de Plantinga, é sabido que processos darwinianos somente explicam como sistemas biológicos se comportam. A teoria darwiniana não explica a existência de sistemas biológicos. Quais são as chances de que a vida se desenvolvesse na Terra a partir da "sopa primordial" por conta própria? O acadêmico Stuart Pullen utiliza tentativas laboratoriais recentes para demonstrar que as chances de apenas uma molécula de proteína emergir sem auxílio de matérias pré-bióticas são incrivelmente pequenas, especificamente de "uma vez em 2^{350} tentativas ou uma vez em $2{,}2 \times 10^{105}$ tentativas".[12] Tais números são difíceis de compreender totalmente, mas essa é a questão. As chances de a vida ter emergido da não vida são tão astronomicamente remotas que esse acontecimento é uma impossibilidade virtual.

Alguns acadêmicos aplicam esse tipo de raciocínio para fazer conclusões cosmológicas. Quais são as chances de que o universo fosse possuir condições adequadas para a vida, para início de conversa? Considerando o que se sabe hoje sobre as leis da física e as constantes matemáticas correspondentes, parece incrivelmente improvável que o "Big Bang" fosse produzir um universo como o nosso. De acordo com o físico teórico Paul Davies, se a explosão inicial do Big Bang tivesse uma força diferente em uma grandeza tão mínima quanto uma parte em 10^{60}, o universo teria ou entrado em colapso e se comprimido de volta ou se expandido com tanta rapidez que as estrelas não se formariam. Em qualquer um dos casos, a vida seria impossível. O filósofo John Jefferson Davis compara a precisão de uma parte em 10^{60} a disparar uma bala em um alvo de 2,5 centímetros do outro lado do universo observável, a 20 bilhões de anos-luz daqui, e acertar.[13] Esses tipos de consideração levaram diversos acadêmicos a concluírem que entre as hipóteses de que estamos aqui por pura sorte ou que estamos aqui como resultado do design inteligente, a segunda deve estar certa, pois as chances da primeira são astronomicamente remotas.

É claro que ainda não dominamos indagações como: por que temos as leis fundamentais da física que temos, ou as constantes matemáticas correspondentes que temos, quando outras pareceriam logicamente possíveis? Por que apenas essas leis? Por que apenas essas constantes? Além disso, não explicamos por que o Big Bang aconteceu a princípio. Na melhor das hipóteses, os naturalistas extremos devem considerar esses fatos brutos, sem nenhuma explicação adicional possível, mas essa conclusão é intelectualmente satisfatória? Poderia haver algum tipo de explicação máxima? Se houver, certamente ela nos levará além do mundo da física. Não é de espantar que Sheldon certa vez tenha dito que suas escavações pela física teórica o ajudariam a "arrancar a máscara da natureza e encarar o rosto de Deus".[14]

Matemática é difícil. Até físicos fictícios como Sheldon sabem disso. Lembre-se de sua brincadeira com Penny em *The Luminous Fish Effect* [*O efeito do peixe luminoso*]. Ela passa na casa de Sheldon para perguntar se ele precisa de alguma coisa do mercado; Sheldon dá uma risadinha: "Ah, bem, esta seria uma daquelas circunstâncias nas quais as pessoas não familiarizadas com a lei dos grandes números chamariam de coincidência." O mesmo pode ser dito sobre encontrar possíveis evidências do design inteligente no cosmo? É difícil dizer, mas talvez devêssemos seguir Beverly e Sheldon. Em *The Maternal Capacitance* [*A capacitação maternal*], quando os dois reconhecem que se sentem confortáveis perto um do outro, Sheldon observa: "É surpreendente, pois eu não costumo me sentir confortável perto de — bem, de ninguém." Beverly concorda: "Nem eu." Intrigado, Sheldon pergunta: "Quais são as chances de dois indivíduos tão únicos quanto nós dois estarem conectados por alguém tão comparativamente ordinário como seu filho?" Ainda mais intrigada, Beverly pergunta: "Esse argumento é retórico ou você gostaria de fazer as contas?" Sheldon: "Eu gostaria de fazer as contas." Portanto, as intuições daqueles que veem a teoria do design no universo se sustentar dependem de que façamos as contas (ou pelo menos alguém que possa garantir que a matemática seja feita corretamente).

Sheldon e cientistas como ele (Leonard e Bernadette) são, de modo único, adequados para determinar se as improbabilidades estatísticas de obter vida da não vida ou se a sintonia fina cosmológica se sustentam. Conforme observa o filósofo Philip Kitcher, o tipo de argumento embasado em probabilidade que costuma ser empregado por proponentes do design inteligente depende do conhecimento prévio. Se algo é estatisticamente improvável depende de muitos fatores relacionados. Quanto mais sabemos sobre esses fatores, mais provavelmente nossos julgamentos de probabilidade serão confiáveis. No entanto, será que sabemos o suficiente sobre a sopa primordial ou as condições iniciais do Big Bang para justificar afirmações de probabilidade a respeito delas? Kitcher escreveu:

> A origem da vida é um problema muito difícil, precisamente porque temos muito pouca noção das restrições de uma solução. (...) O desafio é seguir adiante, especificar como deve ter sido feito. Para responder a esse desafio, é preciso adivinhar,

> fazer presunções sobre as condições iniciais — e alguns trabalhos de adivinhação inspirados, seguidos por pesquisa experimental genial, revelaram que alguns aspectos da vida original podem ser simulados. O que décadas de estudos também revelam é que nossa ignorância dessas condições iniciais é tão extensa, dentro do alcance de possíveis presunções tão vastas, que as estimativas de probabilidade tendem a ser desapontadoras.[15]

O conhecimento científico crescente pode e vai nos ajudar a fazer julgamentos informados sobre algumas das questões mais importantes que existem. Ao ser cuidadoso com relação à ciência, Sheldon tem mais segurança no que diz respeito à matemática. Ele (talvez) esteja em uma posição melhor para concluir que é o rosto de Deus que está encarando quando conseguir fazer sua descoberta ganhadora do Nobel.

Lições para a vida

Obviamente, Mary pode aprender bastante com o filho. Considerando o vasto conhecimento de física dele, Mary poderia compreender o argumento de Van Inwagen sobre por que o(s) autor(es) do Gênesis talvez não disseminem verdades científicas literais sobre a criação. Caso se familiarizasse mais com os colegas de Sheldon, ela poderia desenvolver uma consideração maior por outras fés, ou pelo menos pelo fato de que há diversidade religiosa. Sheldon poderia explicar à mãe todos os avanços transformadores de paradigmas, atenuando a abordagem deus-das-lacunas em relação às crenças religiosas; no entanto, com seus avanços persistentes na física teórica, ele poderia até fortalecer a crença da mãe de que toda essa "coisa de ciência vem de Jesus". (É claro que se Sheldon já achou que ensinar a *Penny* "um pouco de física" fosse difícil, como poderia ter a própria mãe como aluna?)

Sheldon poderia se beneficiar das inclinações religiosas da mãe, sobretudo porque elas se relacionam com a pesquisa dele. As inclinações religiosas de Sheldon são obscuras, de toda forma. Em *The Zarnecki Incursion* [*A incursão Zarnecki*], ele exclama: "Por que me houveste abandonado, ó divindade de cuja existência duvido?", mas em *The Panty Piñata Polarization* [*A polarização da piñata de calcinhas*], Sheldon admite: "Não, realmente não sei o que passa na cabeça de Jesus." A maioria dos cientistas se dá perfeitamente bem com a presunção pragmática de não incluir Deus em sua pesquisa; no entanto, ao lembrar Sheldon da possibilidade de explicações em uma instância maior para o que ele descobre, Mary pode empurrar Sheldon para conclusões mais intelectualmente satisfatórias.

É claro que Sheldon e Mary Cooper são pessoas muito diferentes, com perspectivas amplamente distintas. A única coisa que têm em comum é sua teimosia. Se ao menos conseguissem se comunicar, teriam a chance de descobrir que Sheldon pode ajudar a ampliar as perspectivas de Mary, e Mary pode, de certo modo, aprofundar as perspectivas de Sheldon. Esses efeitos certamente parecem benéficos; e se os Cooper podem se beneficiar da comunicação um com o outro, o que isso diz de nós e de nossos relacionamentos familiares?

NOTA

1. Veja, por exemplo, Marcos 5:6-14 e 7:24-30. É interessante que nem todas as ocasiões em que Jesus põe a mão nos seguidores envolveram expulsar um demônio. Em 7:32-37, Jesus cura um homem surdo e mudo ao colocar os dedos nas orelhas do homem e tocar a língua dele.
2. Marcos 16:17-18. No entanto, a grande maioria dos estudiosos da Bíblia sustenta que os versículos 9-20 do capítulo 16 não são originais do livro de São Marcos. Veja, por exemplo, EHRMAN, B. D. *Misquoting Jesus*. San Francisco/CA: HarperCollins, 2005, pp. 65-68.
3. VAN INWAGEN, P. "Genesis and Evolution". In: SHATZ, D. (Ed.). *Philosophy and Faith*. Nova York/NY: McGraw-Hill, 2002, p. 365.
4. Cristãos bíblicos fundamentalistas são surpreendentemente controversos. Alguns acreditam que a Terra é muito jovem, outros afirmam que é bem velha.

Essa diversidade também leva a interpretações diferentes de passagens bíblicas específicas. O professor Barkman nos lembra que alguns cristãos bíblicos sustentam a existência literal de demônios e, ao fazer isso, levam a implicações filosóficas intrigantes para o problema do mal. Veja, como exemplo, PLANTINGA, A. *God, Freedom and Evil.* Grand Rapids/MI: Eerdman's, 1977.

5. Sheldon, admissivelmente, compensa a aparente falta de familiaridade da mãe com o hinduísmo. Em *The Pirate Solution* [*A solução pirata*], ele sem demora qualifica a afirmação de Raj de que no hinduísmo as "vacas são deuses". Como é concebível que uma religião "de dentro" possa parecer diferente de perspectivas acadêmicas mais exteriores, talvez a crítica direta de Sheldon seja um pouco ríspida. O diálogo e a inquisição amigável parecem preferíveis a simplesmente Sheldon dizer a Raj no que os hindus de fato acreditam. (No entanto, estamos falando de Sheldon.)

6. Para uma voz exclusivista notável, veja PLANTINGA, A. "Pluralism: A Defense of Religious Exclusivism". In: SENOR, T. (Ed.). *The Rationality of Belief and the Plurality of Faith.* Ithaca/NY: Cornell University Press, 1995, pp. 191-215. Para uma voz inclusivista influente, veja RAHNER, K. "Religious Inclusivism". In: PETERSON, M. (Ed.). *Philosophy of Religion: Selected Readings.* Nova York/NY: Oxford University Press, 1996, pp. 502-513. O principal defensor do pluralismo religioso é John Hick. Veja HICK, J. *An Interpretation of Religion.* New Haven/CT: Yale University Press, 1989.

7. BEHE, M. *Darwin's Black Box.* Nova York/NY: Simon and Schuster, 1996, p. 39.

8. DARWIN, C. *The Origin of Species.* Nova York/NY: New York University Press, 1998, p. 187.

9. A discussão sobre o flagelo bacteriano é creditada ao documentário *Judgement Day: Intelligent Design on Trial.* Emissora NOVA. Boston: WGBH Educational Foundation, 2007, cena 7. A citação de Miller foi retirada da mesma fonte. Para mais exemplos de processos darwinianos de funções novas de sistemas que realizam outras funções, veja MILLER, K. R. *Finding Darwin's God.* Nova York/NY: Harper Perennial, 2007, pp. 140-161. Para ser justo, Behe, em seu último livro, oferece respostas aos tipos de preocupações que Miller levanta; veja BEHE, M. *The Edge of Evolution.* Nova York/NY: Simon & Schuster, 2008.

10. LOCKE, J. *Essay Concerning Human Understanding.* 1690, IV, xvii, p. 24.

11. PLANTINGA, A. *Science and Religion: Are They Compatible?*. Oxford: Oxford University Press, 2011, p. 17. Para um tipo de precursor do argumento de Plantinga, veja LOCKE, J. *Essay on Human Understanding.* 1690, IV, x, p. 10.

12. PULLEN, S. *Intelligent Design or Evolution? Why the Origin of Life and the Evolution of Molecular Knowledge Imply Design.* Raleigh/NC: Intelligent Design Books, 2005, p. 102.

13. As alegações de Davies e Davis são citadas em COLLINS, R. "A Scientific Argument for the Existence of God". In: MURRAY, M. (Ed.). *Reason for the Hope Within*. Grand Rapids/MI: Eerdmans, 1999, p. 49.

14. Para uma tentativa acessível e bastante influente de justificar racionalmente a existência de Deus por meio de considerações semelhantes, veja SWINBURNE, R. *Is There a God?* Nova York/NY: Oxford University Press, 1996.

15. KITCHER, P. *Living with Darwin*. Nova York/NY: Oxford University Press, 2007, pp. 98-99. Elliot Sober é outro filósofo que duvida que tenhamos compreensão suficiente de um histórico de suposições para determinar se o universo é produto do design. Veja SOBER, E. "The Design Argument". In: MANN, W. E. (Ed.), *The Blackwell Guide to the Philosophy of Religion*. Malden/MA: Blackwell, 2005, pp. 117-147.

PARTE QUATRO

"EU PRECISO DE SUA OPINIÃO EM UMA QUESTÃO DE SEMIÓTICA": LINGUAGEM E SIGNIFICADO

11

WITTGENSTEIN E JOGOS LINGUÍSTICOS EM *THE BIG BANG THEORY*

Janelle Pötzsch

Leonard: Só estou dizendo que dá para pegar mais moscas com mel do que com vinagre.

Sheldon: Você pega ainda mais moscas com esterco, então o que quer dizer? (*The Gothowitz Deviation* [*O desvio Gothowitz*])

É um pouco surpreendente que Sheldon Cooper, com seu QI de 187, tenha tantas dificuldades com ironia, sarcasmo e figuras de linguagem. Conseguiremos entender o pobre Sheldon um pouco melhor, no entanto, se o virmos pelas lentes do filósofo austríaco Ludwig Wittgenstein (1889-1951), que fez a caracterização máxima do uso da língua como um tipo de jogo. Usuários de linguagem precisam dominar não somente a gramática e o vocabulário apropriados, mas também as regras implícitas da linguagem, inclusive como as palavras funcionam em contexto. Como todos vemos, o constante espanto de Sheldon destaca as raízes "convencionais" da linguagem cotidiana, o que nos dá uma ideia de como Wittgenstein chegou à sua visão de linguagem em *Investigações Filosóficas* (*IF*).

"A filosofia é teórica, mas a diversão é real."

Wittgenstein tornou-se proeminente em 1918 com sua obra *Tractatus Logico-Philosophicus* (*TLP*), na qual tentou formular uma linguagem ideal e sem ambiguidades, embasada puramente na lógica.[1] Em *TLP*, o filósofo afirmava que uma frase é a imagem lógica de um fato e que toda frase tem apenas um significado preciso, correspondente ao fato que ela representa. Essa visão implica que frases são logicamente independentes uma da outra. Infelizmente, no entanto, para pessoas bastante analíticas como Sheldon Cooper, que preferem lidar com significados literais, esse projeto se revelou um beco sem saída. Wittgenstein gradualmente percebeu que a linguagem e seu uso requeriam mais do que a lógica. Nenhuma frase pode ser entendida isoladamente; em vez disso, as frases dependem uma da outra. Portanto, não se pode designar significado sem cair em um emaranhado de ambiguidades ou contradições, pois o significado de uma palavra depende de seu contexto e não (meramente) da coisa que ela pode representar. Wittgenstein ponderaria mais tarde: "A pergunta 'O que é uma palavra na verdade?' é análoga a 'O que é uma peça no xadrez?'"[2] Para entender o que a peça de xadrez representa, é preciso compreender as regras do xadrez. Para entender o que uma palavra representa, é preciso entender as regras da linguagem.

Em consequência disso, para empregar e compreender a linguagem de maneira adequada, é preciso considerar o contexto social em que ela é utilizada. Como características sociais não podem ser transmitidas em termos ou características lógicas, Wittgenstein percebeu que sua suposta teoria pictórica da linguagem, de acordo com a qual a linguagem representa ou até mesmo copia nosso mundo e sua estrutura lógica, estava errada. Portanto, ele gradualmente desenvolveu uma "teoria do uso como significado", indicando que o próprio uso da linguagem é decisivo para a constituição do significado.

Como se considera que os livros de Wittgenstein representem duas teorias distintas na filosofia da linguagem, os acadêmicos costumam distinguir entre o primeiro Wittgenstein de *TLP* e o segundo Wittgenstein de *PI*. Sheldon permanece invariavelmente preso nessa visão de mundo centrada na lógica quando se trata de lidar com a linguagem. Dessa forma, Sheldon costuma lembrar o primeiro Wittgenstein de *TLP*, ainda tentando encontrar uma estrutura puramente lógica na linguagem. No entanto, Sheldon (ou o "primeiro" Wittgenstein) encontra um mundo no qual a linguagem é empregada conforme descrita em *PI* do "segundo" Wittgenstein, o qual percebeu que precisamos nos concentrar no modo como a linguagem é de fato usada para compreendê-la. Isso às vezes é chamado de filosofia da linguagem comum. Não é possível *designar* significado, é preciso *aprendê-lo*, pois "o significado de uma palavra é seu uso na linguagem".[3]

Consequentemente, a aplicação é crucial tanto para o uso correto quanto para a compreensão da linguagem. Contudo, devido a seu entendimento da linguagem restrito e centrado na lógica, Sheldon não entende o que as pessoas estão realmente expressando. Às vezes é tão óbvio que ele está perdido, que parece que Sheldon possui uma linguagem diferente, embora com palavras familiares. Lembre-se de *The Spaghetti Catalyst* [*O catalisador espaguete*]:

> Penny: Então, como você está?
> Sheldon: Bem, minha existência é um contínuo, então estou como estou em cada ponto do referido período de tempo.

Em vez de entender a pergunta de Penny como uma forma comum de inquirir sobre a recente saúde física e mental de alguém, ou se essa pessoa tem alguma novidade interessante para compartilhar, Sheldon interpreta o verbo "estar" no sentido abstrato de "existir no mundo". Ele simplesmente ignora o uso comum de um padrão linguístico e aplica sua própria lógica. A lógica, em certo sentido, está correta, mas é aplicada de forma inapropriada, considerando o contexto.

Encontramos um caso similar em *The Jiminy Conjecture* [*A conjectura Jiminy*]. Conforme Sheldon desce devagar pelo poço do elevador em busca de "Toby", Wolowitz o aconselha: "Seja cuidadoso!" Sheldon responde de forma brusca: "Se eu não fosse cuidadoso, você me dizer para ser cuidadoso não me faria cuidadoso." Sheldon não interpreta a exclamação de Howard como um modo de expressar preocupação com o bem-estar de outra pessoa, mas sim como uma atribuição de características. Novamente, ele deixa de reconhecer o contexto do aviso de Howard. E em *The Gothowitz Deviation* [*O desvio Gothowitz*], uma Penny exasperada exclama para Leonard: "Quer saber? Desisto. Ele é impossível." Sheldon responde, confuso: "Eu não posso ser impossível, eu existo. Acredito que o que você quer dizer é: 'Desisto. Ele é improvável.'" De novo, Sheldon não entende a mensagem da vizinha. Obviamente ele ainda precisa aprender que não é assim que a linguagem funciona.

"Então, o que isso quer dizer?"

O segundo Wittgenstein objetivava analisar como o significado da linguagem é, de fato, constituído. Logo no primeiro parágrafo de *PI*, ele citou o livro *Confissões*, de Santo Agostinho, no qual este reconta como (supostamente) lhe ensinaram a linguagem quando pequeno:

> Quando eles (os mais velhos) nomeavam algum objeto e moviam-se na direção de algo, eu via isso e compreendia que a coisa tinha o nome do som murmurado quando eles queriam ressaltá-la... Portanto, conforme ouvi as palavras repetidas vezes, utilizadas nos lugares certos em diversas frases, gradualmente aprendi a entender que objetos elas significavam.[4]

Wittgenstein argumentava que isso exemplifica apenas uma "imagem da essência da linguagem humana" específica, porque Santo Agostinho não mencionava nenhuma "diferença entre tipos de palavras", mas meramente retratava "um sistema de comunicação".[5] Essa, no entanto, é uma visão muito limitada, porque fazemos muito mais do que trocar informações quando falamos com as pessoas.

Sheldon costuma presumir esse tipo de visão limitada da linguagem, o que faz com que ele ignore as funções social e informativa da linguagem. Considere novamente *The Jiminy Conjecture* [*A conjectura Jiminy*]:

> Penny: Se faz você se sentir melhor, não estou me sentindo muito animada também.
> Sheldon: Por que isso faria com que eu me sentisse melhor?
> Penny: Não sei. Empatia?

Aqui Sheldon indica uma conexão causal entre compartilhar as mágoas com alguém e fazer o humor da pessoa melhorar. Ele não percebe que tal conexão não existe em um nível lógico, mas em um nível emocional. Uma pessoa pode se sentir melhor justamente porque teve a habilidade de compartilhar os pensamentos e as ansiedades com um amigo consolador.

Essa função social da linguagem é muito mais fundamental do que a troca de informação que ela possibilita. Um viajante em um país estrangeiro pode muito bem aprender o significado das palavras ao apontar e obter explicações dos nativos, mas isso só funciona porque esse viajante já *possui* uma linguagem. Wittgenstein observou: "E agora, acho, podemos dizer: Santo Agostinho descreve a aprendizagem da linguagem humana como se a criança fosse a um país estranho e não entendesse a língua do país; ou seja, como se a criança já possuísse uma linguagem, apenas diferente daquela."[6] Imagine que você está tentando explicar a alguém que não fala sua língua o significado da palavra "mesa" ao apontar para uma e dizer o termo "mesa". Por que essa pessoa deveria presumir que você se refere ao *construto* da mesa como tal, e não a seu material ou cor? Conforme Wittgenstein apontou: "Apenas alguém que já saiba como fazer algo com ele pode significativamente perguntar um nome."[7] O mero fato de que uma pessoa pede uma explicação a respeito de algo indica que ela já possui algum conhecimento do assunto em questão. Por exemplo, lembre-se do diálogo seguinte, extraído do episódio *The Desperation Emanation* [*A emanação do desespero*]:

> Sheldon: Amy me pediu para conhecer a mãe dela.
> Leonard: Sim. E daí?
> Sheldon: O que isso quer dizer?
> Leonard: Bem, sabe como você sempre diz que Amy é uma garota que é sua amiga, e não sua namorada?
> Sheldon: Claro.
> Leonard: Você não vai mais poder fazer isso.

Se Sheldon não tivesse conferido nenhuma importância ao pedido de Amy, não teria consultado Leonard.

Há alguns episódios nos quais Sheldon exibe pelo menos alguma noção de contexto social. De novo, em *The Jiminy Conjecture* [*A conjectura Jiminy*], Leonard admite que sua primeira experiência sexual com Penny não foi como ele havia imaginado. Mais tarde, os rapazes caçoam de Leonard na frente de Penny. Ela, então, pergunta o que está acontecendo. Como resultado da explicação bastante clara e objetiva de Sheldon, Penny sente-se desconfortável e sai de modo abrupto. Leonard a segue, esperando poder explicar (ou pelo menos amenizar) a situação. Sheldon, consequentemente, observa: "Sinto que talvez tenha ultrapassado um limite aqui." Antes que Raj consiga explicar a ele, Howard interfere: "Não conte. Vamos ver se ele consegue descobrir sozinho." Sheldon leva uma quantidade vergonhosa de tempo para que a resposta lhe venha à mente, mas ele consegue, no fim das contas, entender — ou meio que consegue.

O fato de Sheldon precisar aprender adequações sociais (e às vezes de modo doloroso) faz com que ele pareça infantil. Isso ocasiona muitas gargalhadas, mas também serve de exemplo vívido da objeção de Wittgenstein às alegações de Santo Agostinho sobre a linguagem. Crianças não podem adquirir um entendimento de suas línguas nativas da forma que o Santo Agostinho indicou, porque a mente de uma criança é uma *tábula rasa*, um quadro em branco.[8] Nesse quadro serão escritas as experiências que a pessoa tem durante a vida. Também podemos dizer que a mente de Sheldon é uma tábula rasa quando se trata de compreender indicações sociais. Era muito mais vazia antes de ele conhecer Leonard e ser apresentado a Raj, Howard e, finalmente, Penny. O primeiro Wittgenstein escreveu: "Os limites de minha linguagem são os limites de meu mundo."[9] Isso descreve Sheldon com exatidão. Devido a seu foco na lógica, ele desenvolveu uma visão muito estreita da linguagem e do mundo.

"Aja com seriedade, estamos em um jogo aqui."

O segundo Wittgenstein considerava qualquer modo de empregar a linguagem como um *jogo*. Tais jogos podem ser "Dar ordens e obedecê-las — Descrever a aparência de um objeto. Contar um acontecimento (...) Inventar uma história; e lê-la — Interpretar (...) Perguntar, agradecer, xingar, cumprimentar, rezar".[10] No entanto, o termo *jogo* não tem a intenção de significar que o uso da linguagem não é importante ou é engraçado. Na verdade, serve para ilustrar os múltiplos aspectos da linguagem. Não se pode dizer com precisão o que jogos como *Guerreiros místicos de Ka'a*, *Halo 3*, *Dungeons & Dragons* ou *Jenga* têm em comum. Mesmo assim, estão todos agrupados na categoria de "jogo", pois intuitivamente compartilham pelo menos algumas características. Nas palavras do próprio Wittgenstein: "Não consigo pensar em expressão melhor para caracterizar essas similaridades do que 'semelhanças familiares'; pois as diversas semelhanças entre os membros de uma família: físico, traços (...) temperamento etc., etc., se sobrepõem e se cruzam da mesma forma. E devo dizer: 'jogos' formam uma família."[11]

Ainda que tais distinções possam parecer confusas, Wittgenstein considerava-as suficientes: "Uma fotografia embaçada é o retrato de uma pessoa? É sempre uma vantagem substituir uma fotografia embaçada por uma nítida? Não é a embaçada, muitas vezes, exatamente do que precisamos?"[12] Essa analogia pode não ser tão convincente quando se trata de fotografias, mas quando se fala de linguagem, manter os significados imperfeitos implica em manter a linguagem viva e diversa e, portanto, também multifuncional. Tentar ser preciso demais pode causar mais mal do que bem, fazer você deixar de entender a questão essencial, o que ocorre frequentemente com Sheldon. Lembre-se do diálogo a seguir, de *The Luminous Fish Effect* [*O efeito do peixe luminoso*]:

> Penny: Sabe, eu sempre digo que quando uma porta se fecha, outra se abre.
> Sheldon: Não, não abre. A não ser que as duas portas estejam conectadas por interruptores ou haja sensores de movimento envolvidos. Ou se a primeira porta que se fechou cria uma mudança na pressão do ar que afeta a segunda porta.

Sheldon tenta estabelecer uma conexão causal entre portas se abrindo ao interpretar a linguagem comum sob os mesmos padrões que aplica em seu trabalho teórico. Portanto, ele deixa de perceber por completo o fato de que o ditado de Penny oferece consolo.

Para ajudar a remediar a abordagem restrita de Sheldon à linguagem, Wittgenstein sugeriu que imaginássemos a linguagem como uma velha cidade sinuosa, na qual é preciso encontrar o caminho em um "labirinto de pequenas ruas e praças, de casas velhas e novas, e de casas com elementos de diversos períodos".[13] Repare em como Sheldon tenta navegar por situações diferentes e seus respectivos protocolos sociais, os quais ele às vezes enfrenta com desconfiança, como se ainda estivesse tentando achar seu caminho. Lembre-se de *The Dead Hooker Juxtaposition* [*A justaposição da prostituta morta*]:

> Sheldon: Espere um momento. Você sinceramente espera que eu acredite que o protocolo social dita que fraturemos nossas colunas ao ajudar Wolowitz a se mudar, e então ele só precisa nos comprar uma pizza?
> Leonard: Sinto muito, mas é realmente assim que funciona.
> Sheldon: Você está brincando comigo. Fale a verdade, o que recebemos em troca?

De maneira interessante, Wittgenstein também alegava que mentir é um jogo linguístico que deve ser aprendido e utilizado de modo adequado. Cachorros e bebês não podem mentir porque não podem participar do jogo.[14] Sheldon participa desse jogo, mas não muito bem. As habilidades de utilização dele em relação a mentiras são deficientes, pois isso não se encaixa na visão de mundo centrada em ciência de Sheldon.[15] Mais uma vez, ele parece compartilhar a visão do primeiro Wittgenstein de que a linguagem pode ser mapeada logicamente a partir da realidade. Uma mentira é uma distorção da realidade porque o contador alega algo que não existe. A ansiedade de Sheldon em sua busca de mapear a linguagem a partir da realidade se torna aparente quando ele tenta mentir. Em tais situações, Sheldon fica obcecado com detalhes para fazer as coisas parecerem tão reais quanto possível. Por exemplo, em *The Loobenfeld Decay* [*A meia-vida de Loobenfeld*], ele cria uma página no Facebook e um blog para fazer com que Penny acredite na história de um primo viciado em drogas cuja intervenção fez com que ele e Leonard não pudessem comparecer à peça de Penny. E em *The Irish Pub Formulation* [*A formulação do pub irlandês*], Sheldon rouba pelos de um orangotango para "provar" que Leonard passou a noite com uma *bartender* ruiva, e não com a irmã de Raj.

"Já descobriu o truque de mágica?"

Outra característica bem ilustrada pelo termo *jogo* é a importância do *contexto* de uma enunciação: todo jogo contém regras mais ou menos específicas que regulam sua prática e devem ser conhecidas por qualquer um que queira participar. O mesmo vale para a linguagem, pois o significado completo de uma enunciação torna-se claro apenas em seu contexto social. É útil considerar a estrutura social na qual uma observação é feita para garantir que uma pessoa a interprete adequadamente. Pense, por exemplo, na linguagem da propaganda, conforme ilustrado em *The Robotic Manipulation* [*A manipulação robótica*]. Quando Penny sugere que Sheldon encontre-se com Amy pessoalmente, na esperança de conhecê-la melhor, Sheldon responde: "E você acha que eu não posso alcançar a intimidade requerida via mensagens de texto?" À resposta de Penny de que é pouco provável, Sheldon acrescenta: "Hmm. Parece que as companhias telefônicas têm mentido para mim." Obviamente, alcançar e comover alguém pelo telefone é um substituto medíocre para conhecer de verdade uma garota-que-é-amiga.

Esse exemplo mais uma vez salienta as qualidades linguísticas infantis de Sheldon. Como muitas crianças, Sheldon não está familiarizado com o jogo linguístico da propaganda, cujo único objetivo é atrair as pessoas a comprar os objetos anunciados. As crianças (e Sheldon) tendem a aceitar as coisas como elas se apresentam, e ainda não são capazes de distinguir entre informação confiável e não confiável. Isso, novamente, retoma os diferentes "tipos" de palavras de Wittgenstein.

A tendência a aceitar literalmente o que as pessoas dizem e, então, interpretar literalmente é, de fato, bastante típica de Sheldon. Em *The Gorilla Experiment* [*O experimento gorila*], Leonard afirma, de brincadeira: "Quanto mais, melhor." Sheldon, nada satisfeito, responde: "Não, isso é uma equivalência falsa, mais não é igual a melhor. Se houvesse 2 mil pessoas neste apartamento agora, você estaria comemorando? Não, nós estaríamos sufocando." Outro exemplo esclarecedor disso ocorre no episódio *The Big Bran*

Hypothesis [*A hipótese do Big Bran*]. Nesse episódio da primeira temporada, Sheldon se esgueira para o apartamento de Penny durante a noite para limpá-lo. Uma Penny irada lhe pergunta, pela manhã: "E que tipo de médico remove sapatos de bundas?" Uma pessoa normal poderia compreender isso como uma ameaça fracamente disfarçada de agressão (como era a intenção da moça). Considerando o contexto, Penny está claramente expressando raiva e desapontamento; ela não quer saber sobre um procedimento cirúrgico. Sheldon, no entanto, responde: "Bem, dependendo da profundidade, pode ser um proctologista ou um cirurgião geral." Sheldon não dá indicações de que compreende o sentido pretendido por Penny. Dessa forma, a resposta dele é vergonhosamente infantil.

Nesse episódio da primeira temporada — ao contrário do exemplo do episódio da quarta temporada, em que Sheldon pergunta a Leonard sobre o significado de pedir para conhecer a mãe de outra pessoa — ilustra muito bem a falta de habilidades sociais de Sheldon. A perspectiva de conhecer a mãe de Amy ocorre em um momento em que o rapaz pode começar a empregar algum conhecimento previamente adquirido. Ainda assim, ele tem bastante tempo para ponderar sobre a situação. Sheldon costuma ficar perdido quando se trata de contato social imediato, no qual, às vezes, temos de depender da intuição para lidar com as pessoas porque não temos tempo para pensar nas coisas diversas vezes. A resposta absurda de Sheldon para a pergunta retórica de Penny tem sua causa na inabilidade dele em relacionar afirmações e seu contexto — nessa situação, considerar a raiva de uma pessoa e a influência que ela pode ter nas observações feitas pela pessoa. Mesmo que Sheldon esteja aprendendo, ele ainda tem um longo caminho a percorrer.

Sheldon continua a exibir inabilidade para entender com rapidez circunstâncias e convenções sociais nos episódios seguintes. Em *The Irish Pub Formulation* [*A formulação do pub irlandês*], da quarta temporada, a irmã de Raj, Priya, comenta: "Ah, Sheldon. Você não mudou nada, não é?" Sheldon, confuso, responde: "Por que eu mudaria?" A réplica de Leonard ("A esperança era de que você, em algum momento, se curvasse diante da opinião pública.") sugere que Sheldon talvez não esteja disposto a considerar convenções, ainda que pudesse. Ele está convencido de que sua abordagem do mundo está correta — então por que se curvar à opinião pública de pessoas ordinárias? Essa atitude parece ser outro grande obstáculo para sua aquisição de linguagem. Conforme Wittgenstein observou: "[Um] problema filosófico tem a forma: 'Não conheço meu caminho.'"[16] O primeiro passo para lidar com problemas é reconhecê-los. Sabemos especificamente pelo episódio *The Pirate Solution* [*A solução pirata*] que Sheldon não está nada disposto a fazer isso:

> Sheldon: Revisei o quadro e pelo visto você estava certo.
> Raj: Então, você estava errado?
> Sheldon: Eu não disse isso.

"É uma convenção social não opcional", idiota!

Empregar um jogo linguístico corretamente exige conhecimento tanto de padrões de linguagem quanto de atividades correspondentes. Qual ação é considerada apropriada para qual jogo linguístico é determinado pela convenção social. Consequentemente, o significado de uma linguagem tem como base um acordo entre os membros de uma comunidade linguística. Essa comunidade compartilha não apenas uma linguagem, mas também modos comportamentais específicos, os quais se manifestam nos jogos linguísticos. Portanto, as crianças aprendem mais do que a língua nativa; aprendem o estilo de vida correspondente à sua comunidade também. Nas palavras de Wittgenstein: "Por conseguinte, o termo '*jogo* linguístico' deve salientar o fato de que *falar* as línguas é parte de uma atividade ou de um estilo de vida."[17]

Nossa visão do mundo é influenciada por nossa linguagem. Essa dependência recíproca da linguagem e das formas de vida pode fomentar consequências negativas, porque nossa visão de mundo pode ser limitada pela linguagem. Lembre-se, por exemplo, do diálogo seguinte, de *The Maternal Congruence* [*A congruência maternal*]:

> Sheldon: Fiz chá.
> Leonard: Não quero chá.
> Sheldon: Não fiz o chá para você. [pausa] Este é meu chá.
> Leonard: Então, por que está me dizendo?
> Sheldon: É um modo de começar uma conversa.
> Leonard: Um modo muito ruim de começar uma conversa.
> Sheldon: Ah, é mesmo? Estamos conversando, então xeque-mate.

Esse diálogo exemplifica a conexão entre os jogos linguísticos de Wittgenstein e Sheldon. O filósofo ressaltou o alto convencionalismo da linguagem comum, o que indica que muitas de nossas observações têm um significado fixo. Normalmente, se uma pessoa menciona que fez chá, isso é tomado como um convite para compartilhar da bebida — exatamente como Leonard presume. O humor da resposta de Sheldon deriva de seu embate com a convenção. No entanto, se você pensar melhor, a resposta de Sheldon está longe de ser incabível. Na verdade, ela expõe a falha lógica na presunção de Leonard de que o chá mencionado era para ele. Como Wittgenstein poderia dizer, Leonard é uma vítima do aspecto confinante da língua. Nós nos tornamos tão dependentes dela que, em algum momento, ela influencia nossa maneira de pensar: "Uma *imagem* nos manteve cativos. E não podíamos sair dela, pois estava apoiada em nossa linguagem e a linguagem parecia repeti-la para nós de maneira inexorável."[18] Sheldon jamais é mantido cativo desse modo particular, pois ele não se fia nas convenções (e sim na lógica) quando lida com a linguagem.

Com seu conhecimento lentamente ascendente de "convenções sociais", e a ocasional aplicação correta das mesmas, Sheldon começa a preencher a demanda de Wittgenstein de "não pense, mas olhe".[19] Os sucessos de Sheldon são inconsistentes, mas ele está ficando melhor. Nós, então, compreendemos a retratação, de certa forma paradoxal, de Sheldon como representante de uma criança que ainda não tem "sabedoria convencional" quando se trata do uso da linguagem ou — o que se adequa bem ao status de Sheldon de cientista e a sua característica de sabe-tudo — como representante de um filósofo wittgensteiniano confessadamente acidental que encontra falhas lógicas e implicações questionáveis em nossa linguagem. Deve-se admitir que a ingenuidade social de Sheldon espelha a bravura jovial de Wittgenstein quando profere uma visão puramente lógica da linguagem. Assim como Wittgenstein por fim chegou a uma compreensão mais madura da linguagem, (talvez) também o fará Sheldon.

"Acredite na magia, trouxa!"

A visão de linguagem que Sheldon Cooper representa é, na melhor das hipóteses, ingênua e, na pior delas, infundada e inaplicável. Similarmente ao primeiro Wittgenstein, Sheldon adere a uma teoria da linguagem segundo a qual a linguagem representa, ou mesmo copia, nosso mundo de modo que ambas compartilham uma estrutura lógica. Essa é a chamada teoria pictórica da linguagem. O segundo Wittgenstein avançou para uma teoria na qual o próprio uso da linguagem era decisivo. Essa é a "teoria do uso como significado", uma compreensão da linguagem que Sheldon Cooper apenas começa a compreender.

No fim das contas, as convenções sociais que governam nossa linguagem são decisivas para nos ajudar a lidar com o mundo. É precisamente a rejeição de Sheldon às convenções linguísticas e sua aderência à lógica que lhe causa problemas quando se trata de interações sociais. Estranhamente, Sheldon conhece a importância de convenções sociais em geral, e é por isso que ele sucumbiu à compra de um presente de aniversário para Leonard em *The Peanut Reaction* [*A reação ao amendoim*]. No entanto, ao contrário do segundo Wittgenstein, Sheldon (ainda?) não entende, pelo menos de todo, que convenções também são importantes para a linguagem. Se ele vai perceber isso é um dos mistérios a serem resolvidos em episódios futuros. Assim como Wittgenstein precisou de algum tempo para chegar a sua visão mais madura, talvez o mesmo ocorra com o Dr. Cooper, que aparentemente ainda precisa encontrar seu "caminho para fora da garrafa de moscas [da lógica]".[20]

NOTAS

1. WITTGENSTEIN, L. *Tractatus Logico-Philosophicus*. Traduzido para o inglês por D. F. Pears e B. F. McGuinness. Londres: Routledge, 1961.
2. WITTGENSTEIN, L. *Investigações filosóficas*. Traduzido para o inglês por G.E.M. Anscombe. Oxford: Blackwell, 1967, p. 108. Daqui em diante referenciado como *IF*.
3. *IF*, p. 43.
4. Id., p. 1.
5. Ibid., p. 1 e p. 3.
6. Ibid., p. 32.
7. Ibid., p. 31.
8. O filósofo inglês John Locke (1632-1704) é tipicamente associado com esse termo. Veja LOCKE, J. *An Essay Concerning Human Understanding*. Oxford: Oxford University Press, 2008.
9. WITTGENSTEIN, L. *Tractatus Logico-Philosophicus*. Traduzido para o inglês por D. F. Pears e B. F. McGuinness. Londres: Routledge, 1961, sentença 5.6.
10. *IF*, p. 23.
11. Id., p. 67.
12. Ibid., p. 71.
13. Ibid., p. 18.
14. Ibid., p. 249, 250.
15. Compare isso ao personagem fictício mais adorado por Sheldon, o Dr. Spock, de *Jornada nas estrelas*, que deriva de toda uma sociedade que baniu a emoção para uma existência ditada pela lógica. Nessa sociedade, postula-se que a

mentira não seria nem necessária, nem desejável, porque seria ilógica. Além disso, conforme Sheldon observa em *The Loobenfeld Decay* [*A meia-vida de Loobenfeld*], a "falta de resposta fisiológica durante a mentira é característica de um sociopata violento"; ele pode estar ponderando não somente sobre as implicações lógicas, mas também as morais da mentira. Isso, mais uma vez, liga-se com a criação cristã de Sheldon (tanto em relação à coisa da linguagem/estilo de vida).

16. *FI*, p. 123.
17. Id., p. 23. Grifo no original.
18. Ibid., p. 115. Grifo no original.
19. Ibid., p. 66.
20. Ibid., p. 309.

12

"SINTO MUITO, MAS VOCÊ NÃO PODERIA ESTAR MAIS ERRADO!": SHELDON E ESTAR CERTO QUANTO A ESTAR ERRADO

Adolfas Mackonis

Leonard, Sheldon e Raj são físicos brilhantes, e Howard ("*Sr.* Wolowitz") é um engenheiro talentoso, mas mesmo o mais inteligente entre eles, Sheldon Cooper, com sua lista impressionante de diplomas — B.S., M.S., M.A., Ph.D., Sc.D. — às vezes comete erros. Por exemplo, ele identifica "Toby", em *The Jiminy Conjecture* [*A conjectura Jiminy*], como um grilo da espécie *Oecanthus fultoni*. E, em *The Bozeman Reaction* [*A reação Bozeman*], sua crença de que seria mais seguro morar em Montana cai quase imediatamente em descrédito. As crenças errôneas de Sheldon não são apenas sobre assuntos factuais, no entanto. Às vezes, elas são sobre conceitos, inclusive o que significa estar errado. Neste capítulo, veremos como Sheldon eventualmente está errado a respeito da natureza de estar errado, e salientaremos algumas questões filosóficas associadas com esse erro interessante, tudo isso na esperança de lançar alguma luz sobre o personagem de Sheldon Cooper.

"Mais errado?"

Lembre-se deste diálogo de *The Hofstadter Isotope* [*O isótopo de Hofstadter*], entre Sheldon e o dono da loja de revistas em quadrinhos, Stuart:

> Stuart: Ah, Sheldon, sinto muito, mas você não poderia estar mais errado.
> Sheldon: *Mais* errado? Errado é um estado absoluto e não está sujeito a gradações.
> Stuart: É claro que está. É um pouco errado dizer que o tomate é um legume. É muito errado dizer que é uma ponte suspensa.

Aqui, o debate é sobre se há gradações de falsidade. Sheldon alega que não podem existir gradações de falsidade, mas ele não oferece um argumento para sustentar essa alegação. O cientista diz sim que é "um estado absoluto", mas isso simplesmente repete sua alegação sem, de fato, sustentá-la. Isso é muito típico de Sheldon. Lembre-se do episódio *The Cooper-Hofstadter Polarization* [*A polarização Cooper-Hofstadter*], quando um Leonard perturbado pergunta: "Então a comunidade científica inteira deve simplesmente aceitar sua palavra?" Sheldon responde: "Ela não *deve*, mas *deveria*." Stuart, por sua vez, alega que há, sim, gradações de falsidade e até mesmo descreve um caso que parece intuitivamente poderoso o bastante para refutar a alegação de Sheldon.

A visão de Stuart sugere uma analogia com a exploração científica. Certamente parece que a ciência se aproxima cada vez mais da verdade. Na Grécia Antiga, os filósofos Leucipo (século V a.C.) e Demócrito (460-370 a.C.) afirmaram que toda matéria física é composta de minúsculas partículas invisíveis chamadas de átomos. Por volta do ano 1800, John Dalton propôs um modelo atômico moderno com base na experimentação. Mais tarde, os cientistas descobriram diversas partículas subatômicas. Pouco a pouco, o conhecimento científico foi se tornando cada vez mais detalhado. Atualmente, os cientistas debatem se é a gravitação quântica em *loop* ou a teoria das cordas que explica melhor o mundo físico, o que ocasiona a "conversa" entre Leslie e Leonard em *The Codpiece Topology* [*A topologia do protetor inguinal*] sobre qual das teorias deveria ser ensinada aos imaginários filhos que terão no futuro. Assim como a ciência confirmou as visões de Leucipo e Demócrito, acredita-se amplamente que ela também vai decidir o debate entre gravitação quântica em *loop* e teoria das cordas. Assim que o fizer, estaremos mais próximos de compreender a verdade a respeito do universo. Há verdades sobre o universo que ainda precisam ser aprendidas, mas a cada descoberta científica, nos aproximamos mais e mais da verdade. Então, a ideia de "aproximação da verdade" parece inteligível.

"Em nenhum deles eu estou dançando"

Exceto pela conexão com os avanços científicos, a posição implícita de Stuart parece, por si só, intuitiva. Certamente parece haver algo como aproximação da verdade. As pessoas costumam dizer "Há alguma verdade nisso" ou "Isso se aproxima da verdade". Então, se a verdade existe em gradações, por que também não poderia a falsidade? Afinal, seria absurdo alegar que "Um tomate é uma ponte suspensa" não está mais errado que "Um tomate é um legume", ainda que ambas as afirmativas sejam falsas. A segunda parece mais próxima da verdade. O truque é articular como e por quê.

Alguns filósofos embasam-se em "mundos possíveis" para especificar a aproximação da verdade. Um mundo possível é uma descrição completa de como as coisas poderiam ter sido, ainda que as coisas não sejam de fato daquele modo. Para qualquer proposição ou estado de coisas, ou isso ou sua negação (mas não ambos) está incluído na descrição de um mundo possível. Por exemplo, não há mundos possíveis nos quais Sheldon seja e não seja originalmente do Texas. Em alguns mundos possíveis, Sheldon não tem uma irmã gêmea. De modo um pouco paradoxal, em alguns mundos possíveis, Sheldon Cooper *é* um físico tentando ganhar um Nobel, mas em outros — o mundo de fato — ele é um personagem (fictício) de televisão interpretado por Jim Parsons. Desse modo, o mundo de fato — o mundo real — é um mundo possível entre outros, mas destaca-se exatamente porque representa a realidade e não a ficção.

The Big Bang Theory veicula a ideia de "mundos possíveis" como ela, às vezes, é empregada por físicos teóricos. Em *The Gothowitz Deviation* [*O desvio Gothowitz*], Sheldon fornece a Penny, agora namorada de Leonard, um relance de sua compreensão de mundos possíveis:

> Penny: Bom dia, Sheldon. Venha dançar comigo.
> Sheldon: Não.
> Penny: Por que não?
> Sheldon: Penny, embora eu aceite a teoria dos muitos mundos, a qual postula a existência de um número infinito de Sheldons em um número infinito de universos, asseguro a você que em nenhum deles estou dançando.
> Penny: Você é divertido em algum deles?
> Sheldon: A matemática sugeriria que em alguns deles sou um palhaço feito de doces. Mas não danço.

Esse diálogo não deixa claro, no entanto, se Sheldon aceita a existência de fato desses mundos possíveis, que existem em diversas dimensões paralelas ou algo do tipo. (Imagine um número infinito de Sheldons de verdade — u-hu.) A grande maioria dos filósofos aceita uma noção mais frágil de mundos possíveis, concentrando-se meramente em descrições possíveis do ponto de vista lógico, ou apenas na habilidade de imaginar com consistência o estado das coisas em questão. Essa interpretação de "mundos possíveis" é suficiente para nossos propósitos de explorar o debate entre Sheldon e Stuart.

Convenientemente, Sheldon também expressa essa forma mais frágil de mundos possíveis. Lembre-se da discussão entre Sheldon e Raj em *The Hot Troll Deviation* [*O desvio da troll gostosa*]:

Raj: Estou dizendo, se o xênon emite luz ultravioleta, então essas descobertas sobre matéria escura devem estar erradas.
Sheldon: Bem, se morássemos em um mundo no qual xênon de movimentos lentos produzisse luz, então você estaria certo. Além disso, os porcos voariam, meu traseiro fabricaria algodão-doce e *A ameaça fantasma* seria um clássico eterno.

A característica interessante desse diálogo é que Sheldon e Raj discordam sobre as propriedades reais do xênon (de movimentos lentos), especificamente, se ele emite luz. Sheldon, de modo sarcástico, replica que Raj está correto sobre o xênon em um mundo diferente — ou fictício. Xênon não emite luz de fato, pelo menos de acordo com Sheldon. Presuma, para fins de argumentação, que Sheldon esteja correto a respeito do xênon e Raj esteja errado. A questão maior, pelo menos implícita, é que Sheldon sugere que a alegação de Raj é *amplamente* falsa. Caso fosse verdadeira, não requereria que apenas uma coisa a respeito do mundo real fosse diferente, mas um monte de coisas, inclusive porcos voadores.

A partir disso, uma estratégia para determinar se uma proposição é mais errada do que outra é o quanto ela está realmente deslocada do mundo. Considere quaisquer duas teorias falsas. Por exemplo, a teoria de que o tomate é um legume; para fins de simplicidade, vamos chamá-la de "teoria do legume". Considere uma segunda teoria de que o tomate é uma ponte suspensa; vamos chamá-la de "teoria da ponte suspensa". Teoria do legume está errada (ou é falsa), porque, em sentido estrito, o tomate é uma fruta, não um legume. Isso deve ser o que Stuart tinha em mente. O mundo de fato contém os seguintes estados de coisas no que diz respeito a tomates: é uma fruta, é comestível, vem de uma planta, não foi projetado pelo homem, não é uma construção. A teoria do legume é diferente do estado de coisas verdadeiro em uma característica (não é uma fruta), mas similar em relação às demais características estipuladas. Portanto, a verdade da teoria do legume requer apenas uma alteração bem pequena do mundo de fato. A teoria da ponte suspensa é diferente em múltiplas facetas no que diz respeito a tomates de fato. Por conseguinte, a teoria do legume é diferente do mundo de fato em apenas um aspecto, e a teoria da ponte suspensa é diferente do mundo de fato em pelo menos seis aspectos. Parece que Stuart tinha em mente essa exata compreensão da aproximação da verdade e a aproximação da falsidade quando disse que é um pouco errado dizer que o tomate é um legume, mas muito errado dizer que é uma ponte suspensa.

Mesmo assim, nossa discussão de mundos possíveis provavelmente não deveria ser interpretada como solucionadora de todos os aspectos do problema da aproximação da verdade. O exemplo do legume é bastante simples, e a medida de semelhança pela contagem de características equivalentes ao mundo de fato pode não ser a melhor mensuração. Talvez uma alteração bem grande (Sheldon é um robô) de alguma forma suplante uma alteração menor (Wolowitz é Ph.D.). Então, há mais trabalho a fazer. Ainda assim, não se pode negar que o exemplo de Stuart sobre tomates, legumes e pontes suspensas é um argumento bastante válido a respeito de coisas diferentes estarem erradas em gradações diferentes.

A estratégia de Stuart é inteligente em outro nível também. Se alguém como Sheldon diz que estar errado não está sujeito a gradação, então, falando logicamente, apenas um exemplo (verdadeiro) em contrário é suficiente para refutá-lo. Isso é exatamente o que Stuart dá a Sheldon; o dono da loja de revistas em quadrinhos demonstra ao físico teórico que ele está errado quanto a estar errado. Sheldon pode ser o cara mais inteligente, mas Stuart, pelo menos dessa vez, tem a lógica a seu lado. Isso faria com que (ou deveria fazer) qualquer fã de uma vida inteira do Dr. Spock prestasse atenção.

"Acho que quer dizer que sou improvável"

Talvez Sheldon possa voltar-se para a lógica de um modo diferente a fim de se defender quanto a estar errado. Lembre-se de *The Pirate Solution* [*A solução pirata*], quando Sheldon (pedindo desculpas) admite que Raj está certo sobre um cálculo, mas nega que isso queira dizer que ele (Sheldon) está errado:

Sheldon: Revisei o quadro e, pelo visto, você estava certo.
Raj: Então, você estava errado.
Sheldon: Eu não disse isso.
Raj: Essa é a única inferência lógica.
Sheldon: Ainda assim, não foi o que eu disse.

Considerando que Sheldon e Raj discutiram a respeito da mesma coisa, e considerando que Raj está, de fato, certo, o erro de Sheldon seria a única inferência lógica? A resposta é sim e não. Mais particularmente, depende da lógica à qual uma pessoa adere nessa situação.

A posição de Raj de que Sheldon estar errado é "a única inferência lógica" presume o que os filósofos chamam de lógica clássica. Um dos princípios fundamentais dessa lógica é a lei do terceiro excluído: toda proposição (significativa) tem de ser verdadeira ou falsa. Não há outra possibilidade. Isso se chama a lei do terceiro excluído porque exclui a possibilidade de qualquer meio-termo entre verdadeiro e falso. Isso lança luz sobre outra lei da lógica clássica — a lei da não contradição, a qual diz que uma proposição não pode ser verdadeira e falsa ao mesmo tempo. Em outras palavras, uma proposição não pode se contradizer. Portanto, Raj está certo, mas como Sheldon o contradiz, então Sheldon deve estar errado.

As pessoas costumam gostar de dizer, no entanto, que o mundo não é preto e branco; há tons de cinza. A lógica polivalente foi desenvolvida exatamente por esse motivo. Por exemplo, se alguém quiser capturar três estados de coisas — verdadeiro, falso e indeterminado — essa pessoa pode usar para isso uma lógica correspondente de três valores. Na lógica polivalente, é possível ter tantos valores quantos quisermos. Há apenas um princípio básico para calcular valores-verdade (no qual 1 significa inteiramente verdadeiro, 0 significa inteiramente falso e todos os outros valores-verdade possíveis estão entre 0 e 1): o grau de falsidade é igual a 1 menos o grau de verdade; e o grau de verdade é igual a 1 menos o grau de falsidade. Por exemplo, se o valor-verdade de "A" é 0,8, então o valor-verdade de "não A" é 0,2; ou se "B" é verdade à grandeza de 0,4, então "não B" é verdade à grandeza de 0,6.

Portanto, considerando a lógica não clássica polivalente, há um modo de Raj estar certo e de Sheldon não estar errado. Podemos dizer, por exemplo, que Raj está certo, mas não inteiramente, e, por causa disso, Sheldon não está inteiramente errado, mas sim muito pouco correto (porém ainda está correto). Então, o único modo de Sheldon não estar errado e de Raj estar certo é se existirem gradações de verdade e falsidade. Entretanto, isso tem um preço. Lembre-se do debate entre Sheldon e Stuart em *The Hofstadter Isotope* [*O isótopo de Hofstadter*]. Nele, Sheldon foi enfático ao dizer que estar errado não estava sujeito a gradação. Então, essa nova posição implícita com Raj, se estiver certa, aparentemente faz Sheldon estar errado com relação à posição anterior diante de Stuart! (E não, Sheldon, isso não é sarcasmo, apenas lógica.)

O Paradoxo Cooper-Erro

The Big Bang Theory está repleto de exemplos de Sheldon professando sua base de conhecimento incrivelmente vasta e precisa (graças, em parte, à memória eidética dele, sem dúvida). Sheldon chega ao ponto de dizer arrogantemente a Penny, em *The Prestidigitation Approximation* [*A aproximação da prestidigitação*], que "Ah, por favor, se eu não sei, você não sabe. É axiomático". Em *The Bat Jar Conjecture* [*A conjectura do Bat Pote de Biscoitos*], Penny revela de forma bem-humorada a arrogância de Sheldon ao fazer perguntas como: "Que ex-aluno do colégio Ridgemont High foi casado com Madonna?" e "Quem substituiu David Lee Roth como vocalista do Van Halen?" Sheldon ignora as respostas às duas perguntas. Penny tem conhecimento que ele não tem, o que torna falsa a proposição do físico.

Em *The Jiminy Conjecture* [*A conjectura Jiminy*], Sheldon oferece uma proposição bastante similar para Wolowitz: "Howard, você sabe que sou um homem muito inteligente. Acha que se eu estivesse errado, não saberia?" Há mais do que uma pontada de arrogância aqui também, mas repare que é uma proposição diferente daquela feita a Penny. Pode haver tópicos que Sheldon ignora, mas ele não afirmaria que algo é verdade se não fosse. Ele jamais (conscientemente) cometeria esse tipo de erro. Conforme vemos, essa posição abriga algumas implicações interessantes sobre a verdade e o conhecimento.

Considerando a posição implícita de Sheldon expressada a Howard, parece proceder que, se Sheldon propuser algo corretamente, então ele sabe sobre o que está certo e, dessa forma, sabe o que é verdade. Também parece proceder que se Sheldon propuser algo incorretamente, então ele sabe sobre o que está errado, portanto sabe que o oposto é verdade. Para cada afirmação feita por Sheldon, seja correta ou incorreta, Sheldon conhece a verdade. Por conseguinte, se a proposição de Sheldon para Howard for verdadeira, então Sheldon jamais sustenta uma crença falsa! Se alguém tiver uma objeção e dizer que Sheldon é capaz de saber quando está errado, mas que isso não quer dizer que ele saiba quando está certo, então considere a seguinte questão: se Sheldon sabe que está errado sempre que está errado, então a única vez em que ele não saberia que está errado seria a vez em que está certo.

É verdade que esse argumento contém uma premissa falsa, pois não procede que Sheldon (sempre) sabe quando está propondo algo falso. Sua atribuição equivocada de Toby como um grilo da espécie *Oecanthus fultoni* é um exemplo óbvio, assim como (ao que parece) a proposição que Sheldon faz a Stuart sobre verdade e falsidade não admitirem gradações. No entanto, mesmo ignorando esses exemplos, insights filosóficos interessantes surgem. Aparentemente, é possível comprovar que, quando Sheldon está errado, ele *não pode* saber, em absoluto, que está errado.

Vamos presumir, para fins de argumentação, que Sheldon soubesse que tivesse proposto algo falso, digamos, sobre Toby ser um grilo *Oecanthus fultoni*. Para que isso ocorresse, duas coisas teriam de ser verdadeiras. Primeiro, tem de ser verdade que Sheldon sabe que Toby é, na verdade, um grilo comum. Em outras palavras, para saber que está errado, é preciso saber o que é certo. Segundo, tem de ser verdade que Sheldon sabe que ele não sabe que Toby é um grilo comum. Em outras palavras, para saber que você está errado, é preciso saber sobre o que está errado.

Agora, se você sabe algo, então esse algo que você sabe tem de ser verdade. A verdade é uma condição necessária do conhecimento. Você pode acreditar que *The Big Bang Theory* passou de terça-feira para quinta-feira à noite na emissora CBS, mas você pode não saber isso. Isso se embasa na intuição de que o conhecimento se opõe à ignorância. Sua crença a respeito da mudança de horário da CBS demonstra sua ignorância em relação aos fatos, não o conhecimento deles. Por conseguinte, se Sheldon sabe que não sabe que Toby é um grilo comum, então também é verdade que Sheldon não sabe que Toby é um grilo comum. No entanto, isso contradiz nossa presunção inicial, ou seja, de que Sheldon sabe que Toby é um grilo comum. Fizemos uma proposição e inferimos uma contradição a partir dela, então nossa proposição tem de ser falsa. (Os filósofos às vezes chamam isso de prova indireta.) Fizemos a proposição de que Sheldon sabe que está errado e derivamos uma contradição. Portanto, essa proposição está errada: Sheldon não pode saber que está errado!

Onde está o paradoxo? Um paradoxo é algo que tem qualidades contraditórias. Por um lado, Sheldon alega que, se ele estivesse errado, saberia. Por outro, acabamos de ver que Sheldon não poderia saber que está errado em relação a alguma coisa. O paradoxo pode ser reforçado: estar errado sobre a alegação que fez a Howard é a única coisa (relevante) que Sheldon pode saber com certeza.

"É claro que estou certo — quais são as chances de eu estar errado duas vezes em uma semana?"

Ainda que, conceitualmente falando, Sheldon não possa saber que está errado, há um sentido no qual ele pode estar errado e saber disso, graças ao raciocínio indutivo.

O raciocínio indutivo nota similaridades e regularidades entre um grupo de dados e, então, faz conclusões generalizadas a respeito deles. Essas conclusões costumam ser previsões. Considerando o que observamos no passado, conclusões sobre eventos futuros são feitas. Por exemplo, suponha que durante os últimos cinquenta sábados consecutivos você observou que Sheldon acorda às 6h15, serve-se de uma tigela de cereais, acrescenta a ela um quarto de xícara de leite, senta-se em seu canto favorito do sofá, liga a TV na emissora BBC America e assiste a *Doctor Who*. Considerando essas experiências anteriores e sabendo que Sheldon tende a ser uma criatura de hábitos, alguém como Leonard pode, com segurança, prever o comportamento de Sheldon na manhã do sábado seguinte às 6h15.

A conexão com Toby, o grilo comum, é praticamente óbvia. Sim, Sheldon identifica-o erroneamente como um grilo da espécie *Oecanthus fultoni*, mas as chances de que ele profira outra falsidade nos sete dias seguintes são incrivelmente baixas. Essa crença é fortalecida por todas as experiências passadas de Sheldon, sobretudo se notarmos como é raro que ele profira uma falsidade. Então, de certo modo, o fato de ter sido comprovado que Sheldon estava errado a respeito de Toby tem ramificações interessantes em suas outras crenças (sendo todas as coisas iguais). No entanto, há um empecilho. A preocupação tem a ver com a afirmação de Sheldon de que "é claro que ele está certo", em relação a outra alegação de conhecimento à luz de ter identificado Toby erroneamente. Se ele quer dizer que deve estar certo a respeito de todas as suas outras crenças na janela atual de sete dias, Sheldon corre mais uma vez o risco de estar errado sobre estar certo.

O erro potencial é bastante objetivo: qualquer generalização embasada em experiências passadas poderia, independentemente do quanto seja improvável, revelar-se falsa. Lembre-se de *The Dumpling Paradox* [*O paradoxo dos bolinhos*], quando Sheldon encontra Penny dormindo em seu sofá em um sábado de manhã. Enquanto o rapaz pondera a respeito da situação, seu cereal rapidamente perde toda a integridade molecular, e ele perde o início de *Doctor Who*. Ou considere os lamentos de Leonard, na primeira temporada, sobre garotas como Penny jamais ficarem com caras que possuem máquinas do tempo. De acordo com a experiência de Leonard — talvez na experiência de qualquer um — garotas como Penny simplesmente não se envolvem com caras que se preocupam (são obcecados?) com objetos de ficção científica e fantasia. No entanto, não importa quantos donos de máquinas do tempo azarados você possa ter observado, isso não garante que o próximo dono de máquina do tempo não possa ter uma namorada como Penny. O filósofo escocês David Hume (1711-1776) costuma receber crédito por sua breve formulação da preocupação relevante: "Que o sol não nascerá amanhã não é uma proposição menos inteligível, nem implica em mais contradição, do que a afirmação de que ele nascerá."[1] Portanto, Sheldon não pode saber, pelo menos não com certeza, que sua falsa crença a respeito de Toby garante que suas outras alegações de conhecimento recentes sejam verdadeiras.[2]

Embora jamais possamos ter certeza de que nosso raciocínio indutivo está correto, pelo menos podemos, às vezes, ter certeza de quando nosso raciocínio indutivo está errado. A afirmativa "garotas como Penny jamais ficam com caras que possuem máquinas do tempo" não é garantida apenas porque não podemos observar a vida particular de cada um dos futuros donos de máquinas do tempo. Se, no entanto, observarmos pelo menos um dono de máquina do tempo que tem uma namorada bonita como Penny (por exemplo, o Leonard durante a terceira temporada), então temos justificativas mais do que definitivas para acreditar que a generalização "garotas como Penny jamais ficam com caras que possuem máquinas do tempo" é falsa. Esse resultado pode finalmente consolar Sheldon. Ele jamais pode ter certeza de que suas generalizações indutivas são verdadeiras, mas, pelo menos, pode às vezes saber quando suas generalizações são falsas. Ele pode, por fim, e em algum sentido, estar errado e saber disso.

"Você pode usar todo o francês que quiser, mas isso não o faz estar certo"

Sheldon nos mostra como fatores não racionais costumam impor-se sobre a racionalidade de alguém. Ele está tão acostumado a estar certo que é difícil aceitar que está errado ou que não sabe de algo. A questão final do Torneio de Física em *The Bat Jar Conjecture* [*A conjectura do Bat Pote de Biscoitos*] é uma prova excelente disso. Sheldon preferiria perder para Leslie e os rapazes do que permitir que outro membro de sua equipe respondesse corretamente. Ele preferiria perder a competição do que não responder a todas as perguntas sozinho.

Esse tipo de idiossincrasia psicológica também costuma levar Sheldon a argumentar de modo irracional. Lembre-se de outra parte da discussão de Sheldon com Stuart em *The Hofstadter Isotope* [*O isótopo de Hofstadter*] sobre quem é o sucessor lógico à máscara do Batman se a morte do herói se revelar permanente:

> Sheldon: Excluir Joe Chill como o assassino dos pais de Batman efetivamente privou o herói de sua *raison d'être* [razão para viver].
> Stuart: Você pode usar todo o francês que quiser, mas isso não o faz estar certo.
> Sheldon: *Au contraire* [ao contrário].

A implicação é que ao simplesmente salpicar seu argumento com palavras da língua francesa, a posição de Sheldon é, de alguma forma, estabelecida. Contudo, essa é uma inferência falsa, e Stuart foi inteligente ao alertar Sheldon sobre isso.

Conforme a discussão se arrasta pelas primeiras horas da manhã, e depois de Penny ter ido dormir — o que nos lembra do porquê de estarmos inclinados a afirmar que caras como Leonard não ficam com garotas como Penny —, Stuart enfim cede.

Stuart: Tudo bem. Olhe, Sheldon, está tarde. Preciso ir dormir.

Sheldon: Então, eu ganhei.

Stuart: Não, estou só cansado.

Sheldon: Então, eu ganhei.

Stuart: Está bem, você ganhou.

Sheldon: Pode ter certeza que eu ganhei.

Aqui, novamente, Sheldon apela para algo além do tema da discussão. Agora ele joga com o cansaço de Stuart para "provar" seu argumento. Stuart não poderá sair até que aceite que Sheldon está certo. A implicação disso é que se Stuart desistir e for para casa, a conclusão de Sheldon está, portanto, estabelecida. No entanto, mais uma vez, isso é um raciocínio falho. Stuart sabe, mas simplesmente precisa de um tempo longe de Sheldon. De novo, o dono da loja de revistas em quadrinhos tem a lógica ao lado.

Os filósofos têm um nome para o tipo de "argumentação" que Sheldon emprega aqui: falácia lógica. Falácias lógicas, das quais existem muitos tipos, são argumentações falhas porque não conseguem e não podem conseguir estabelecer um elo racional entre premissas e uma conclusão para a discussão. Mesmo assim, costumam ser retoricamente persuasivas. Em vez de comprovarem algo logicamente, elas persuadem o ouvinte psicológica ou emocionalmente a aceitar uma posição.[3]

É esclarecedor que Sheldon de vez em quando se utilize de falácias lógicas para persuadir seu parceiro de conversa. Bastante diferente de seu personagem preferido de *Jornada nas estrelas*, Sheldon está tão dominado pela necessidade emocional de estar sempre certo que está disposto a sacrificar a lógica. Talvez, no fim, isso explique mais do que qualquer coisa por que Sheldon não pode aceitar que Stuart esteja correto a respeito de a verdade admitir gradações; por que, se o cálculo concorrente de Raj está correto, o de Sheldon não estava errado; e por que ele assume a posição "axiomática" imprudente sobre a base de conhecimentos de Penny. Portanto, vemos um padrão se revelar. Em vez de admitir que estava errado, ou que simplesmente não sabe, Sheldon invariavelmente volta-se para um comportamento não racional, inclusive para táticas retóricas. Nisso, talvez, Sheldon esteja errado de novo quanto a estar errado — pelo menos é o que Spock diria.

NOTAS

1. HUME, D. *An Inquiry Concerning Human Understanding*. Nova York/NY: Oxford University Press, 2007, p. 18.
2. Na verdade, Hume recebe invariavelmente o crédito por ter formulado um problema ainda mais profundo a respeito de indução. Ele argumentou, notoriamente, que o próprio processo da indução como um modo de estender nosso conhecimento é falho. O raciocínio indutivo, principalmente aquele que faz previsões a partir de observações passadas, presume, em última instância, o que está tentando provar: que alguma ocorrência natural (o nascer do sol) continuará a acontecer como aconteceu repetidamente no passado.
3. É claro que empregar falácias lógicas pode ter benefícios pragmáticos ou até mesmo evolutivos.

13

O ENIGMA COOPER: MEU DEUS, QUEM TOLERA QUEM?

Ruth E. Lowe

Os personagens de *The Big Bang Theory* são um grupo eclético. Penny e seus vizinhos cientistas têm gostos, hábitos sociais, bagagens culturais e interesses diferentes; no entanto, eles se atraem e, de alguma forma, fazem isso dar certo. Quando vivemos em uma sociedade livre, espera-se que aceitemos que as pessoas são diferentes e que todos deveriam ser livres para viver a vida de acordo com essas diferenças (contanto que não estejamos nos prejudicando). É uma mensagem simples, talvez impositiva, de tolerância, e em alguns casos, é mais fácil falar do que fazer. E se meu modo de vida considera o seu tão censurável que não conseguimos nos entender?

Veja a família Cooper. A sabedoria convencional sugere que é mais fácil para um cientista ser tolerante do que para um fundamentalista religioso. A Sra. Cooper acredita que a verdade se conhece por meio da fé. Não o tipo de verdade que meramente se aplica hoje ou neste lugar; a verdade religiosa tende a ser aquela com "V" maiúsculo, que se sustenta atemporalmente e em todos os lugares. Por outro lado, o Dr. Cooper agarra-se firme à tradição científica, a qual se atém ao fato observável e, como tal, deve reconhecer os próprios limites e a falibilidade. Os cientistas certa vez nos disseram que a Terra era chata; agora, sabemos que é redonda — bem, na verdade, não "redonda", mas você entendeu —; e até mesmo a gravidade está à prova ultimamente. Os cientistas estão cientes de que suas descobertas provavelmente não são a última palavra a respeito de um assunto, enquanto os religiosos pregam a Verdade.

Isso significa, entretanto, que os cientistas estão mais bem equipados para tolerar pessoas religiosas do que o contrário? Sheldon é mais tolerante do que sua mãe? Isso faz de Sheldon um cidadão melhor em uma sociedade livre? As respostas não são simples e objetivas. Na verdade, *The Big Bang Theory* mostra exatamente como é complicado o relacionamento entre a visão de mundo de uma pessoa e a tolerância. Para observar isso, vamos colocar Sheldon (o cientista), a Sra. Cooper (a fundamentalista religiosa), alguns filósofos antirrealistas e suas visões de mundo concomitantes em concorrência uns com os outros. Lembra-se do Torneio de Física em *The Bat Jar Conjecture* [*A conjectura do Bat Pote de Biscoitos*]? Bem, este é o Torneio de Tolerância.

Quem tolera quem?

A conexão entre como vemos o mundo e como escolhemos organizar a nós mesmos em termos políticos é provavelmente tão antiga quanto a política, mas não precisamos voltar muito no tempo para ver o que isso pode significar em organizações políticas contemporâneas. No fim dos anos 1950, Isaiah Berlin argumentou, notoriamente, que o liberalismo — a visão de que indivíduos deveriam ser livres das amarras impostas a eles pelo Estado — é simplesmente a melhor resposta ao pluralismo, uma visão que salienta a diversidade de valores que uma pessoa pode racionalmente seguir.

Berlin afirmou que pessoas sensatas e racionais desenvolverão modos muito diferentes de viver suas vidas. Considerando que as pessoas escolhem, de maneira racional, metas diferentes e criam formas diferentes de alcançá-las, é um absurdo pensar que uma pessoa pode fazer a escolha certa para todos. Como resultado, indivíduos deveriam ser igualmente livres da coerção (ilegítima) do Estado ou de outros cidadãos.[1] É claro que em qualquer sociedade alguma coerção é necessária. Em uma democracia liberal, por exemplo, a coerção que protege as liberdades individuais e a equidade pode ser legítima.

O resultado é uma sociedade livre, na qual Sheldon e sua mãe podem ter crenças, valores e ideias diferentes a respeito do que compõe uma vida boa. Os dois se beneficiam ao manterem seus valores controversos mais ou menos privados, pois, ao fazer isso, eles apoiam o valor público — ou seja, a liberdade —, o que permite que ambos tenham a oportunidade de viver suas vidas de acordo com as próprias ideias. Ainda que isso pareça uma obrigação, os dois têm um bom motivo para exercitar a tolerância. Politicamente falando, eles concordam que é melhor ser livre e viver em profunda discordância do que viver sob o tipo de tirania que é necessário para concordância em níveis múltiplos de associação.

A ideia de que a tolerância e a tirania estão em lados opostos da questão da liberdade é atraente, mas não desprovida de problemas, como este momento memorável do episódio *The Electric Can Opener Fluctuation* [*A flutuação do abridor de latas elétrico*] demonstra:

> Sheldon: Vou passar o resto da minha vida aqui no Texas tentando ensinar evolução para criacionistas.
> Sra. Cooper: Cuidado com o que diz, Shelly, todos têm direito a uma opinião.
> Sheldon: Evolução não é uma opinião, é um fato.
> Sra. Cooper: E essa é a sua opinião.

A princípio, Mary ganha muitos pontos por tolerância porque *diz* que não vai tolerar intolerância. Ao fazer isso, contudo, ela está impondo um tipo de tirania sobre Sheldon, uma tirania que se destina a forçá-lo a sair da casa dela e voltar para a Califórnia. Vamos chamar esse relacionamento, entre tirania e tolerância, de "Enigma Cooper". É uma expressão de tolerância que é, funcionalmente, intolerante.

A Sra. Cooper acredita que o mundo foi criado por Deus em sete dias; o Dr. Cooper acredita que o universo é o produto da evolução ao longo de bilhões de anos. Nenhum deles se convencerá de que o outro está correto. De fato, Sheldon raramente se convence de que alguma outra pessoa está certa a respeito de qualquer coisa, conforme ele nos lembra em *The Boyfriend Complexity* [*A complexidade do namorado*]: "Como sempre, vocês estão todos *errados.*" Obviamente, essa abordagem custa alguns pontos de tolerância a Sheldon, mas Mary também perde alguns quando intimida Raj por sua etnia em *The Electric Can Opener Fluctuation* [*A flutuação do abridor de latas elétrico*] com comentários do tipo: "Sabe, em nossa igreja há uma mulher que é uma curandeira incrível. (...) Aposto que ela estaria disposta a tentar dar um jeito nesse demônio do Terceiro Mundo que está dentro de você."

O compromisso de Sheldon com estar certo e o compromisso da mãe dele com a verdade das próprias crenças não condizem com a aceitação do fato do desacordo racional — a ideia de que pessoas diferentes podem ter modos bastante diferentes e perfeitamente racionais de encarar o mundo. Como resultado, a família Cooper não parece aceitar o que é fundamental para a tradição liberal: a abordagem pluralista do certo e do errado. No entanto, por que isso acontece? Por que eles acham tão difícil tolerar um ao outro?

A mundos de distância ou a palavras de distância?

O cientista e o fundamentalista parecem estar a mundos de distância, ou, no mínimo, encaram o mundo de modos completamente diferentes. Para o Dr. Cooper, o método científico revela fatos a respeito do planeta; para a Sra. Cooper, Deus é um fato. Eles vivem no mesmo mundo e observam a mesma realidade física, mas de modos muito diferentes. A mãe de Sheldon ressalta essas diferenças de maneira cômica, por exemplo, em *The Electric Can Opener Fluctuation* [*A flutuação do abridor de latas elétrico*] quando diz coisas do tipo: "Segure sua onda, meu jovem. Aqui no Texas, nós rezamos antes de comer... Aqui não é a Califórnia, a terra dos pagãos."

Apesar das aparências, no entanto, as visões de mundo de Sheldon e de sua mãe talvez não estejam tão distantes. De acordo com o filósofo Donald Davidson (1917-2003), um esquema conceitual, como a ideologia, é um pacote de crenças, valores e conceitos que estão, de alguma forma, ligados ao modo como falamos do mundo (nossas práticas linguísticas) e ao modo como nos organizamos socialmente (nossas práticas políticas). Davidson argumentava que a noção de esquemas conceituais radicalmente diferentes (visões de mundo) é, em si, um paradoxo. O argumento é mais ou menos assim: esquemas conceituais diferentes apenas fazem sentido em relação a um esquema conceitual abrangente compartilhado; no entanto, a existência de um esquema conceitual comum refuta a diferença radical entre esquemas conceituais. Como resultado, não podemos dar sentido à ideia de que existe diferença radical entre esquemas conceituais.[2]

Eis um modo de entender o paradoxo: Penny e Leonard vêm de mundos sociais diferentes — garçonete e aspirante a atriz *versus* físico experimental. No entanto, se fossem radicalmente diferentes, nem mesmo conseguiriam se comunicar. Eles compreendem como são diferentes apenas porque podem apelar para o que têm em comum, um esquema abrangente. Ambos são norte-americanos, falam a mesma língua e por aí vai. Essas similaridades significam que os mundos de ambos não são tão diferentes, no fim das contas.

Davidson desenvolveu uma abordagem integrada para problemas de conhecimento, ação, linguagem e mente. Então, não é tão surpreendente que ele tenha argumentado que o modo como falamos do mundo está intimamente ligado com o modo como o vemos. Como resultado, as práticas linguísticas de determinado grupo expressam, ou refletem, o esquema conceitual do grupo.

Reconhecemos a linguagem como linguagem com base na que possuímos. Então, se nos deparássemos com uma linguagem radicalmente diferente, não nos pareceria uma linguagem. Se é possível empregar os conceitos de uma linguagem para compreender outra, então a diferença entre elas não é radical. Em outras palavras, se klingon fosse radicalmente diferente do inglês, dificilmente os falantes de inglês reconheceriam klingon como uma língua. E que tipo de mundo seria este sem o Klingon Boggle?

Aquilo que vale para a tradutibilidade entre línguas vale também para a inteligibilidade do raciocínio. Se nos deparássemos com um raciocínio radicalmente diferente do nosso, não o reconheceríamos como raciocínio. Se conseguimos compreendê-lo como raciocínio, ele não constitui diferença radical. A mera ideia de que outros possam ter um modo completamente diferente de explicar, organizar e categorizar suas experiências do mundo é internamente inconsistente com o modo como nós explicamos, organizamos e categorizamos as experiências. Se compartilhamos o mesmo mundo, então compartilhamos, em grande parte, o mesmo aparato para compreendê-lo. Por conseguinte, se conseguimos compreender a diferença, é porque o contraste não é significante; a diferença compreensível é apenas moderadamente diferente.

As ideias de Davidson não deixam de ser controversas, mas pelo menos ajudam a demonstrar o quanto Sheldon e a mãe têm em comum. Lembre-se do seguinte diálogo de *The Luminous Fish Effect* [*O efeito do peixe luminoso*]:

> Sra. Cooper: Nossa, isso parece muito chique, o que é?
> Sheldon: É a minha concepção de como o DNA seria se baseado em uma forma de vida de silício.
> Sra. Cooper: Mas inteligentemente projetado por um criador, certo?

Apesar das discordâncias, Mary e Sheldon compartilham e utilizam um excesso de conceitos para exprimir tais discordâncias — DNA, forma de vida, design inteligente. Eles se entendem porque, subjacente à discórdia sobre qual é o modo certo de ver o mundo, ambos compartilham um mundo no qual grupos diferentes têm opiniões diferentes a respeito do próprio mundo.

Em um mundo com opiniões diferentes, não precisamos procurar muito para ver que igual atrai igual. A Sra. Cooper diz que seus filhos normais são muito mais fáceis de lidar. É fácil para Sheldon se entender com Beverly Hofstadter e com Amy Farrah Fowler; no entanto, ele acha a companhia da própria mãe e de Penny exaustiva.

Então, eles ainda estão empatados no Torneio de Tolerância. Ambos acham igualmente difícil tolerar um ao outro e às pessoas que pensam de forma diferente. Isso não significa que não sejam capazes de serem tolerantes. Na verdade, Sheldon sente que sua capacidade de aceitação é testada o tempo todo, conforme nos lembra em *The Desperation Emanation* [*A emanação do desespero*]: "Leonard, você é meu melhor amigo. Eu o conheço há sete anos e mal tolero me sentar no sofá com você." Então, por que a tolerância é um fardo tão grande para Sheldon? Teria algo a ver com seu modo de ver o mundo?

O dogma da exclusão mútua

Surpreendentemente, Sheldon e a Sra. Cooper compartilham mais do que apenas o mesmo mundo e um monte de conceitos; eles também compartilham um modo particular de encarar esse mundo. Ambos são tão comprometidos com a verdade de suas crenças que costumam falar *além* um do outro, em vez de um *com* o outro, como na seguinte conversa telefônica de *The Electric Can Opener Fluctuation* [*A flutuação do abridor de latas elétrico*]: "Não, mãe, não pude sentir o grupo da sua igreja rezando pela minha segurança. O fato de que estou a salvo em casa não é prova de que funcionou, essa lógica é *post hoc ergo propter hoc*. Não, não estou falando palavrões em língua de esquimó."

A Sra. Cooper está comprometida com uma noção fundamentalista da verdade, e embora o Dr. Cooper não aceite o mesmo conjunto de crenças, ele apela para a verdade da lógica. Em outras palavras, o modo como Mary acredita e orienta sua vida em torno de Deus é paralelo ao modo como Sheldon acredita e orienta sua vida em torno da ciência. Esse tipo de orientação recai sob o guarda-chuva do realismo metafísico. Em termos leigos, é a ideia de que existe uma realidade objetiva, a qual existe independentemente de como falamos ou pensamos a respeito dela.

Em contraste, Davidson argumentou que uma visão de mundo com esse tipo de orientação é errônea. A ideia de que não podemos compreender visões de mundo radicalmente diferentes, no plural, alertou ele, não significa que possamos compreender uma visão de mundo, um grande esquema-mestre singular, tampouco. A ideia de que há um esquema lá fora é problemática. Não podemos apelar para Deus ou algum tipo de teoria unificada para justificar a ideia de que um modo de ver o mundo é melhor do que os modos restantes. O erro, de acordo com Davidson, é pensar que existe algum tipo de esfera independente.

Se não existe um enorme medidor por aí que possamos utilizar para julgar a discórdia, então nos restam entendimentos provisionais em uma realidade socialmente condicionada — a verdade é que não há verdade alguma. O paradigma antirrealista é uma visão de mundo na qual, simplesmente, *o que temos é o que temos*, nada mais e nada menos.

A questão costuma ser descrita como um problema *criado* ou *descoberto* na filosofia. Nós criamos a verdade, a realidade social, a natureza humana? Ou essas coisas estão lá fora, esperando serem descobertas? Seria apenas nossa compreensão dessas coisas que é incompleta? No panorama antirrealista, não há nada lá fora para ser descoberto; a realidade social é criada.

Historicamente, a civilização ocidental foi especialmente culpada de justificar a opressão com base em uma ordem natural. O mundo, pensava-se, simplesmente ditava que algumas raças deveriam servir a outras, e essa descoberta possibilitou escravizar ou tirar vantagem de algumas raças com justificativas morais. Sheldon, é claro, está bastante confortável com a ideia de ordens naturais; não esqueçamos sua tirada em *The Financial Permeability* [*A permeabilidade financeira*]: "Acho que estaria disposto a ser um animal de estimação de uma raça de alienígenas superinteligentes." (Sem dúvida, Sheldon gostaria de viver em um mundo no qual seus inferiores, de forma semelhante, se curvassem diante de sua superioridade.)

A maioria de nós pensa de modo diferente; nossa realidade social mudou. É fato que há pessoas de raças diferentes no mundo, mas o mundo não nos diz que uma raça é melhor do que as demais, que uma raça merece uma vida melhor do que as demais. O racismo não está "no" mundo; ele é criado por meio de relações sociais. Em *The Boyfriend Complexity* [*A complexidade do namorado*], Raj pergunta: "Isso é racista? Parece racista." Ele está perguntando: "O que temos aqui?", e a resposta de Howard é sua compreensão socialmente condicionada: "Não seja sensível demais. Ele está chamando só você de analfabeto, não toda a sua raça." Pelo diálogo, ambos compreendem que tipos de comentários são conflituosos do ponto de vista ético. Nesse sentido, eles estão construindo um conceito compartilhado de racismo.

Desistir da ideia de que o mundo pode, de alguma forma, justificar nossas opiniões, ao que parece, torna mais fácil aceitar que outras pessoas (perfeitamente racionais) possam ter visões de mundo bastante diferentes (e também legítimas) da nossa. No entanto, Sheldon acredita que sabe mais sobre o que está lá fora do que qualquer um. Lembre-se de um diálogo de *The Work Song Nanocluster* [*A nanopartícula da canção de trabalho*]. Sheldon afirma, com deboche: "Penny, eu sou físico. Tenho um conhecimento abrangente sobre o universo inteiro e tudo o que ele contém." Quando Penny pergunta: "Quem é Radiohead?", Sheldon não sabe, então deve, para ser coerente com sua premissa, rejeitar a pergunta (ou ao menos a importância dela).

Os dois membros da família Cooper que estamos analisando aqui discordariam do paradigma antirrealista. Não importa se acreditam na existência de Deus ou na teoria unificada de tudo; o que importa é que ambos acreditam que há algo lá fora. Em contrapartida, Davidson rejeita a ideia de que haja qualquer tipo de esfera independente lá fora, e, como resultado, o máximo que podemos dizer a respeito da verdade de uma afirmativa é que ela é relativa à linguagem na qual foi dita.[3]

Considerando o compromisso spockiano que Sheldon tem com a lógica, poderia-se pensar que Sheldon concordaria alegremente com Davidson nessa questão, mas isso requer aceitar a falibilidade de suas próprias crenças. O cientificismo de Sheldon não parece permitir esse grau de falibilidade. Para ele, a verdade da teoria das cordas, embora não tenha sido provada, não é apenas uma verdade entre muitas, é a Verdade com "V" maiúsculo, a qual todos, inclusive Leslie Winkle, virão a aceitar — em algum momento. O Dr. Cooper, ao que parece, é religiosamente científico em *The Benefactor Factor* [*O fator da benfeitoria*], quando alega que seu propósito é "arrancar a máscara da natureza e encarar o rosto de Deus".

Esse tipo de compromisso com a verdade sobre as crenças, em primeiro lugar, e, em segundo, com a crença de que uma realidade independente comprovará, em último grau, que essas crenças são "verdadeiras" não faz sentido na visão de mundo davidsoniana. Os realistas — sejam eles religiosos, cientificistas ou metafísicos — operam em um paradigma no qual a realidade é revelada a eles como verdade. A verdade não é relativa à linguagem da comunidade. A verdade é relativa a uma esfera independente, que pode ser descoberta, e é o padrão contra o qual avaliações de verdadeiro ou falso, certo e errado e bem e mal são feitas.

Por outro lado, o paradigma de Davidson preocupa-se menos com o certo ou errado absolutos e, como resultado, a falibilidade do que é conhecido ou em que se acredita hoje em dia é um fato. Ainda consigo acreditar no que acredito, mas a ideia de que aquilo em que acredito possa mudar com o tempo torna mais fácil aceitar a ideia de que as pessoas podem discordar racionalmente. Reconhecer a falibilidade máxima das crenças encoraja a tolerância por meio do desvio de alguns obstáculos colocados pelo realismo da família Cooper. Então, a visão antirrealista torna muito mais fácil aceitar o pluralismo. Pessoas diferentes, caso tenham liberdade de o serem, terão visões diferentes do mundo, e isso é, de fato, tudo o que podemos dizer. As diferenças em si mesmas não bastam para comprovar que uma visão de mundo é melhor do que outra. A essa altura, você deve pensar que os antirrealistas, como Davidson, vencerão o Torneio da Tolerância. Porém, há um tipo de dogma à espreita no paradigma do o-que-temos, um dogma que funcionalmente exclui o realismo metafísico de Sheldon e da Sra. Cooper.

Mundo fala ou pessoa fala

Se Davidson está certo, o raciocínio realista (científico ou religioso) sobre a verdade não é um raciocínio; é tão radicalmente diferente do paradigma o-que-temos que não atende às únicas características da racionalidade que podem ser conhecidas, aquelas que representam o raciocínio na visão de mundo o-que-temos. Se Davidson está certo, os dois Cooper estão excluídos do mundo das pessoas racionais.

Trabalhando sobre as ideias davidsonianas, Richard Rorty (1931-2007) notoriamente afirmou, de maneira sarcástica: "O mundo não fala. Somente nós falamos."[4] Isso sugere que a linha entre a aparência e a realidade, o que está feito e o que é criado, é, em si, uma criação — e não uma descoberta. Se tudo o que temos é o que temos, então a objetividade é um mito. Simplesmente não conseguimos nos desvencilhar do nosso ponto de vista, de nossa visão de mundo.

Se não conseguimos alcançar nenhum tipo de distanciamento crítico do que somos, então não podemos ver nossa visão de mundo em relação a outra visão de mundo. Podemos apenas ver pontos de vista alternativos em relação aos nossos; apenas empregar os conceitos de nosso ponto de vista para interpretar as ações de outros.[5] Isso não quer dizer que não podemos, com o tempo, aprender novos conceitos e modos diferentes de ver as coisas. Podemos expandir o número de conceitos compartilhados entre visões de mundo diferentes. Penny consegue entender o que os rapazes estão aprontando em *The Bat Jar Conjecture* [*A conjectura do Bat Pote de Biscoitos*] ao traduzir as ações deles dentro dos termos dela. "Uau, então no seu mundo vocês são tipo os *caras legais.*" Howard: "Reconheça."

O processo de reconhecimento acontece, de acordo com Rorty, porque não há critério objetivo de "ser um cara legal" por aí. Em vez disso, o que faz um cara ser legal depende das condições sociais. Dizer que as alegações do Dr. Cooper a respeito da evolução são feitas em relação a uma visão de mundo científica ou que os comentários da Sra. Cooper a respeito do criacionismo são feitos em relação a uma visão de mundo religiosa realmente não é dizer nada *a respeito* da diferença entre eles, a não ser dizer que são diferentes.

As implicações dessa ideia apresentam um desafio significativo nos ordenamentos políticos e morais modernos, pois se Rorty tem razão, então não é possível provar que ninguém está errado. Ou, de modo mais sucinto, dizer "você está errado" é, de fato, apenas afirmar uma opinião. De novo, os dois membros da família Cooper ficariam bastante desconfortáveis com tal abordagem irrestrita dos fatos ou da verdade. Então, mais uma vez, eles estão igualmente em desvantagem na escala da tolerância. No entanto, os antirrealistas, ao que parece, não se saem muito melhor.

Se, conforme Rorty sugeriu, perdemos acesso ao que torna significativas as avaliações de diferenças e desavenças, então estamos de fato presos ao o-que-temos — presos a ele de tal forma que não podemos nem mesmo justificar a ideia do pluralismo genuíno. Se não conseguimos ver o contraste significativo entre nossa própria visão de mundo e as visões de mundo de outros, não temos um bom motivo para reconhecer que visões de mundo diferentes existem por todo canto. Tendemos, nesse caso, a enxergar nossa visão de mundo como a única visão de mundo e, ao fazer isso, deixamos de enxergar o motivo pelo qual precisamos da tolerância a princípio.

Então, o antirrealismo parece oferecer uma visão de mundo que encoraja a tolerância por meio do reconhecimento da falibilidade, mas então perde quaisquer pontos adquiridos pela tolerância, porque não pode justificar o nível de diversidade que torna as desavenças significativas em associações pluralistas. Seu modo de ver o mundo pode recair sob o guarda-chuva realista ou sob o antirrealista, porém acreditar que você está mais certo, que é mais racional, que está mais conectado à realidade do que outros dificulta a tolerância de pessoas que pensam de modo diferente.

O placar da tolerância

Então, quem ganha o Torneio da Tolerância? Quem é mais tolerante: Sheldon, sua mãe ou o filósofo antirrealista? Se embasarmos nossa decisão em visões de mundo, todos ficam mais ou menos empatados. Vimos que desistir da ideia de que todas as respostas de que precisamos para gerenciar uma sociedade vêm da interpretação correta de Deus ou da descoberta de uma teoria de tudo facilita ser tolerante com outros. Rejeitar a ideia de que o mundo "lá fora" existe para justificar algumas crenças, mas não outras, torna mais fácil aceitar que todas as visões em *The Big Bang Theory* — sejam de judeus, indianos, texanos e nebraskianos — são igualmente racionais e dignas de reconhecimento público. No entanto, aderir à ideia do o-que-temos, como se fosse o único modo correto de pensar, pode tornar igualmente difícil reconhecer e tolerar diferentes pontos de vista.

Então, se podemos julgar quem é mais tolerante do que quem com base nas visões de mundo das pessoas, podemos responder à pergunta de outra forma? Como cientista, Sheldon trabalha com uma tradição que é inerentemente falibilista; no entanto, seu compromisso irredutível com as próprias hipóteses torna a tolerância em relação a outros uma tarefa irritante. Lembre-se da admissão grosseira que ele fez em *The Cooper Nowitzki Theorem* [*O teorema Cooper-Nowitzki*]: "A verdade pode, de fato, ser um dedo na garganta daqueles que não estão prontos para ouvi-la. Mas por que eu deveria servir a mentes de segunda categoria?" De modo semelhante, as crenças religiosas da Sra. Cooper claramente colorem a visão de mundo dela — inclusive sobre quem é o verdadeiro responsável pela esperteza do filho — conforme afirma em *The Luminous Fish Effect* [*O efeito do peixe luminoso*]: "Toda essa coisa de ciência vem de Jesus."

Apesar do fato de se ater a parâmetros diferentes, nenhum deles ficaria confortável com a ideia de que o que temos é o que temos. Ambos, contudo, entendem a diferença entre fato e opinião, e os dois permitem, talvez com mais rancor no caso de Sheldon, que todos tenham direito a uma opinião. Em *The Hot Troll Deviation* [*O desvio da troll gostosa*], Sheldon deixa bem claro que todos têm liberdade para estarem errados: "Sim, bem, se morássemos em um mundo no qual [inserir afirmativa da qual ele discorda aqui], então você estaria certo. Além disso, porcos voariam, meu traseiro fabricaria algodão-doce e *A ameaça fantasma* seria um clássico eterno."

No fim das contas, no entanto, a família Cooper precisa abrir espaço para as visões de mundo de terceiros, de modo que tenham o próprio espaço. Então, ficamos com o enigma Cooper. Nem Shelly, nem a mãe dele conseguem tolerar a intolerância e, como vimos, isso pode ser uma ideia complicada, e até mesmo contraditória. Talvez a tolerância seja um quebra-cabeça, não do tipo que jamais é resolvido, apenas do tipo que nos faz parar e pensar a respeito de quem tolera quem e por quê.[6]

NOTAS

1. BERLIN, I. Two Concepts of Liberty. In ______. *Four Essays on Liberty*. Oxford: Oxford University Press, 1969, p. 122.
2. Devo a comparação "mundos" *versus* "palavras" a Donald Davidson. DAVIDSON, D. On the Very Idea of a Conceptual Scheme. In ______. *Inquiries into Truth and Interpretation*. Oxford: Oxford University Press, 2001, pp. 184-189.
3. Id., p. 195.
4. PORTY, R. *Contingency, Irony, and Solidarity* (Cambridge University Press: New York, 2005), 6.
5. Id., p. 48.
6. Agradeço ao webmaster de http://bigbangtrans.wordpress.com (em inglês) pelos diálogos dos episódios.

14

A BIFURCAÇÃO DA MENDACIDADE

Don Fallis

Nossa, você tem muito que aprender sobre mentira!
Sheldon Cooper, Ph.D., para Leonard Hofstadter, Ph.D.

Sheldon é um péssimo mentiroso. Pense na alegação nada convincente que ele faz de que "Leonard está indo para *o trabalho*" (complementada por um tom de voz artificial e um gesto esquisito com as mãos) em *The Lizzard-Spock Expansion* [*A expansão lagarto-Spock*].[1] Ou lembre-se daquele terrível sorriso falso em *The Griffin Equivalency* [*A equivalência Griffin*] que deveria sugerir que Sheldon está feliz por Koothrappali ter sido nomeado como uma das "pessoas com menos de 30 anos para ficar de olho" da revista *People*. Conforme Sheldon admite para Penny em *The Bad Fish Paradigm* [*O paradigma do peixe ruim*], "quando tento enganar, eu mesmo tenho mais tiques nervosos do que um instituto de pesquisa da doença de Lyme".

Embora Sheldon alegue em *The Boyfriend Complexity* [*A complexidade do namorado*] que ele "não participará de tramas", e em *The Irish Pub Formulation* [*A formulação do pub irlandês*] que ele "está profundamente desconfortável com a desonestidade declarada", sentir-se culpado não é o que faz de Sheldon um péssimo mentiroso. Se é do interesse dele, Sheldon não tem nenhum embaraço em mentir ou pedir que outras pessoas mintam para ele, como quando pede que Leonard diga a Amy Farrah Fowler que ele não está em casa em *The Desperation Emanation* [*A emanação do desespero*]. Sheldon é um mentiroso ruim só porque não sabe como fazer isso direito; é apenas mais uma habilidade social que ele não tem.[2]

Não é de surpreender que Sheldon também seja muito ruim em detectar mentiras. Por exemplo, em *The Creepy Candy Corollary* [*O corolário da cobertura de doce esquisita*], Sheldon é enganado pela mentira de Wil Wheaton (também conhecido como Tenente Crusher) sobre por que o ator não compareceu à Dixie Trek de 1995. Wheaton convence Sheldon de que perdeu a convenção de *Jornada nas estrelas* porque sua "vovozinha" havia morrido e, como resultado, Sheldon o deixa ganhar o torneio de *Guerreiros místicos de Ka'a*. Além disso, em *The Electric Can Opener Fluctuation* [*A flutuação do abridor de latas elétrico*], os amigos de Sheldon o enganam para que ele pense que detectou "evidências de monopolos que poderiam alterar um paradigma", porque "era o único modo de evitar que ele agisse como um personagem de Dickens". Mesmo quando detecta que as pessoas estão tentando enganá-lo, Sheldon não é bom em descobrir a respeito *de que* estão tentando enganá-lo. Por exemplo, em *The Boyfriend Complexity* [*A complexidade do namorado*], quando Raj e Howard tentam esconder o fato de que acidentalmente se beijaram, Sheldon consegue ver que algo está acontecendo, mas a teoria dele sobre o que pode ser passa longe:

> Sheldon: Vou propor uma hipótese: ontem à noite, Raj acidentalmente fez contato com uma civilização alienígena e recebeu ordens do governo dos Estados Unidos para manter isso em segredo.
> Raj: Não aconteceu nada. Podemos, por favor, mudar de assunto?
> Sheldon: Isso parece ensaiado. Não estamos sozinhos no universo, afinal.

Com sua inabilidade em contar e detectar mentiras, Sheldon pode nos fornecer mais do que apenas mentiras. Como veremos, ele pode, de fato, nos ensinar bastante sobre como mentir bem, e talvez nos ensinar algo interessante sobre o que é a mentira.

Deveríamos aprender a mentir melhor?

Antes de verificarmos o que Sheldon pode nos ensinar sobre como mentir bem, deveríamos primeiro nos fazer uma pergunta: mentir é algo que deveríamos aprender a fazer direito, para início de conversa? O filósofo alemão Immanuel Kant (1724-1804) argumentou de modo memorável em *A metafísica dos costumes* que é sempre errado mentir. A ideia de Kant era que seria errado que *eu* fizesse algo que fosse prejudicial a *todos* fazer. Por exemplo, se todos mentissem sempre que quisessem, ninguém acreditaria em ninguém. Nesse caso, é evidente que não haveria motivo para mentir. Embora muito poucos filósofos concordem com Kant que mentir é *sempre* errado, a maioria dos filósofos sustenta que *geralmente* é errado mentir. Por exemplo, no livro *Lying: Moral Choice in Public and Private Life*, a filósofa de Harvard Sissela Bok argumenta que é errado mentir mais vezes do que costumamos pensar, pois, em geral, subestimamos os custos pessoais e sociais de mentir.[3]

Considerando tudo isso, pode parecer que é ótimo que Sheldon não seja um bom mentiroso. A falta de habilidade o impede de fazer algo que seria ruim. Por exemplo, ele obviamente reluta em mentir sobre Leonard ir para o escritório porque, considerando que ele sabe que Leonard *não* vai para o escritório, "como ele poderia dizer isso de modo convincente"?

Existem, no entanto, pelo menos algumas circunstâncias nas quais é moralmente permissível mentir. Por exemplo, é provavelmente aceitável contar uma mentira para evitar magoar alguém sem necessidade, como quando Leonard e Sheldon mentem para Penny, em *The Loobenfeld Decay* [*A meia-vida de Loobenfeld*], sobre não poderem ir assistir à peça dela. Na verdade, é provável que sejamos moralmente requisitados a mentir se isso salvar uma vida ou o universo. Penny parece concordar. Em *The Electric Can Opener Fluctuation* [*A flutuação do abridor de latas elétrico*], ela conta a Sheldon sobre a vez em que "Kirk precisa tomar controle da nave, então ele diz todas aquelas coisas a Spock que não são verdade". Penny se utiliza dessa circunstância extrema de *Jornada nas estrelas* para, presume-se, fornecer um exemplo a Sheldon de como, em algumas situações, a mentira pode ser justificada, amenizando, assim, a sensação que ele tem de ter sido traído.

De fato, alguns filósofos alegam que mentir é, em geral, algo bom. Por exemplo, Platão (429-347 a.C.) dizia em *A república* que os "reis filósofos" deveriam contar "mentiras nobres" para a *hoi polloi* (quer dizer, para as massas ou a ralé) pelo bem da sociedade. Além disso, Friedrich Nietzsche (1844-1900) afirmou em *A vontade de poder* que os *Übermenschen* (ou seja, os "super-homens" que estão comprometidos com a transcendência dos valores humanos e a criação de novos valores) deveriam mentir. Mentir é, na verdade, parte da grandeza deles; eles escolhem ser quem quiserem ser.[4]

Tanto para Platão quanto para Nietzsche, no entanto, há impedimentos em relação a *quem* tem permissão para mentir. Para Platão, apenas os reis filósofos podiam mentir, e Nietzsche não se interessava em ouvir mentiras de pessoas tímidas e inferiores, com sua "moralidade escrava". Contudo, esses impedimentos claramente não eliminam Sheldon.[5] Ele é um indivíduo bastante especial e superior (ou pelo menos pensa que é). Em *The Codpiece Topology* [*A topologia do protetor inguinal*], Sheldon explica que ele é um "físico teórico publicado com dois doutorados e um QI que não pode ser medido com precisão pelos testes normais". Além disso, em *The Worksong Nanocluster* [*A nanopartícula da canção de trabalho*], ele diz a Penny que tem "um conhecimento abrangente do universo inteiro e tudo o que ele contém". Sheldon planeja ganhar um Nobel e descreve a si mesmo como um "visionário". E — como se isso não bastasse — ele nos lembra com orgulho em *The Wheaton Recurrence* [*A recorrência de Wheaton*] que foi "cocapitão da equipe Juventude Cristã do Leste do Texas do Campeonato da Liga de Boliche Bola Sagrada da divisão de 7 a 12 anos".

Como às vezes é necessário mentir, pode ser importante fazer isso direito. Felizmente, Sheldon tem bastante a dizer sobre o assunto, mas por que deveríamos ouvir o que ele tem a dizer, considerando que é um péssimo mentiroso?

Deveríamos ouvir o que Sheldon tem a dizer sobre mentiras?

Sheldon é um mau mentiroso, mas isso não quer dizer que ele não saiba sobre mentira. Afinal de contas, o rapaz é um gênio que, conforme descobrimos em *The Pancake Batter Anomaly* [*A anomalia da fornada de panquecas*], tem um QI de 187. Em outras palavras, embora lhe falte o que Aristóteles (384-322 a.C.) chamou de sabedoria prática (ou *phronesis*), Sheldon tem a sabedoria teórica (ou *sophia*). Ou, conforme o filósofo de Oxford Gilbert Ryle (1900-1976) poderia expressar a distinção, ele não tem muito *know how*, mas tem muito *know that.*[6]

Por exemplo, Sheldon recomenda em *The Loobenfeld Decay* [*A meia-vida de Loobenfeld*] que uma mentira seja entregue "casualmente, sem respiração apressada, sem aumento da transpiração". Em outras palavras, um mentiroso deveria tentar evitar quaisquer sinais externos de enganação que uma pessoa (ou um polígrafo) possa detectar. É claro que vale a pena lembrar que, conforme Sheldon conta a Leonard, "a falta de resposta fisiológica enquanto se mente é característica de um sociopata violento".

Quando as pessoas são pegas mentindo, no entanto, não é tipicamente porque elas parecem nervosas. Nós costumamos pegar as pessoas em mentiras porque o que dizem ou fazem não se encaixa com o que já sabemos ou descobrimos mais tarde. Como Sherlock Holmes aconselhou aos aspirantes a detectores de mentira humanos: "Devemos procurar por inconsistências; onde há um indício dela, devemos suspeitar de enganação."[7] Então, há outras regras para mentir bem que também precisam ser seguidas.

Mais notavelmente, Sheldon insiste na importância de tornar a mentira "plausível" e "tecer uma teia in-indesatável" de evidências que a sustentem. Se Penny "colocar no Google Leopold Houston [o fictício primo viciado em drogas que figura na mentira de Sheldon para ela], encontrará uma página do Facebook, um blog mostrando o início dele com o uso das drogas e uma lista desesperada, porém esperançosa, no eHarmonny.com". Em essência, conforme Sheldon expõe em *The Desperation Emanation* [*A emanação do desespero*], "a chave para uma boa mentira está nos detalhes".

Além disso, é de vital importância para o mentiroso manter todos esses detalhes organizados. Caso contrário, é fácil cair em contradição. Como Nietzsche nos alertou em *Humano, demasiado humano*: "Aquele que conta uma mentira poucas vezes percebe que fardo pesado assumiu; pois, para que a mentira seja sustentada, é preciso inventar mais vinte."[8] Em uma linha semelhante, o pensador inglês Thomas Fuller observou que "é fácil contar uma mentira, mas é difícil contar apenas uma mentira". Sheldon descobre isso sozinho quando tenta esconder o fato de que jantou com Penny em *The Spaghetti Catalyst* [*O catalisador espaguete*] (logo após o término de Penny e Leonard):

> Leonard: Ei, onde você estava?
> Sheldon: Já disse: caminhando.
> Leonard: Durante uma hora e meia?
> Sheldon: Eu me perdi.
> Leonard: Como você se perdeu? Seu celular tem GPS.
> Sheldon: Os satélites não estão funcionando. Explosões solares.
> Raj: Não tem nenhuma explosão solar acontecendo agora.
> Sheldon: Tem sim.
> Raj: Cara, eu sou astrofísico. Se houvessem explosões solares, eu saberia.
> Sheldon: Sinto muito. Falei errado. O que quis dizer é que minha bateria acabou.

Conforme Sir Walter Scott observou de modo poético, é muito fácil que a rede se enrosque, por isso é tão crucial certificar-se de que ela seja "in-indesatável".

Finalmente, há outra sugestão importante implícita na preocupação de Sheldon de que não consiga dizer algo de modo convincente caso saiba que é mentira. Você será mais bem-sucedido ao enganar as pessoas se acreditar que o que diz é verdade. Portanto, se quiser enganar os outros, deveria começar enganando a si mesmo. Conforme Nietzsche observou: "Com todos os grandes enganadores ocorre algo digno de nota e a que devem seu poder. No ato de enganar de fato (...) eles são tomados pela crença em si mesmos (...) O autoengano precisa existir quando se quer produzir um efeito grandioso. Pois os homens acreditam na verdade daquilo em que, simplesmente, se acredita com convicção."[9]

Sheldon é realmente um mau mentiroso?

Ao sugerir que Sheldon possui apenas conhecimento *teórico* de como mentir bem, talvez não tenhamos lhe dado crédito suficiente. Há, na verdade, diversas ocasiões nas quais Sheldon parece mentir de forma bastante eficiente. Por exemplo, Penny jamais percebeu que Sheldon não tem um primo viciado em drogas. Além disso, em *The Desperation Emanation* [*A emanação do desespero*], a mãe de Amy Farrah Fowler parece bastante convencida de que Sheldon "pratica relações sexuais regularmente com a filha dela".

No entanto, de forma mais notável, em *The Monopolar Expedition* [*A expedição monopolar*], e em diversos outros episódios, os amigos de Sheldon descobrem que "Mais uma vez, você caiu em uma de minhas pegadinhas clássicas. Bazinga!". Por exemplo, em *The Lunar Excitation* [*A excitação lunar*], o grupo vai para o telhado do prédio para atirar um laser em um dos refletores que os astronautas da *Apollo 11* deixaram na lua. Sheldon diz que "deveria ter levado um guarda-chuva", porque "com uma pele tão clara, queimaduras de lua são uma possibilidade real". É claro que com a possível exceção do namorado de Penny, Zack (que fica feliz ao saber que a lua não será explodida porque "nós ajustamos o laser para atordoar"), ninguém vai acreditar que queimaduras de lua são possíveis. Entretanto, é uma mentira mesmo que você apenas pretenda que as pessoas acreditem que *você acredita* no que está dizendo. E nesses casos de "Bazinga!", a falta de compreensão de Sheldon de fato funciona a seu favor. Embora esteja claro que o que Sheldon diz é loucura, seus amigos precisam considerar a possibilidade de que ele, de toda forma, realmente acredite no que está dizendo.

Agora, alguém poderia alegar que tais pegadinhas não são mentiras de verdade. De acordo com a definição filosófica tradicional, no entanto, você *mente* se diz algo falso com a intenção de enganar.[10] Assim, Sheldon está mentindo. Na verdade, de acordo com Kant, mesmo as mentiras contadas "por frivolidade" são sempre moralmente censuráveis.[11] É claro que se um grupo de amigos gosta de pregar peças uns nos outros, Kant parece ser um pouco estraga-prazeres ao alegar que o que eles fazem é imoral.

Sheldon é bem-sucedido em *The Bus Pants Utilization* [*A utilização das calças de ônibus*] quando fornece um pedido de desculpas convincente, porém insincero por seu mau comportamento para que seja readmitido como membro do projeto de "Aplicativo para Smartphone" de Leonard. A princípio, ele não está disposto a fazer isso porque "A Sra. Mary Cooper não criou um mentiroso". No entanto, Penny sugere que "tudo o que você tem de fazer aqui é pedir desculpas a Leonard, mas peça de modo sarcástico". Sheldon finalmente concorda em fazer isso, porque Leonard "entenderá como uma tentativa de consertar as coisas, em vez da condenação humilhante que você e eu sabemos que será". Quando Sheldon diz "sinto muito por meu comportamento anterior", no entanto, ele *está* mentindo porque diz algo que acredita ser falso com a intenção de enganar. Nesse caso, ele é bem-sucedido em convencer Leonard de sua sinceridade. É claro que é possível que Sheldon só seja bem-sucedido quando *pensa* que não está *de fato* mentindo, mas apenas sendo sarcástico ou brincando.

A mentira requer a intenção de enganar?

A definição filosófica tradicional de mentira remonta à obra de um dos primeiros filósofos cristãos, Santo Agostinho (354-430), *De Mendacio*, mas essa definição é muito estrita. Embora você minta se disser algo que acredita ser falso com a intenção de enganar, esse não é a única maneira de mentir. Ou, como os filósofos colocam, a intenção de enganar pode ser uma condição *suficiente* para mentir, mas não é uma condição *necessária*.

Um dos motivos é que a mentira não requer que você pretenda que acreditem em você de imediato. Por exemplo, em *The Lunar Excitation* [*A excitação lunar*], Raj conta uma mentira na qual não espera que Sheldon simplesmente acredite. Ele apenas pretende criar dúvida na mente de Sheldon.

> Raj: Sheldon, eu escondi a meia suja do telhado em algum lugar do seu apartamento. A não ser que você esteja disposto a vir conosco e conhecer essa garota, ela vai permanecer aqui para sempre.
> Sheldon: Você está blefando.
> Raj: Está disposto a correr esse risco?
> Sheldon: Maldito.

Ainda que a intenção não seja que se acredite neles imediatamente, tais blefes ainda contam como um tipo de enganação. No entanto, ao que parece, você pode mentir mesmo que não pretenda enganar ninguém. Por exemplo, Sheldon conta uma mentira *descarada* em *The Excelsior Acquisition* [*A aquisição Excelsior*].[12] Essa é uma mentira que todos, o mentiroso e a "vítima" da mentira, sabem que é mentira.

Sheldon é acusado de ultrapassar um sinal vermelho enquanto leva Penny para o hospital quando ela está com o ombro deslocado. Ele fica tão chateado com o veredicto que insulta o juiz ao dizer: "Eu gostaria de ressaltar que estou no topo da minha profissão, enquanto você ocupa a mesa das crianças na sua!" O juiz o acusa de desacato e joga Sheldon na cadeia até que ele peça desculpas, o que Sheldon acaba concordando em fazer. Porém, como não está arrependido de fato, Sheldon mente. Ele diz a Penny mais tarde: "Eu fui forçado a emitir um pedido de desculpas não merecido, simplesmente porque me recuso a urinar em uma tigela de aço inoxidável na frente de criminosos."

O juiz está ciente de que o pedido de desculpas não é sincero, mas ele não se importa. Ainda há motivo para requerer um pedido de desculpas de alguém, mesmo que a pessoa não seja realmente sincera. É humilhante ser forçado a dizer algo que você não quer dizer. Nesse caso, serve como intimidação para que não responda mais ao juiz. (Na verdade, como a humilhação de Sheldon ocorre no tribunal, serve como uma intimidação para todo mundo também.) Além disso, ainda há um motivo para pedir desculpas mesmo que a pessoa para quem você pede desculpas saiba que você não é sincero. Às vezes, pode até livrar você da cadeia!

A mentira requer intenção de violar uma convenção social?

Considerando a existência de tais mentiras descaradas, precisamos pensar em uma definição alternativa para as declarações enganosas. Ainda que os mentirosos nem sempre quebrem a regra em relação a enganar os outros, eles parecem quebrar alguma regra quando "registram" algo que acreditam ser falso. Então, alguns filósofos (inclusive eu mesmo, em certo momento), alegaram que mentir é a intenção de violar uma determinada *convenção social*, não a intenção de enganar.[13]

Convenções sociais são regras informais que costumamos obedecer em nossas interações com os outros. Mais do que isso, são regras que pensamos que devemos obedecer. Por exemplo, há muitas regras de educação. Não se deve assoar o nariz e então mostrar o lenço para as pessoas na mesa ao lado no restaurante. (Em *The Pancake Batter Anomaly* [*A anomalia da fornada de panquecas*], Sheldon faz justamente isso e, então, pergunta às pessoas: "Você diria que isso é verde-musgo ou verde-floresta?") Além disso, há regras em relação a como nos comunicamos uns com os outros pela utilização da linguagem. No livro *Studies in the Way of Words*, o filósofo de Berkeley Paul Grice (1913-1988) identificou diversas *normas de conversação*, tais como: "Não torne sua contribuição para a conversa mais informativa do que é requerido", "Evite a obscuridade de expressões" e "Não diga aquilo que acredita ser falso".[14] De acordo com minha definição alternativa da mentira, você mente se pretende violar essa última norma de conversação. Portanto, ainda que Sheldon não pretenda enganar o juiz, ele está mentindo se pretende violar a norma de conversação contra dizer aquilo que acredita ser falso.

Infelizmente, minha definição alternativa da mentira também é estrita demais. Na verdade, alguém como Sheldon é potencialmente um contraexemplo. A este ponto, está bem claro que mesmo que ele nem sempre seja bom nisso, Sheldon pode mentir. No entanto, conforme Leonard aponta em *The Luminous Fish Effect* [*O efeito do peixe luminoso*], Sheldon não entende convenções sociais.

> Leonard: O que aconteceu?
> Sheldon: Não tenho certeza. Envolve uma parte da experiência humana que jamais compreendi.
> Leonard: [sarcasticamente] Isso restringe muito as coisas.

Agora, mesmo que você não tenha ciência de que existe uma convenção social particular, você pode certamente violar essa convenção. O incidente com o lenço determina isso com clareza. No entanto, você não pode *pretender* violar tal convenção social se não sabe que ela existe.

Entre as convenções sociais que Sheldon não entende estão as normas de conversação.[15] Por exemplo, ele notoriamente não entende sarcasmo. Em *The Big Bran Hypothesis* [*A hipótese do Big Bran*], quando Leonard pergunta: "Pelo amor de Deus, Sheldon, eu tenho de erguer um aviso de sarcasmo sempre que eu abrir a boca?" O outro, acreditando, responde: "Você tem um *aviso* de sarcasmo?" De forma similar, em *The Financial Permeability* [*A permeabilidade financeira*], ele tem de perguntar repetidas vezes: "Isso foi sarcasmo?"

Essa porção específica de falta de noção é particularmente importante aqui. De acordo com Grice, temos de entender a norma de conversação que impede que digamos aquilo que acreditamos ser falso para entendermos o sarcasmo.[16] Quando alguém diz algo que claramente acredita ser falso, tal como: "Quero ser uma garçonete no Cheesecake Factory por toda a vida", e não há motivo aparente para a pessoa estar mentindo, concluímos que ela pretende comunicar algo diferente do que diz de forma literal, normalmente, o exato oposto do que diz de maneira literal. Em outras palavras, quando alguém "ostensivamente falha ao preencher" a norma de conversação que impede que digamos aquilo que acreditamos ser falso, suspeitamos de sarcasmo. Por outro lado, Sheldon simplesmente compreende as pessoas de modo literal, não importa o quanto a afirmativa seja surpreendente em determinado momento.

Além disso, Sheldon não entende que nem sempre é socialmente apropriado dizer a verdade. Por exemplo, em *The Luminous Fish Effect* [*O efeito do peixe luminoso*], Sheldon diz ao novo chefe do departamento que ele é "um professor de ciências de ensino médio endeusado, cujo último experimento de sucesso foi acender os próprios peidos". Ao chegar em casa, Sheldon diz a Leonard: "Não posso acreditar que ele me demitiu." Conforme Sheldon explica: "Eu não disse nada que não fosse verdade."[17] Ele também não entende por que Leonard mente para Penny em *The Loobenfeld Decay* [*A meia-vida de Loobenfeld*].

> Sheldon: Sinto-me desconfortável por ter sido incluído em sua mentira para Penny.
> Leonard: O que eu deveria dizer?

Sheldon: Você poderia ter dito a verdade a ela.
Leonard: Eu não poderia ter dito a verdade, isso a deixaria magoada.
Sheldon: Esse fator é relevante?

Para ser justo, no entanto, há evidências de que Sheldon está aprendendo algumas dessas convenções sociais. Por exemplo, em *The Bad Fish Paradigm* [*O paradigma do peixe ruim*], ele conta uma piada "subvertendo, assim, as expectativas da conversa". Além disso, quando Leonard tenta contar a Sheldon que o artifício de *The Electric Can Opener Fluctuation* [*A flutuação do abridor de latas elétrico*] não foi nada demais, Sheldon responde: "Você está certo, Leonard, não foi nada demais. Tudo o que você fez foi mentir para mim, destruir meu sonho e me humilhar na frente de toda a universidade. Isso, só para seu conhecimento, foi sarcasmo. Eu, na verdade, acredito que foi um grande problema."

Além disso, mesmo antes de começar a aprender sobre como funciona o sarcasmo, Sheldon estava bastante ciente de que havia uma norma de conversação contra dizer aquilo que acreditava ser falso. Está bastante claro que a mãe dele foi bem-sucedida ao ensinar isso a ele. Sheldon ainda não compreende no todo exatamente como essa norma de conversação funciona na prática, mas ele sem dúvida sabe que existe tal norma de conversação. Então Sheldon pode (e costuma) pretender violá-la.[18] Portanto, Sheldon pode mentir de acordo com minha definição de mentira.

Contudo, podemos imaginar alguém que é ainda mais socialmente sem noção do que Sheldon, e que não tem ciência de que existe uma norma de conversação que o impede de dizer aquilo que acredita ser falso. Na verdade, Barry (sem parentesco com Saul?) Kripke pode ser tal pessoa. Afinal de contas, até mesmo Sheldon pôde dizer a respeito dele, em *The Friendship Algorithm* [*O algoritmo da amizade*]: "Kripke não possui as habilidades sociais básicas que nós." Se tal pessoa dissesse algo que acreditasse ser falso com a intenção de enganar, parece bastante claro que estaria mentindo. Não estaria mentindo, no entanto, de acordo com minha definição alternativa de mentira, porque a pessoa não poderia pretender violar uma norma de conversação que nem mesmo conhece.

Então, parece que uma pessoa pode mentir sem pretender violar a norma de conversação que nos impede de dizer aquilo que acreditamos ser falso. Em outras palavras, parece haver um contraexemplo (ainda que seja hipotético) para minha definição alternativa da mentira — mas não tem problema. Diferentemente de Sheldon, eu posso admitir que estava errado.[19]

NOTAS

1. Para ser nerd por um breve momento, o nome do jogo deveria ser, na verdade, "pedra-papel-tesoura-Spock-lagarto", em vez de "pedra-papel-tesoura-lagarto-Spock". Dessa forma, assim como no nome original do jogo "pedra-papel-tesoura", os itens estariam listados em ordem crescente de poder. Veja www.samkass.com/theories/RPSSL.html (em inglês).

2. De maneira interessante, Amy Farrah Fowler, a "garota-que-é-amiga" de Sheldon, é aparentemente muito boa em contar mentiras. Lembre-se de *The Wildebeest Implementation* [*A implementação do gnu*] quando Bernadette diz que não é "uma boa mentirosa", Amy responde: "Eu ensino a você. Frequentei os escoteiros durante dois anos antes de descobrirem que eu era uma menina." Além disso, ela é muito boa em detectar mentiras. Por exemplo, em *The Toast Derivation* [*A origem do brinde*], Amy sabe que Penny está mentindo quanto a não se sentir chateada em relação ao fato de que Leonard está namorando Priya, porque "suas narinas dilatadas indicam o contrário".

3. Veja KANT, I. *A metafísica da moral*. GREGOR, M. J. (Ed.). Cambridge: Cambridge University Press, 1996. E BOK, S. *Lying: Moral Choice in Public and Private Life*. Nova York/NY: Random House, 1978.

4. Veja PLATÃO. *A república*. Tradução para o inglês de Francis MacDonald Cornford. Oxford: Oxford University Press, 1945. E NIETZSCHE, F. *The Will to Power*. Tradução para o inglês de Walter Kaufmann e R.J. Hollingdale. Nova York/NY: Vintage Books, 1967.

5 É claro que Mary Cooper aparentemente incutiu algum grau de moralidade escrava nele. Lembre-se da admissão de Sheldon em *The Classified Material Turbulence* [*A turbulência dos materiais sigilosos*]: "Se faz alguma diferença, minha mãe diz que quando enganamos alguém para ganhos próprios, fazemos Jesus chorar."

6. RYLE, G. "Knowing How and Knowing That". In ______. *Proceedings of the Aristotelian Society*, 1946, pp. 1-16.

7. DOYLE, A.C., Sir. *The Complete Sherlock Holmes*. Nova York/NY: Doubleday, 1930, p. 1065. E por falar em Sherlock Holmes, eis um *quiz* para você: qual dessas falas foi dita pelo famoso detetive e qual foi dita por Sheldon? "Eu não adivinho. Enquanto cientista, chego a conclusões com base em observação e experimentalismo" e "Eu não adivinho. É um hábito chocante — destruidor da faculdade lógica".

8. NIETZSCHE, F. *Humano, demasiadamente humano*. Tradução para o inglês de R.J. Hollingdale. Cambridge: Cambridge University Press, 1986, p. 40.

9. Id., p. 40.

10. Ver BOK, S. *Lying: Moral Choice in Public and Private Life*. Nova York/NY: Random House, 1978, p. 15. Ver também FALLIS, D. "What is Lying"? *Journal of Philosophy*, nº 106, 2009, pp. 29-56.

11. KANT, I. *A metafísica da moral*. GREGOR, M. J. (Ed.). Cambridge: Cambridge University Press, 1996, p. 183.

12. Ver FALLIS, D. "What is Lying"? *Journal of Philosophy*, nº 106, 2009, pp. 41-43. Para outros exemplos divertidos de mentiras descaradas, veja SORENSEN, R. "Bald-Faced Lies! Lying without the Intent to Deceive". *Pacific Philosophical Quarterly*, nº 88, 2007, pp. 251-264.

13. Ver FALLIS, D. "What is Lying?" *Journal of Philosophy*, nº 106, 2009, pp. 34-37. Ver SWEETSER, E. E. "The Definition of Lie": An Examination of the Folk Models Underlying a Semantic Prototype". In: HOLLAND, D.; QUINN, N. (Eds). *Cultural Models in Language and Thought*. Cambridge: Cambridge University Press, 1987.

14. GRICE, P. *Studies in the Way of Words*. Cambridge/MA: Harvard University Press, 1989.

15. Para mais a respeito disso, veja o Capítulo 11 deste livro: "Wittgenstein e jogos linguísticos em *The Big Bang Theory*", por Janelle Pötzsch.

16. GRICE, P. *Studies in the Way of Words*. Cambridge/MA: Harvard University Press, 1989, p. 34.

17. Mais tarde, no mesmo episódio, Sheldon precisa fazer outro pedido de desculpas descaradamente insincero para conseguir seu emprego de volta: "Hum, como sabe, diversas semanas atrás, em nosso primeiro encontro, podemos ter começado com o pé esquerdo, quando chamei você de idiota. Eu só queria dizer que estava errado... em salientar isso."

18. Há inúmeras ocasiões nas quais Sheldon viola as normas da conversação que nos impedem de contribuir com mais do que é requerido e as que são contra a obscuridade. Por exemplo, em *The Hamburguer Postulate* [*O postulado do hambúrguer*], Penny diz a ele: "Tudo bem, querido, sei que você pensa que está se explicando, mas, na verdade, não está." No entanto, talvez ele não esteja totalmente ciente de que essas normas de conversação existem.

19. Eu gostaria de agradecer a Andrew Cohen, Tony Doyle, Sydney Johnson, Dean Kowalski, Kay Mathiesen, Bill Taylor e Dan Zelinski pelas sugestões neste capítulo.

PARTE CINCO

“A EXPERIÊNCIA HUMANA QUE JAMAIS COMPREENDI”: A CONDIÇÃO HUMANA

15

MÃES E FILHOS DE *THE BIG BANG THEORY*

Ashley Barkman

Vamos encarar os fatos: a Sra. Koothrappali, Mary Cooper, a Sra. Wolowitz e Beverly Hofstadter transformaram seus filhos em "filhinhos de mamãe" — homens que são essencialmente controlados ou influenciados de maneira nada saudável pelas mães. Consequentemente, os homens de *The Big Bang Theory* encontram-se perto da base da pirâmide de hierarquia de necessidades de Maslow, encolhendo para longe do crescimento pessoal e da realização. Eles não têm ideia do que seja masculinidade de verdade, o que, de acordo com o autor médico Leonard Sax, exige que os homens utilizem sua força a serviço de outros.[1] Tudo isso cria boa comédia e também nos fornece a oportunidade de explorar as implicações psicológicas e filosóficas de relacionamentos desequilibrados e irrefletidos entre mães e filhos.

Raj: o mutante da "mudez seletiva"

Os pais de Raj são bastante tradicionais, porém também são mundanos. Como moram na Índia, julgam Raj e se intrometem na vida dele por meio da lente da webcam. Preocupam-se com o potencial de salário limitado do filho acadêmico e esperam pacientemente por netos (então, ele não deveria usar as "cuequinhas"!). Sem se importar de esconder o desapontamento com Raj por não ser casado, eles arranjam um encontro às cegas para o filho com Lalita Gupta, alheios ao fato de que ele não consegue falar com mulheres (que não sejam da família) sem a ajuda de álcool (ou de outros medicamentos). O pobre Raj tem tendência a ansiedade social e sofre de "bexiga nervosa". Imagino por quê...

Raj simplesmente não consegue se afirmar de modo autoritário. Sua irmã Priya retoma o relacionamento com Leonard em *The Cohabitation Formulation* [*A formulação da coabitação*] e Raj "proíbe". Quando Leonard vai diretamente ao apartamento de Raj para visitar Priya, Raj faz o melhor que pode para seguir o tradicional Código de Manu, declarando (na medida em que declara alguma coisa): "É completamente inapropriado que uma mulher solteira fique sozinha no mesmo cômodo que um homem. Se vocês insistirem em conversar, devem fazer isso no sofá!" Os dois, é claro, ignoram Raj, que tenta de novo: "Tudo bem, podem conversar no quarto, mas exijo que essa porta fique aberta!" A porta se fecha. Raj mantém as aparências: "Tudo bem, só desta vez podem fechar a porta. Mas tenham em mente que estarei bem aqui, do lado de fora, monitorando a situação!". Do sofá, ele disca um número no celular e diz: "Ah, droga. Leonard, quando receber esta mensagem, ligue para mim." Inquieto, Raj mais uma vez disca um número e diz: "Priya, aqui é seu irmão. Quando receber esta mensagem, diga a Leonard para verificar a caixa postal do celular dele."

A vontade fraca de Raj reflete-se na propensão dele para vícios — jogar e pornografia na internet — e em sua necessidade de álcool para poder conversar com mulheres. A mudez seletiva, a qual Beverly Hofstadter diz em *The Maternal Capacitance* [*A capacitação maternal*] que pode "derivar de um medo patológico de mulheres" o impede de crescer como homem. Como Raj, presume-se, sofreu desses sintomas na Índia, a ignorância dos pais dele em relação à mudez seletiva do filho reflete negligência da parte deles. De fato, exceto pelas realizações acadêmicas, os dois não o têm ajudado a desenvolver confiança como adulto.

Raj parece sofrer as intromissões críticas dos pais na esperança cármica de "renascer como um bilionário bem-dotado com asas". No entanto, talvez ele devesse primeiro trabalhar em conseguir conversar com mulheres.

Sheldon: raízes nas partículas fundamenta(listas)is

Mary Cooper está obviamente preocupada com o bem-estar de Sheldon. Em *The Luminous Fish Effect* [*O efeito do peixe luminoso*] ela declara: "Amo o garoto até a morte." No entanto, ela prossegue e admite: "Mas ele é difícil desde que saiu de dentro de mim no Kmart." Ela parece manter as rédeas sobre o filho, como foi vividamente demonstrado pelo telefonema prematuro em *The Electric Can Opener Fluctuation* [*A flutuação do abridor de latas elétrico*] e a resposta de Sheldon: "Ah, oi, mãe. Não, eu disse que ligaria quando chegasse em casa, e ainda não estou em casa. (*Ele atravessa a porta*). Tudo bem, estou em casa." Quando Mary, sutilmente, lembra Sheldon da preocupação com que ele retornasse em segurança do Polo Norte, o filho responde: "Não, mãe, não pude sentir o grupo da sua igreja rezando pela minha segurança. O fato de que estou a salvo em casa não é prova de que funcionou, essa lógica é *post hoc ergo propter hoc.*" Sheldon faz uma pausa, um pouco exasperado. "Não, não estou falando palavrões em língua de esquimó."

O fato de Mary Cooper ser habilidosa em lidar com as idiossincrasias de Sheldon é evidência de que ele foi profundamente querido quando criança. Quando ele estava doente, sua mãe cantava "Gatinho fofinho" para ele e aplicava Vick VapoRub (em sentido anti-horário) no peito do filho. Em uma sessão de improviso com Penny, descobrimos que "Shelly" cresceu com muito carinho e que ele ama sua "mamãe" e procura por ela em busca de segurança e conforto, mesmo sendo um homem adulto.

Por outro lado, Mary é grata por Leonard tê-la chamado em *The Luminous Fish Effect* [*O efeito do peixe luminoso*], para alertá-la da mais recente crise de "Shelly". Ao chegar na Califórnia, ela é carinhosa com o filho — faz seu prato preferido —, mas também é rígida, incita-o a se recompor para que possa pedir o emprego de volta. Mais tarde, Mary trabalha sua mágica com o Dr. Gablehauser, selando o negócio (e não fica explicado se ele se tornará o "novo pai" de Sheldon). O fato de que ela é capaz de tão rapidamente consertar o "não relacionamento" de Sheldon com Amy atesta o quanto Mary ama — e conhece — o filho adulto.

Ainda assim, as dificuldades de relacionamento de Mary Cooper com o marido podem ter afetado de maneira negativa a criação de Sheldon. As discussões que ele ouvia parecem ter resultado em um grande trauma, de forma que, mesmo adulto, Sheldon sente-se profundamente desconfortável ao presenciar discussões. Em *The Guitarist Amplification* [*A amplificação do guitarrista*], por exemplo, vemos esse desconforto extremo quando Penny e Leonard discutem, e depois Howard e Raj, e Raj e os pais, e então Howard e a mãe. Sheldon é tão sensível a tais argumentos que se retira da situação como faria uma criança assustada. Por fim, Penny e Leonard o encontram sentado no chão da loja de revistas em quadrinhos, escondendo-se da fonte de seu desconforto. O pobre Sheldon volta para casa depois que Penny e Leonard lhe compram algumas revistinhas e um brinquedo.

Outra fonte de tensão entre Sheldon e a Sra. Cooper são as crenças cristãs fundamentalistas dela. Mary sempre mantém uma Bíblia por perto — inclusive quando Sheldon não queria comer as couves de Bruxelas quando criança. Ela vê tudo através de lentes religiosas, inclusive os talentos intelectuais de Sheldon. Em *The Luminous Fish Effect* [*O efeito do peixe luminoso*], Mary compartilha com o grupo: "[Sheldon] puxou o temperamento do pai. Tem meus olhos. Toda essa coisa de ciência, isso vem de Jesus." Após a discussão de Sheldon com o Dr. Gablehauser, Mary visita Sheldon no quarto e pergunta o que ele anda fazendo. Sheldon relata que está trabalhando em como seria o DNA se fosse baseado em silício. Sem demora, Mary acrescenta: "Mas inteligentemente projetado por um criador?"

Sheldon tem outra crise quando descobre que o grupo falsificou seus dados do monopolo magnético em *The Electric Can Opener Fluctuation* [*A flutuação do abridor de latas elétrico*]. Seus amigos o traíram, mas a mãe não, então ele viaja de volta para o Texas. Depois de fazer um queijo quente para o filho (complementado por uma carinha sorridente desenhada no pão), Mary exige que deem graças antes de comer. Sheldon protesta, mas Mary insiste, declarando: "Aqui não é a Califórnia, a terra dos pagãos. Dê-me.

Pelas Mãos dele somos todos...". "Alimentados", murmura Sheldon. De olhos fechados, Mary continua: "Dê-nos, Senhor, nosso...". "Pão diário" acrescenta Sheldon. A família Cooper agradece por cada xícara e cada prato. A Sra. Cooper conclui: "Amém. Viu, não foi tão difícil, foi?" Sheldon replica: "Minha objeção baseava-se em considerações, não em dificuldades." Quando Leonard, Raj e Howard finalmente chegam para pedir desculpas e levar Sheldon de volta para a Califórnia, o Dr. Cooper afirma, obstinado: "Não, vou ficar aqui, ensinando evolução para criacionistas." Mary lembra ao filho que todos têm direito a uma opinião. Sheldon protesta: "Evolução não é uma opinião, é um fato!" "E essa é a *sua* opinião!", exclama rapidamente a mãe. Sheldon, então, pega o próximo avião com os amigos.

Howard: um clichê sociológico

Alheia às realizações de Howard como engenheiro bem-sucedido dono de um mestrado no MIT, a Sra. Wolowitz trata o filho como se fosse um menino de 30 anos, faz jantar para ele todas as noites, lava as roupas dele e o leva ao dentista (e, às vezes, leva Howard para tomar um sorvete depois). Por tratar Howard como uma criança, a Sra. Wolowitz o tornou excessivamente dependente dela, incutindo uma "inutilidade aprendida" no filho. Howard pode tentar se convencer, e a outros, de que a mãe não mora com ele, mas a avaliação de Beverly Hofstadter em *The Maternal Capacitance* [*A capacitação maternal*] é verdadeira: ele perpetua o "clichê sociológico" de um "homem judeu que mora com a mãe". Enquanto Mary Cooper liga para Sheldon de vez em quando, a mãe de Howard liga para ele todos os dias no trabalho para saber se ele teve movimentos intestinais saudáveis — ainda que os dois compartilhem o mesmo banheiro.

A família Wolowitz tem um relacionamento codependente do qual Howard não consegue escapar facilmente. Em *The Cohabitation Formulation* [*A formulação da coabitação*], depois de fazer amor com Bernadette, Howard anuncia que ele deveria voltar para casa. Quando Bernadette sugere que passe a noite com ela, Howard hesita e responde: "Bem, eu adoraria, mas você sabe que minha mãe precisa de mim de manhã." Irritada, Bernadette responde: "Por favor, acho que ela consegue colocar uma peruca sozinha." Howard insiste: "Não é só a peruca. É prender o cabelo dela para cima e desenhar as sobrancelhas. É um trabalho para duas pessoas." Por fim, ele "cede" e concorda em ficar por cinco ou dez minutos.

Howard não tem, de fato, nenhuma ideia de como equilibrar os relacionamentos com a mãe e Bernadette. Como Bernadette conseguiu aguentar Howard é um dos grandes mistérios do programa. Retornando ao *The Cohabitation Formulation* [*A formulação da coabitação*], ele anuncia para Bernadette:

> Olhe, minha mãe vai para Palm Springs visitar a irmã dela. São duas noites inteiras seguidas em que poderei dormir com você até de manhã. A não ser que o ar do deserto resseque as cavidades nasais dela. Nesse caso, terei de me mandar para lá com um umidificador grande.

Estarrecida, Bernadette responde: "É isso? Essa é a sua grande solução para todos os nossos problemas? Se o nariz da sua mãe aguentar, ficamos duas noites juntos?" Bernadette finalmente faz com que ele escolha entre ela e a mãe. Howard hesita. Bernadette vai embora. Quando ele (impulsivamente) reconsidera e os dois vão morar juntos, Howard tem total convicção de que Bernadette tomará o papel da mãe dele, o qual inclui levá-lo para o dentista. Bernadette o expulsa, então Howard se manda para casa, explicando para a mãe que não é um criminoso sexual.

Espera-se que um homem de 30 anos, com um bom emprego, pelo menos tenha o próprio apartamento. Há rumores disso na "Casa Wolowitz", mas parecem ser ameaças disfarçadas mais do que qualquer outra coisa — aquele proverbial (porém não dito), "você não sabe como sua vida é boa"! Howard deveria traçar o próprio caminho, tornar-se independente da mãe ao descobrir maneiras de se definir como homem. No entanto, em vez de encorajar o filho a crescer e ajudá-lo a amadurecer como ser humano, a Sra. Wolowitz o encorajou a permanecer uma criança grande demais. Mesmo a ilusão de Howard de que é um mulherengo e sua atitude "nojenta" (de acordo com Penny) em relação às mulheres revelam que ele ainda precisa amadurecer.

Ao final da quarta temporada, Howard e Bernadette superaram alguns de seus problemas e ficaram noivos, mas ficamos imaginando o que acontecerá quando Bernadette se tornar a provedora (com Ph.D.) da casa. Será que Howard se tornará um homem confiante, perceberá seu potencial enquanto continuamente busca o crescimento pessoal, ou será que a mãe dele simplesmente será substituída por Bernadette, cuja voz raivosa agora ecoa de modo bizarro a da Sra. Wolowitz? Qualquer que seja o caso, a Sra. Wolowitz falhou com o filho devido a sua inaptidão em vê-lo como homem adulto, em reconhecer as realizações dele e encorajar o crescimento de Howard em direção à autopercepção.

Leonard: o macaco de Hofstadter

A Dra. Beverly Hofstadter fornece um contraste aguçado com as outras três mães de *The Big Bang Theory*. É uma acadêmica de sucesso, uma psiquiatra e neurocientista realizada. Fria e distante, Beverly é extremamente franca e tem dificuldade em perceber ou demonstrar qualquer tipo de emoção, inclusive orgulho pelas realizações de seus filhos. Quando ela informa aos amigos de Leonard em *The Maternal Capacitance* [*A capacitação maternal*] que o filho Michael é professor de direito efetivo em Harvard e a filha conseguiu fazer um pâncreas se desenvolver em um gibão, Howard comenta de pronto: "Você deve estar muito orgulhosa." No entanto, ela responde abruptamente: "Por quê? Não são realizações minhas." Beverly reage de forma similar em *The Maternal Congruence* [*A congruência maternal*] em relação às núpcias iminentes de Michael. Ela admite que a noiva do filho é uma "garota incrível": a mais jovem juíza de corte de apelo em Nova Jérsei e duas vezes medalhista olímpica de bronze. Quando Leonard observa: "Você deve estar muito feliz", ela responde, de modo sarcástico: "Por quê? Não sou eu que vou me casar com ela." Quando indícios de emoção surgem, Beverly costuma explicá-los e seguir em frente. Quando Penny pergunta a ela sobre o divórcio recente em *The Maternal Congruence* [*A congruência maternal*], Beverly confidencia: "Eu senti algo semelhante a luto e talvez raiva, mas essa é a reação natural do sistema límbico por ter sido traída por um filho da mãe desprezível."

Beverly Hofstadter gosta de fazer experiências em laboratórios e rapidamente faz tomografias daqueles que conhece. Na verdade, a pesquisa parece consumi-la. Leonard sofreu o golpe da abordagem sistemática da mãe diante da vida, tendo sido criado mais como o objeto de um experimento do que como filho. Por exemplo, quando Leonard estava sendo treinado para usar o vaso sanitário, Beverly conectou eletrodos à cabeça dele para medir suas ondas cerebrais. Em vez de trocar presentes de Natal, a família de Leonard trocava apresentações de pesquisas. Conforme Leonard ficou mais velho, Beverly começou a tratá-lo como se ele fosse algum tipo de colega de trabalho. Por exemplo, quando, na adolescência, Leonard tentou um experimento científico para determinar os efeitos positivos de música clássica no crescimento das plantas, Beverly o desprezou. A experiência era derivativa demais da experiência anterior do irmão de Leonard que relatava os efeitos negativos de rock no crescimento das plantas. Repetindo esse evento, Beverly caçoa de um Leonard adulto porque ele não faz pesquisas originais, dizendo que se quisesse saber o que os italianos fizeram, ela simplesmente leria o trabalho *deles*.

Dizer que a criação de Leonard foi desprovida de carinho e compreensão maternais é um eufemismo. Quando Beverly o visita em *The Maternal Capacitance* [*A capacitação maternal*], Leonard pergunta quais são as novidades. Beverly, de modo descompromissado, conta a Leonard que o tio preferido dele morrera. Relembrando, Leonard informa: "As únicas memórias carinhosas que tenho da minha infância são do tio Floyd." Leonard, a seguir, confidencia a Penny que ele certa vez construiu uma "máquina de abraços". Ele encontrou um manequim, enrolou-o em um cobertor elétrico e colocou dois braços mecânicos nele, tudo na esperança de fornecer a si mesmo carinho simulado. O que é realmente triste e engraçado é que o pai de Leonard pegou a máquina emprestada. A invenção de Leonard evoca um famoso experimento psicológico no qual jovens macacos preferiam uma mãe de estrutura de metal enrolada em um cobertor a uma também de metal, porém estéril e nua. Algum indício de carinho e conforto é melhor do que nenhum, e Leonard (assim como o pai dele) concordariam.

Além de dar à luz os filhos, Beverly não tem nenhuma inclinação maternal. Ela permanece emocionalmente desapegada do mundo e dos filhos. Leonard, como o produto de uma infância sem afeto, permanece socialmente subdesenvolvido, sobretudo no que diz respeito às mulheres. Ele costuma ser manipulado pelas mulheres de sua vida, desde Joyce Kim (a espiã norte-coreana) até Leslie Winkle, a Dra. Stephanie Barnett, Sra. Latham (a doadora rica), Penny e Priya. Como resultado da abordagem excessivamente crítica e analítica da mãe, Leonard costuma ter medo de expressar sua opinião, sobretudo se discordar do que os outros dizem. Ele busca se afirmar, mas apenas consegue mediante os elogios que recebe pelo trabalho em física experimental.

Aristóteles, justiça e obrigações especiais

Platão (428-348 a.C.) e Aristóteles (384-322 a.C.) tendiam a ver a injustiça como um tipo de desigualdade que ocorria quando alguém não recebia o que merecia, considerando o papel ou posição social dessa pessoa. Nesse sentido, um filho (ou filha) merece um tipo de tratamento de um pai exatamente porque ele (ou ela) é filho daquela pessoa, e um filho (ou filha) crescido merece tratamento distinto daquele que recebeu quando criança. Obviamente, as mães de *The Big Bang Theory* falharam ao tratar os filhos de maneira apropriada. Raj, Sheldon, Howard e Leonard têm sido, portanto, tratados com injustiça.

Aristóteles argumentava que os erros contra pessoas próximas a nós são piores do que os erros contra estranhos. Ele dizia que nossas obrigações morais, pelo menos em parte, são moldadas por nossos relacionamentos pessoais:

> Os deveres dos pais em relação aos filhos e os dos irmãos em relação uns aos outros não são os mesmos, nem os deveres de amigos ou de compatriotas, e, portanto, também com outros tipos de amizades (...) e a injustiça aumenta ao ser exibida em relação àqueles que são amigos em um sentido mais profundo; por exemplo, é muito mais terrível defraudar um amigo do que um compatriota, mais terrível não ajudar um irmão do que um estranho e mais terrível magoar um pai do que qualquer outra pessoa.[2]

Consequentemente, as feridas sofridas pelas mãos dos pais são "mais terríveis" do que feridas similares infligidas por estranhos. Nesse contexto, o mal que Sheldon sofre nas mãos de Todd Zarnecki é menos significativo do que, digamos, o mal que Leonard sofreu como resultado da negligência maternal de Beverly.

Alguns filósofos contemporâneos prendem-se ao argumento de Aristóteles para afirmar que nossas obrigações e a gravidade de quebrá-las são completamente definidas pela proximidade de nossos relacionamentos pessoais.[3] Esse ponto de vista se torna problemático, no entanto, considerando a intuição do senso comum de que temos pelo menos obrigações mínimas com totais estranhos. Zarnecki faz algo errado ao desprover Sheldon de seus pertences (virtuais) de *World of Warcraft*. Mesmo assim, isso não nega a outra intuição do senso comum de que os erros que um pai comete em relação a seus outros filhos são, de alguma forma, mais terríveis do que poderiam ser.

Mesmo que nossas obrigações morais não sejam completamente definidas pela proximidade de nossos relacionamentos, os pais, mesmo assim, parecem ter obrigações especiais em relação aos filhos. Um pai está obrigado a se preocupar com o filho de modos que outros adultos não estão. Quando Sheldon tem uma de suas crises, não culparíamos a Sra. Koothrappali por não viajar da Índia para cuidar dele. Ela não é a mãe de Sheldon, afinal de contas. Se as obrigações morais de um pai ao cuidar do filho incluem certificar-se de que a criança amadureça de modo saudável, então claramente as mães de *The Big Bang Theory* devem ser (até certo ponto) responsabilizadas moralmente pelos defeitos sociais e psicológicos dos respectivos filhos.

Dissonância cognitiva e coragem psicológica

Considerando que algo deu moralmente errado entre as mães de *The Big Bang Theory* e seus filhos, como isso ocorreu e o que — se é que há algo — pode ser feito a respeito disso *agora*? Qualquer análise definitiva exigiria que se explorasse com cuidado os históricos familiares. Além disso, e considerando apenas o que sabemos a respeito dos personagens até a quarta temporada, parece que "dissonância cognitiva" é culpada em parte, o que exige "coragem psicológica" da parte das mães e dos respectivos filhos.

De acordo com a teoria da dissonância cognitiva, há ocasiões em que sentimos a tensão de duas crenças ou cognições mentais conflitantes que, então, pedem uma resolução. Os efeitos negativos da dissonância cognitiva são sentidos quando uma pessoa está emocionalmente comprometida com uma crença, mas novas evidências surgem e criam conflito com ela. É fácil imaginar como cada uma das mães de *The Big Bang Theory* podem ter vivenciado isso. Deve ter sido difícil para a Sra. Koothrappali perceber que as melhores vantagens profissionais do filho são atendidas quando ele trabalha em uma universidade de pesquisa nos Estados unidos. Como ela transmitirá para ele seus valores tradicionais? De forma similar, Mary Cooper está claramente comprometida com sua visão de mundo cristã fundamentalista. O que ela deveria fazer ao perceber que o filho gênio pode algum dia ganhar o Nobel? E se as pesquisas de Sheldon entrarem em conflito com as crenças embasadas na fé que Mary transmitiu para ele? Depois que o Sr. Wolowitz foi embora, a Sra. Wolowitz se tornou bastante comprometida com o bem-estar do filho. É fácil ver como ela não iria querer que nenhum mal acontecesse a ele. No entanto, Howard, lentamente, se torna adulto, o novo (ou o próximo) Sr. Wolowitz. Beverly sente-se mais confortável no laboratório e valoriza uma abordagem de mundo científica e analítica. No entanto, ela tem filhos em casa que requerem seus cuidados.

Como um pai deveria lidar com a dissonância cognitiva no que diz respeito aos filhos? De acordo com o filósofo contemporâneo Daniel Putman, a resposta rápida é: de forma honesta.[4] O pai não deve ignorar a evidência, esconder-se por trás de algum papel social ou implementar algum tipo de crença adicional *ad hoc* para se desviar da tensão. Esse tipo de honestidade requer "coragem psicológica", no entanto.

Aristóteles alertava que a coragem deve se tornar parte de nosso caráter geral, de modo que possamos, de maneira apropriada, lidar com situações ameaçadoras que envolvam mal físico ou integridade moral. Contudo, a coragem psicológica é única no sentido de que o medo que devemos enfrentar diz respeito justamente à perda de estabilidade psicológica; de algumas formas, a própria psique da pessoa está ameaçada. Conforme Putman explica: "Essa é a coragem necessária para enfrentar nossos medos e ansiedades irracionais, aquelas emoções que nos atam. Elas podem variar de hábitos e compulsões até chegarem a fobias."[5]

Da mesma forma, a falta de honestidade, ao tornar-se presa do autoengano, pode resultar em falta de autonomia pessoal, mas praticar a coragem psicológica pode garantir que cada um de nós seja o dono da própria vida. Mary Cooper pode tentar discutir sobre a racionalidade da crença religiosa — inclusive, talvez, a razão por trás do Big Bang — em vez de voltar-se para os métodos de doutrinação. A Sra. Wolowitz deve ser honesta consigo mesma a respeito de Howard não ser mais seu "garotinho". Na verdade, ele está para se casar. Ser honesta consigo mesma a respeito do novo papel do filho permitirá (potencialmente) que ela desenvolva modos novos e emocionantes de cuidar dele e de sua família. Beverly deveria parar de se esconder atrás do papel profissional e perceber que expressar emoções (quando sóbria) não a tornará menos acadêmica. Isso não prejudicará as habilidades dela de processar dados de modo imparcial, e ao fazer isso, poderá ajudar a estabilidade emocional de Leonard.

É claro que os benefícios da coragem psicológica também se aplicam aos filhos de *The Big Bang Theory*. Considere a propensão de Sheldon a mergulhar no mundo das revistas em quadrinhos quando aqueles a sua volta discutem e brigam. A fuga como mecanismo de defesa foi colocada em ação há muito tempo, devido à desarmonia que Sheldon vivenciou em meio às brigas constantes dos pais. A mãe e o pai parecem se amar, mas por que brigam o tempo todo? Além disso, talvez ele pudesse trabalhar com mais afinco para encontrar modos de entrar em *discussões* construtivas com a mãe sobre crenças religiosas. Se Mary estiver certa, Jesus ainda o amará. Raj deveria procurar aconselhamento em relação a sua mudez seletiva e abrir o jogo para os pais a respeito das dificuldades de comunicação que tem com mulheres atraentes (ou mesmo homens afeminados). Howard não pode mais se esconder por trás do papel de filho. Ele deve começar a agir como um adulto. É claro que é consolado pela mãe, que lhe compra picolés e lhe faz uma carne assada de dar água na boca, mas Howard está prestes a se tornar um marido, e, potencialmente, um pai. Howard pode em breve começar a comprar picolés para o próximo Sr. Wolowitz — *seu* filho! (Eca!)

Apesar do fato de que recebeu a menor quantidade de atenção e preocupação materna, Leonard conseguiu ir mais longe em termos de praticar coragem psicológica. Lembre-se de suas perguntas inocentes para Beverly em *The Maternal Congruence* [*A congruência maternal*]: "Por que não me contou que você e papai estão se divorciando? Por que não me contou que fez uma cirurgia? Por que não me contou que meu cachorro morreu?" Apesar do medo de Leonard de enfrentar rejeição — de novo — ele confronta Beverly na esperança de um relacionamento mais íntimo entre mãe e filho. Beverly começa a responder ao lhe dar um abraço desconfortável, mas então ela afirma: "Pronto. Já está tarde. Vá dormir agora. Estou com uma sensação de calor se espalhando pelo coração." Leonard obedientemente faz o que ela pede, mas Sheldon entra em cena logo depois para perguntar: "Por que Leonard está batendo a cabeça devagar contra a porta do quarto?"

A coragem que Leonard expressa só pode beneficiar seu relacionamento futuro com a mãe. A coragem de Leonard ajudou-o no passado, quando ele, de forma bem-sucedida, conquistou Penny (pelo menos durante um tempo — apesar do "escárnio arrogante" de Sheldon). De modo notável, Leonard mantém um senso de humor saudável, irrita-se com Sheldon, mas não guarda rancores, e ainda consegue ser empático. Se ele continuar a lidar de maneira honesta com seus problemas com relacionamentos, talvez os amigos dele o sigam. Vamos encarar, Leonard é basicamente a única esperança que eles têm.

NOTAS

1. SAX, L. *Boys Adrift: The Five Factors Driving the Growing Epidemic of Unmotivated Boys and Underachieving Young Men*. Nova York/NY: Basic Books, 2009, p. 181.
2. ARISTÓTELES. *Ética a Nicômaco*. Tradução para o inglês de W. D. Ross. Oxford: Oxford University Press, 1925, 1160a1 - 1160a6.
3. Veja, como exemplo, NODDINGS, N. *Caring: A Feminine Approach to Ethics and Moral Education*. Berkeley/CA: University of California Press, 1984.
4. Veja PUTNAM, D. *Psychological Courage*. Lanham/MD: University Press of America, 2004.
5. Id., p. 2.

16

PENNY, SHELDON E CRESCIMENTO PESSOAL PELA DIFERENÇA

Nicholas G. Evans

A amizade mais interessante em *The Big Bang Theory* é também a mais surpreendente: Penny e Sheldon. Penny é despreocupada e solta, enquanto Sheldon é neurótico e rígido. Árdua e turbulenta, a amizade luta para se manter em meio às diferenças — em geral com um efeito cômico. Considere *The Panty Piñata Polarization* [*A polarização da piñata de calcinhas*], episódio no qual Penny ganha o segundo "Sheldon-strike" ao tocar de propósito na comida dele. Para não ser intimidada, Penny imediatamente se joga no lugar "0-0-0-0" de Sheldon no sofá, o que lhe garante o terceiro strike, momento no qual Sheldon a bane do apartamento. Penny retalia ao utilizar todas as máquinas de lavar do prédio ao mesmo tempo, justamente na noite de lavar roupas de Sheldon, e Sheldon contra-ataca exibindo as "roupas íntimas femininas" dela em uma linha telefônica próxima, gargalhando "Muá-há-há". O conflito entra em uma espiral fora de controle, enquanto uma força irrefreável — a teimosia de Penny — encontra um objeto imóvel: as idiossincrasias de Sheldon. Para "encurtar a guerra em cinco anos e salvar milhões de vidas", Leonard, secretamente, fornece a Penny a kryptonita de Sheldon: o telefone da mãe dele. Penny liga para a Sra. Cooper, a qual, por sua vez, telefona para o filho. Sheldon está impotente para resistir (e ainda está inseguro a respeito do que Jesus pensa). Ele caminha devagar até o outro lado do corredor e, deprimido, parabeniza Penny ao dizer: "Boa jogada." Ela assente devagar, em reconhecimento, e sussurra: "Obrigada." Respeito mútuo e amizade, então, tomam forma.

A diferença é uma característica importante, entretanto às vezes pouco valorizada, da amizade. A diferença nos incita a descobrir mais a respeito de nós mesmos, expondo-nos a modos alternativos de valorizar a vida. Ao longo do seriado, a amizade entre Penny e Sheldon foi turbulenta, porém sempre manteve uma autenticidade que causou o crescimento dos personagens. Além disso, as outras amizades não fornecem os mesmos tipos de oportunidades para descobrir mais a respeito dos personagens e, mais importante, de nós mesmos.

Penny e Sheldon são mesmo amigos?

Ainda que Sheldon às vezes aja pelo bem da amizade, ou devido às convenções que ele acredita existirem por aí, não fica claro se Sheldon tem amigos. Em *The Middle Earth Paradigm* [*O paradigma da Terra-média*], Sheldon afirma que amizade pressupõe "dar cobertura" a alguém durante o confronto e oferecer chá e trivialidade (tais como o "Pronto, pronto" com um tapinha nas costas) àqueles que estão tristes. No entanto, o próprio Sheldon admite que, além desse ponto, não tem habilidades para se adequar à convenção. Em *The Jerusalem Duality* [*A dualidade Jerusalém*], ele chega ao ponto de declarar: "Embora o Sr. Kim (...) tenha se tornado vítima da inexplicável necessidade por contato humano (...) relacionamentos sociais sempre me causarão espanto e repulsa." Isso põe em questão se Sheldon possui a capacidade para ter uma amizade. Ainda que o brilho das capacidades relevantes subsista, Sheldon também tem problemas interpessoais bem estabelecidos. Lembre-se da alegação dele em *The Desperation Emanation* [*A emanação do desespero*] a respeito de seu colega de quarto: "Leonard, você é meu melhor amigo. Eu o conheço há sete anos e mal consigo tolerar sentar no sofá com você." Se a amizade de Sheldon com Leonard — sem dúvida a mais longa do programa — ainda possui pendências com problemas como uma forte aversão à proximidade física (que dirá contato físico!), poderíamos pensar que a amizade genuína com Penny é quase impossível.

A amizade tem despertado interesse dos filósofos desde aquela "noite quente de verão" na Grécia Antiga — ou seja, pelo menos desde o tempo de Aristóteles (384-322 a.C.).[1] Abordagens filosóficas lidam com a amizade como um relacionamento que envolve intimidade e atitudes particulares em relação às pessoas. Em tempos antigos, isso era comumente caracterizado pelo conceito grego de *philia*, a afeição entre dois indivíduos (em contraste com *eros*, que é tipicamente sexual por natureza, ou *agape*, que é um tipo de amor diferente, como aquele que os cristãos podem pensar que Deus tem pela humanidade).[2] Muito do debate sobre amizade, naquela época e agora, é sobre o que torna a amizade diferente de, digamos, nossos relacionamentos com conhecidos ou parceiros românticos.

Três aspectos da amizade parecem universais. O primeiro é o carinho mútuo; o que define a amizade é a afeição compartilhada entre dois amigos. A afeição romântica pode ser unilateral, na qual vêm à mente os colegas de cama Howard Wolowitz e Leslie Winkle, mas não é possível que duas pessoas sejam amigas se não se importam uma com a outra em algum aspecto.

O segundo aspecto é a intimidade. Amizades são íntimas no sentido de que são um tipo de relacionamento mais profundo do que o de meros conhecidos. O que precisamente constitui essa intimidade é discutível. Pode ser que amigos sejam íntimos no sentido de que funcionam como "espelhos" um para o outro, fornecendo uma perspectiva a respeito de seu caráter e conceito de si próprio. Alternativamente, poderia ser por meio do compartilhamento de segredos ou da informação pessoal sensível. Por exemplo, em *The Bad Fish Paradigm* [*O paradigma do peixe ruim*], Penny, de modo bastante abrupto, pede a Sheldon que "como amigo" esconda de Leonard o fato de que ela não terminou a faculdade. Sheldon responde, confuso: "Então está dizendo que amizades contêm uma obrigação inerente de manter confidências?" Quando Penny responde sem demora: "Bem, sim", Sheldon replica: "Quando exatamente nos tornamos amigos?" (Ele obviamente deseja verificar se incorreu em obrigação.) Ou, e talvez de forma mais intuitiva, parece que amigos são íntimos no sentido em que direcionam e interpretam a conduta um do outro. Uma pessoa participa de atividades com amigos das quais talvez não participasse em outro contexto, pois isso é parte de ser amigo de alguém.

Uma observação relacionada a isso é que o terceiro aspecto constitutivo da amizade é a atividade compartilhada. Duas pessoas são consideradas amigas, em parte, quando estão mutuamente envolvidas em projetos ou em parte da vida uma da outra. Mesmo em casos remotos de não paradigmas de amizade, como "amigos de cartas", a ação de se tornar amigo envolve separar tempo para atividade mútua ou coordenada (por exemplo, escrever cartas ou mesmo compartilharem tempo no Facebook).

Este não é o local para entrar em questões sobre (a) qual dessas propriedades da amizade são centrais ou mais importantes para uma descrição da amizade, ou (b) quanto de cada propriedade (digamos, qual a força da intimidade) serve para delimitar a linha entre amigos e "mais do que amigos".[3] Em vez disso, precisamos considerar em qual das formas Sheldon e Penny são amigos.

Parece claro que Sheldon, a sua maneira, demonstra afeição por Penny. Suas afeições por ela são obviamente desproporcionais em relação a seus outros relacionamentos (inclusive Amy). Ele até mesmo expressa gratidão sincera: Sheldon abraça Penny, não uma, mas duas vezes! A raridade disso é confirmada pela afirmação de Leonard: "É um milagre de Saturnália!"[4] Além disso, as interações de Sheldon com Penny costumam exibir um tipo de carinho que não vemos com os outros. Em *The Adhesive Duck Deficiency* [*A deficiência dos patos adesivos*], ele ajuda Penny quando ela escorrega na banheira, o que inclui levá-la ao hospital, apesar da insistência de Sheldon de que "não dirige" e seu horror à luz de verificação do motor de Penny acesa. Em *The Gorilla Experiment* [*O experimento gorila*], Sheldon concorda em ensinar "um pouco de física" a Penny (como se houvesse tal coisa) — ainda que o tempo dele seja "limitado e valioso" — simplesmente porque ela quer impressionar Leonard.

Talvez a indicação mais forte da amizade entre Penny e Sheldon sejam os aspectos orientadores e interpretativos do relacionamento — o que torna a amizade deles íntima. Penny e Sheldon não agem como personagens estáticos — na verdade, os episódios costumam focar as mudanças que cada personagem sofre no curso do relacionamento. Penny, por exemplo, torna-se mais sensível às supostas idiossincrasias de Sheldon. Quando Bernadette, a namorada de Howard, é apresentada ao grupo central de amigos em *The Gorilla Experiment* [*O experimento gorila*], Penny — independentemente da orientação ou da intervenção de Sheldon — explica a ela de modo objetivo o significado do lugar "0-0-0-0" de Sheldon. E, é claro, não podemos nos esquecer da interpretação sentimental de Penny de "Gatinho fofinho", complementada pela aplicação de Vick VapoRub mentolado (no sentido anti-horário, ou os pelos no peito de Sheldon embaraçam), quando Sheldon adoece em *The Pancake Batter Anomaly* [*A anomalia da fornada das panquecas*].

Sheldon, por sua vez, é atraído por situações nas quais as ações de Penny o testam. Por exemplo, em *The Adhesive Duck Deficiency* [*A deficiência dos patos adesivos*], Sheldon ressalta brevemente que o ombro deslocado de Penny foi causado (em parte) pela falta de fricção no chão do banheiro dela. Em vez de se deter nesse argumento, ele segue em frente e caminha pelo quarto de Penny (sem arrumá-lo!), mexe na gaveta dela (ainda que as calcinhas de Penny não estejam organizadas por dia da semana) e, é claro, de alguma forma, lida com a nudez dela (ainda que Sheldon pareça ter dificuldades de discernir braços de outras partes próximas do corpo). As provações e atribulações de Sheldon continuam depois, conforme ele tem (de algum jeito) de suprimir sua misofobia (medo de germes) enquanto aguarda Penny no hospital e (embora de maneira desconfortável) consolá-la enquanto ambos esperam que o médico examine o ombro de Penny. No entanto, ainda há mais. Quando os dois voltam para o apartamento de Penny, Sheldon canta "Gatinho fofinho" para ela (muito embora Penny não esteja tecnicamente doente). Como se isso não bastasse, os dois cantam juntos, alternadamente! O relacionamento deles agora está cimentado; se Sheldon tem algum amigo, Penny é com certeza um deles.

A amizade entre Penny e Sheldon e a importância da diferença

A amizade de que Penny e Sheldon desfrutam, embora genuína, é marcada por diferenças pessoais profundas. Sheldon é meticuloso, hiperintelectual, limpo e obsessivo. Penny é bagunceira, emotiva, às vezes propositalmente ignorante e tende a seguir a maré mais do que planejar as coisas. Mesmo assim, Penny e Sheldon crescem, não apesar de suas diferenças e personalidades conflitantes, mas *por causa* dessas diferenças.[5] Considere Sheldon na primeira temporada (ou, de acordo com as lembranças de Leonard, sete anos antes, quando eles se conheceram), e as dificuldades que teve com Penny e com seus outros amigos. Essas dificuldades persistem, disso não há dúvida. No entanto, ele foi bem longe! As piadas de Sheldon são mais numerosas e autoconscientes. A alegação feita por ele de que "tem mais tiques nervosos do que um instituto de pesquisa da doença de Lyme" em *The Bad Fish Paradigm* [*O paradigma do peixe ruim*] é, na verdade, bastante inteligente (e original de Sheldon Cooper). Ele está muito menos propenso a dar chiliques e até tem um pouco de consciência social. Em *The Agreement Dissection* [*A dissecação do acordo*], Sheldon concorda em sair para dançar com Penny, Bernadette e Amy. A conduta de Sheldon com personagens do sexo feminino se desenvolveu — ele lida com ser beijado por Beverly Hofstadter e, mais tarde, por Amy Farrah Fowler.[6] Se houvesse um contínuo dos personagens, a progressão de Penny e Sheldon sobre esse contínuo seria na direção um do outro. Isso não quer dizer que eles se tornariam iguais; na verdade, eles desenvolvem partes de seu caráter por meio da interação que de outra maneira não desenvolveriam.

Há coisas que Sheldon simplesmente não poderia aprender com, digamos, sua amizade com Amy, mas que pode aprender com Penny, precisamente por causa do conflito que a amizade produz. Sheldon, por exemplo, dificilmente aprenderá com Amy a valorizar as pessoas pelo bem delas, pois Amy está tão disposta quanto ele a instrumentalizar outros pelo bem da própria curiosidade. Pense em *The Herb Garden Germination* [*A germinação do herbário*], quando os dois espalham mentiras para rastrear a origem da transmissão da fofoca. Com Penny, Sheldon é forçado a aceitar que, às vezes, fazemos coisas *devido à* ou *pelo bem da* amizade, não apenas no processo de passar pela experiência de ser amigo. Isso produz uma mudança em Sheldon durante o curso do programa que simplesmente não aconteceria se Penny não estivesse na vida dele.

Alguém poderia contra-argumentar, no entanto, que isso não é algo distinto em relação a amigos. Todos os tipos de pessoas nos oferecem reflexos ou diferenças. Se é somente nosso reflexo nos outros que causa a mudança, presumivelmente todos, pelo menos em tese, nos mudariam. O que torna os amigos especiais nesse sentido?

Aqui a ideia de direção e interpretação entra em cena. Não é raro eu descobrir a respeito de meu próprio caráter por meio de meus amigos em virtude de nossas diferenças. O conflito entre amigos é transformador, porque os motivos pelos quais entramos em conflito com nossos amigos *são os motivos que importam para esses amigos*. Se eu chateio meu amigo e não me importo com isso, então a maioria diria que não sou um amigo tão bom! (Sheldon, pelo menos, sofreu de irritação digestiva — "ele não conseguia fazer cocô" — quando brigou com Leonard no episódio da primeira temporada *The Cooper-Hofstadter Polarization* [*A polarização Cooper-Hofstadter*].) Faz parte da condição de amigo ser direcionado e interpretado pelos amigos — valorizar o que acontece com eles porque acontece com *eles*. Esse direcionamento e interpretação não é a meta da amizade nem o que fazemos pela amizade, mas o que fazemos porque somos amigos.

Nossas famílias nos modificam, mas em geral não recebemos as mesmas oportunidades para crescimento por meio da família — nós e os membros de nossa família somos mais parecidos do que poderíamos querer admitir. Nossos parceiros românticos também nos dão a oportunidade de crescimento, mas diferenças sérias podem ameaçar relacionamentos românticos. Somos simplesmente mais vulneráveis a nossos parceiros ou cônjuges do que a nossos amigos, e, desse modo, diferenças que podem causar conflito entre amigos podem acabar com relacionamentos românticos. A óbvia proeza intelectual de Sheldon é um desafio para a amizade dele com Penny, mas a proeza intelectual de Leonard opõe-se às inseguranças de Penny a ponto de ela terminar o relacionamento romântico entre os dois.

Amizade moderna e clássica

Ao salientar as diferenças entre amigos, essa visão se distingue significativamente de visões mais clássicas. Aristóteles, em particular, acreditava que cada uma de suas três formas de amizade está embasada na semelhança. Talvez você seja amigo de alguém porque cada um acha o outro engraçado ou divertido de alguma forma. Talvez você seja amigo de alguém porque cada um de vocês compartilha um objetivo comum, como, por exemplo, dividir o custo do aluguel ou da gasolina ao pegar carona — do modo como Sheldon e Leonard fazem. Aristóteles forneceu uma análise similar para sua forma mais alta de amizade. Amigos verdadeiros (ou plenos), dizia ele, são semelhantes no sentido de que compartilham o projeto de alcançar o *eudemonismo*, o qual, hoje em dia, compreendemos de forma geral como engrandecimento, ou a melhor maneira de viver.

No entanto, minha visão não é de todo distinta de visões mais clássicas como a de Aristóteles. A aproximação de pontos de vista e valores ainda é parte de meu entendimento sobre o que amigos realizam juntos e valorizam um no outro. Com Penny e Sheldon, ambos começam (e permanecem) pessoas com falhas — pessoas exatamente como você e eu, o que pode, de fato, ser o que os torna personagens tão irresistíveis! Sheldon, na medida em que poderia perseguir o eudemonismo de qualquer forma, se sentiria muito mais confortável ao fazê-lo com Leonard Nimoy (ou pelo menos com Spock!) do que com Penny. Ela não poderia estar mais longe do ideal de Sheldon. Além disso, há diferenças demais entre a garçonete e o cientista para que os dois desfrutem da amizade verdadeira — pelo menos de acordo com Aristóteles.

Ao longo do programa, no entanto, o compromisso de Sheldon e de Penny com valores compartilhados cresce por meio da discórdia e da resolução. Mais importante, contudo, é a tensão dinâmica que ambos continuam exibindo — Sheldon ainda quer ganhar seu Nobel e não consegue entender o fato de alguém querer ser atriz; Penny não tem o desejo de se tornar uma pesquisadora da teoria das cordas e persegue seu sonho de atuar. No entanto, na tentativa de alcançar seus pináculos de existência, eles passam a valorizar as motivações um do outro como maneiras plausíveis (quando não pessoalmente atraentes) de se engrandecer como indivíduos distintos que são.

Sheldon e Penny, é de se compreender, têm interesses distintos, mas sem o crescimento que demonstram — crescimento obtido pela amizade — nós (os espectadores) provavelmente desprezaríamos as tentativas iniciais de ambos de viver a vida boa. Com o benefício da retrospectiva, Sheldon e Penny provavelmente concordariam que seus modos iniciais de vida eram (respectivamente) deficientes. E mais, não é óbvio que a racionalidade inicial desprovida de emoção de Sheldon, beirando a sociopatia, é melhor do que a natureza anticientífica, emocional e impulsiva de Penny. Sem a amizade, os dois são incapazes de superar o que passam a reconhecer — com rancor! — como modos de vida inaceitáveis.

Então, compreender a amizade sobretudo em termos de nossas diferenças distingue-se de visões mais clássicas de três formas. A primeira, porque permite uma compreensão mais ampla das várias maneiras como as pessoas podem viver de modo adequado. A segunda, porque atribui valor a modos de engrandecimento que não são — e jamais serão — inerentemente nossos. A terceira, porque permite insights mais vívidos sobre a autorreflexão a respeito do que é certo ou errado em nossos próprios modos de viver. Essa distinção, portanto, é primariamente a consequência de uma interpretação mais moderna e pluralística do que é viver uma vida moralmente boa. Um princípio central do pensamento clássico permanece — que amigos são tão valiosos porque o engrandecimento deles e o nosso são valorizados por nós, e eles podem nos ajudar em nosso engrandecimento. O que mudou é como esse engrandecimento pode ser variado, e como nossos amigos nos ajudam a perceber que correções fazer em nossas próprias crenças a respeito da vida boa.

Boas amizades e bons amigos

Amizades próximas ou fortes conduzem ao desenvolvimento moral. Isso é, em parte, o que torna o relacionamento entre Penny e Sheldon tão importante. Eles não são apenas bons em serem amigos — eles são amigos que tornam um ao outro indivíduos (moralmente) melhores. Em nosso mundo moderno, sobretudo com a ascensão da cultura on-line, amizades podem — literalmente — começar e terminar com um clique. Embora eles pudessem se afastar quando as coisas ficassem complicadas, conforme Sheldon tenta fazer em *The Bozeman Reaction* [*A reação Bozeman*], ou ignorar e evitar um ao outro de propósito, como quando Sheldon bane Penny do apartamento em *The Panty Piñata Polarization* [*A polarização da piñata de calcinhas*], eles não terminam a amizade. Apesar de suas diferenças, a amizade entre Penny e Sheldon não sobrevive meramente, ela vence.

Nossa capacidade de crescimento nos deixa vulneráveis a nossos amigos; a oportunidade de mudar é um convite à oportunidade de ser ferido ao longo do caminho. No entanto, isso é com certeza algo importante em relação às amizades que fazemos. A não ser que sejamos tão narcisistas a ponto de presumir a própria perfeição, ou tão avessos a correr riscos que não aguentássemos nem sequer a possibilidade de sermos feridos, o modo como crescemos com e por meio de nossos amigos nos beneficia. E sem a diversidade e a diferença entre amigos, conforme Penny e Sheldon nos mostraram, nosso crescimento seria limitado.

Isso não quer dizer que qualquer antiga diferença seja suficiente. Assim como há condições sob as quais as amizades se formam, há motivos para término também. Uma pessoa pode não ser capaz de ser amiga daqueles que a discriminam. Da mesma forma, uma pessoa pode não ser capaz de ser amiga de alguém cujo senso de justiça é ausente ou é radicalmente adverso. Há diferenças que impossibilitam a amizade, mas essas diferenças são, sem dúvida, casos extremos.

Por outro lado, interesses pessoais, habilidades naturais, afiliações políticas (exceto as de tipo mais extremo), orientações religiosas e outras diferenças certamente servem como a base para o crescimento. É claro que isso requer uma atitude de aceitação, do tipo que vemos se desenvolver na amizade entre Penny e Sheldon. Se conseguirmos aprender a imitá-los, nossas vidas com certeza crescerão na riqueza que o contraste de crenças inerente a uma amizade genuinamente comprometida pode produzir.

NOTAS

1. Para saber mais a respeito das visões clássicas de Aristóteles sobre a amizade, embasadas amplamente, como o são, na similaridade entre amigos, veja o Capítulo 2 deste livro: "Você é uma porcaria de amigo", por Dean A. Kowalski.

2. Um bom resumo dessas e de outras abordagens filosóficas sobre a amizade (e, sem dúvida, muita filosofia) pode ser encontrado na *Stanford Encyclopedia of Philosophy*. Veja HELM, B. Friendship. In: ZALTA, E. N. (Ed.) *The Stanford Encyclopedia of Philosophy*, Fall 2009 Edition. Disponível em http://plato.stanford.edu/archives/fall2009/entries/friendship/ (em inglês).

3. Para uma discussão a respeito disso, veja HELM, B. *Love, Friendship, and the Self.* Oxford: Oxford University Press, 2010. LYNCH, S. *Philosophy and Love.* Edinburgh: Edinburgh University Press, 2005. COCKING, D; KENNETT, J. Friendship and the Self. *Journal of Philosophy*, nº 108, 1998, pp. 502-527.

4. O primeiro abraço e o reconhecimento de Leonard em relação a ele aconteceu em *The Bath Item Gift Hypothesis* [*A hipótese do presente de item para banho*]. O segundo abraço aparece em *The Large Hadron Collision* [*A grande colisão de hádrons*].

5. Todd VanDerWerff, do A.V. Club, observou que Jim Parsons e Kayley Cuoco compõem um dos relacionamentos de destaque no programa: [Parsons e

Cuoco têm] uma química que contém parte da agitação e do ritmo dos grandes duos da comédia, e embora eu pense que as pessoas na internet que querem que Sheldon e Penny fiquem juntos sejam basicamente loucas, consigo entender de onde tiraram essa ideia. Veja VANDERWERFF, T. "The Adhesive Duck Deficiency". A. V. Club. Disponível em www.avclub.com/articles/the-adhesive-duck-defi ciency,35454/ (em inglês). 17 de novembro de 2009.

6. Veja, respectivamente, *The Maternal Congruence* [*A congruência maternal*] e *The Agreement Dissection* [*A dissecação do acordo*].

17

DESCONSTRUINDO AS MULHERES DE *THE BIG BANG THEORY*: MUITO MAIS DO QUE NAMORADAS

Mark D. White e Maryanne L. Fisher

Gênero é algo importante em *The Big Bang Theory*. À primeira vista, os espectadores podem ver Penny, Bernadette, Amy e as outras mulheres do programa como meras coadjuvantes que ajudam a dar consistência aos homens, os personagens principais: Penny é a namorada ocasional de Leonard, Bernadette namora Wolowitz, Amy está "com" Sheldon (pelo menos em alguma capacidade quase-vulcana) e Leslie é uma das primeiras e muito memoráveis parceiras sexuais de Leonard. No entanto, essas mulheres são bem mais do que apenas namoradas e até mesmo mais do que colegas de trabalho, amigas ou vizinhas — elas também personificam um universo de assuntos feministas no que diz respeito a sexo, gênero e expectativas comportamentais.

Além de nos ensinar um pouco de física quântica, de apresentar montes de trivialidades de ficção científica e super-heróis e nos causar muitas gargalhadas, *The Big Bang Theory* também pode nos ajudar a ilustrar a teoria do gênero, principalmente na forma como o programa utiliza a ampla variedade de personagens, do sexo feminino e masculino, para desafiar nossas ideias tradicionais sobre o que significa ser homem ou ser mulher. Mais precisamente, este capítulo analisará, com a ajuda de figuras grandiosas da filosofia feminista, os modos pelos quais as personagens do sexo feminino exploram os limites do que significa ser "feminina" ou "mulher". (E não se preocupe, não deixaremos os homens de fora!)

A teoria do Big Bang dos gêneros

Acadêmicos feministas, inclusive filósofos, costumam fazer uma distinção rigorosa entre o *sexo* de uma pessoa, que é biológico, e o *gênero* de uma pessoa, que é social ou político. Com isso, queremos dizer que, ao contrário do sexo, o gênero de uma pessoa não é determinado pelos cromossomos dela, mas pelo modo como outras pessoas e a sociedade em geral escolhe categorizá-la, e também pelo modo como essa pessoa escolhe se categorizar. Por um lado, enquanto o sexo de alguém pode ser facilmente percebido dando-se uma olhada em sua roupa íntima, o gênero desse mesmo indivíduo é um caso muito mais complicado. Por outro lado, o gênero é mais simples de ser modificado, seja pela troca de aparência de um indivíduo, pelos modos, pelas atitudes ou por meio de uma mudança social mais ampla (como os movimentos femininos).

O exemplo mais objetivo disso em *The Big Bang Theory* é Louis/Louise, o vizinho de Sheldon e Leonard do apartamento 4B antes de Penny se mudar, o qual vemos pela primeira vez em uma cena de flashback de *The Staircase Implementation* [*A implementação das escadas*]. Do ponto de vista biológico, "Louis" é obviamente um homem bem grande, mas, ao se vestir de mulher, "Louise" escolheu adotar o gênero feminino em sua aparência externa. Como não passamos muito tempo com Louis/Louise — será que haverá um *prequel* por aí? — é impossível saber com qual gênero ele/ela se identifica internamente. De toda forma, o insight da distinção entre sexo e gênero é que Louis/Louise não precisa necessariamente adotar o gênero masculino apenas por causa de sua biologia masculina.

Não é somente Louis/Louise, no entanto. Quase todos os personagens de *The Big Bang Theory* desconstroem estereótipos de como homens e mulheres "devem" ser ou agir. Penny é a "normal" do grupo, o que, ironicamente, faz com que ela se destaque como "anormal". Os homens, todos, possuem diversos traços comumente pensados como femininos (como a sensibilidade de Leonard) e, à exceção de Penny, as mulheres possuem traços tradicionalmente masculinos (como a agressividade sexual de Leslie). Nenhum dos homens é especialmente atlético ou "dominante", e a maioria das mulheres (à exceção de Penny) é muito inteligente — retratações que se contrapõem às percepções comuns da "essência" de homens e mulheres.[1]

"Em uma noite quente de verão na Grécia Antiga..."

Embora o argumento tenha sido reforçado e aprimorado por acadêmicos feministas modernos, a distinção entre sexo e gênero remonta, pelo menos, à proverbial "noite quente de verão na Grécia Antiga" de Sheldon, em *The Gorilla Experiment* [*O experimento gorila*]. Em *A república*, Platão (424-347 a.C.) argumentou que as diferenças biológicas entre homens e mulheres — de que "a fêmea carrega e o macho gera" — não são relevantes para a questão da ocupação. De fato, Platão desafia aqueles que pensam de outra forma a fornecer um motivo válido pelo qual mulheres (em geral) não podem executar as mesmas tarefas que os homens.[2] Mais diretamente, o filósofo John Stuart Mill (1806-1873) escreveu em *A sujeição das mulheres* que "com base na esfera do senso comum e na constituição da mente humana, nego que qualquer um saiba, ou possa saber, a natureza dos dois sexos (...) O que agora é chamado de a natureza da mulher é uma coisa eminentemente artificial".[3] Embora Mill tenha salientado a potencial opressão da definição de "mulher" como os homens preferem, feministas modernos enfatizaram a questão ao argumentar que a igualdade formal entre os sexos não garante igualdade real, pois a percepção comum das mulheres na sociedade, e mesmo entre as próprias mulheres, foi historicamente constituída pelos homens e não pode simplesmente ser revogada como se fosse uma lei.[4]

Em tempos modernos, a filósofa mais influente a escrever sobre questões de gênero foi Simone de Beauvoir (1908-1986), cujo livro de 1952, *O segundo sexo*, determinou o tom da filosofia e da academia feminista dali em diante. A frase mais famosa no livro: "Ninguém nasce mulher, torna-se mulher" é uma afirmativa memorável e bastante influente sobre a distinção entre sexo e gênero.[5] Beauvoir descreveu o *status* das mulheres na sociedade como "o Outro", definido pelos homens em comparação com os homens, condenado, portanto, a ser o "segundo sexo". Sob influência do *existencialismo* e sua ênfase na autocriação e na liberdade radical, Beauvoir incitava as mulheres a tomarem controle de suas identidades e definirem a si mesmas como quisessem ser, não como os homens querem que elas sejam, e que não deixassem a biologia determinar seu destino.[6]

No livro *Problemas de gênero*, de 1989, a filósofa e teórica contemporânea Judith Butler trabalhou sobre a descrição de Beauvoir da distinção entre sexo/gênero e acrescentou seu toque particular.[7] A principal contribuição de Butler foi o conceito de performatividade: o gênero é meramente uma questão de performance, na qual as categorias de "mulher" e "homem" são definidas somente pelo modo como as pessoas se comportam (ou sua "performance" delas), sem nenhuma fundamentação anterior. Como Beauvoir, a posição de Butler é *antiessencialista*: não há características essencialmente femininas ou masculinas, mas, em vez disso, espera-se que homens e mulheres se comportem de certos modos, profundamente enraizados na inequidade histórica e promovidos por aqueles no poder — os homens — de modo a manter esse poder sobre outros (ou o Outro) — ou seja, as mulheres. Ao "seguir o roteiro" disposto pelos homens, as mulheres apenas perpetuam esses padrões de discriminação e opressão. De mais a mais, além de não haver diferença essencial entre os gêneros masculino e feminino, também não há, de fato, nenhum "gênero feminino" (ou mesmo "gênero masculino"). Cada indivíduo é único, e cabe a cada um escolher como viver sua vida, seguindo a performance de qualquer gênero (a qual, Butler também argumenta, não é necessariamente limitada aos dois familiares).[8]

A performatividade do Big Bang

Agora vamos ver como é a "performance" dos "papéis" das mulheres de *The Big Bang Theory*, começando por Penny. Penny é bonita, meiga, animadinha e todas as coisas que tradicionalmente pensamos como femininas: a garota da Califórnia perfeita (apesar de ter vindo de Nebraska). Embora seja muito engraçada e tão inteligente quanto ágil (sobretudo quando se trata de tirar Sheldon do pedestal), ela não é particularmente esperta, pelo menos não do mesmo modo que Leonard ou Sheldon. Considere o emprego de Penny como garçonete no Cheesecake Factory. Em *The Maternal Congruence* [*A congruência maternal*], ela precisou (pasmem) decorar o cardápio: "Ei, é um cardápio grande. Tem duas páginas só de sobremesas." O relacionamento improvável de Penny com Leonard demonstra que ela pode ver além da superfície nerd. No entanto, como fez em *The Precious Fragmentation* [*A fragmentação preciosa*], Penny, às vezes, duvida de si mesma, brincando: "Preciso voltar a namorar os caras idiotas da academia."

O retrato de Penny é extremamente estereotipado, mas talvez seja esse o objetivo. A feminilidade dela — ou, para ser mais preciso, a performance de feminilidade dela, em termos literais, assim como os de Butler — pode ser vista como satírica.[9] Em comparação com Beauvoir, Butler era muito pessimista em relação às perspectivas da autocriação e da eventual liberdade das correntes da opressão patriarcal. Ela escreveu que é impossível escapar, no todo, do gênero, mas é possível satirizá-lo, e dessa forma uma pessoa pode alcançar uma porção minúscula de mudança política por meio da paródia.[10] Então, o retrato detalhado de Penny como "a garota da casa ao lado", meiga e bonita, que mesmo assim demonstra lampejos das qualidades masculinas tradicionais de sabedoria e humor cáustico, pode ser interpretado sob o espírito do chamado de Butler para que as normas de gênero sejam satirizadas.

Enquanto seguimos para as outras mulheres no programa, podemos ver que, conforme ficam mais inteligentes, também se tornam (levemente) menos atraentes do ponto de vista físico. Por exemplo, veja Bernadette, a namorada de Howard — e, a partir do final da quarta temporada, noiva dele. Ela é definitivamente mais inteligente do que Penny — tanto que a garçonete se sente ameaçada e pede que Sheldon lhe dê aulas de física em *The Gorilla Experiment* [*O experimento gorila*] — mas não inteligente a ponto de ameaçar noções tradicionais segundo as quais ser feminina e ser inteligente são coisas que não "deveriam" se misturar. Ela também é muito bonita, mas de um modo mais sutil do que Penny — em vez de usar camisetas regata justas e shorts curtos, Bernadette arrasa na combinação colete e óculos. Ela pode fazer perguntas pontuais a respeito do experimento de física de Leonard com olhos arregalados e um sorriso feminino. Com igual facilidade, Bernadette pode afirmar com humor irônico, conforme fez em *The Boyfriend Complexity* [*A complexidade do namorado*]: "Ah, eu trabalhei com gonorreia resistente a penicilina no laboratório hoje e estava só tentando me lembrar se lavei as mãos."

Um passo além do final do contínuo inteligência-aparência — que fica a dois quarteirões do contínuo espaço-tempo, se estiver se perguntando — e chegamos a Amy. A total falta de glamour dela, o modo como pronuncia as palavras multissilábicas sem o típico sorriso feminino padrão e um tropeção falso, e o fato de que é considerada a "garota-que-é-amiga" de Sheldon fazem dela a menos tradicionalmente feminina entre as três mulheres. Isso é reforçado ainda pelo embaraço social de Amy: ela é desprovida da desenvoltura que Penny possui de sobra; não se preocupa com a aparência, em comparação com Penny ou Bernadette; e é, *grosso modo*, o equivalente intelectual de Sheldon.[11] Sem sombra de dúvida, Amy não é o que a sociedade predominante espera de uma fêmea — na verdade, é exatamente o oposto, salientando o absurdo das expectativas de gênero que negam a uma mulher inteligente, porém não atraente nos moldes convencionais, o *status* pleno de "mulher".

“Venha pelos seios — fique pelo cérebro”

Esses três personagens do sexo feminino mostram atratividade e inteligência, mas sempre em proporções inversas: a mais bonita não é muito inteligente, e a mais inteligente não é muito bonita. Embora Penny se encaixe melhor na noção tradicional de feminilidade — meiga, bonita e não muito esperta —, de modo geral todas as três afirmam o estereótipo de que mulheres muito bonitas e femininas não podem ser inteligentes, e mulheres muito inteligentes não podem ser bonitas ou femininas. O melhor que podemos esperar, de acordo com essa lógica, é alguém como Bernadette, que é inteligente o “suficiente” e bonita o “suficiente”, mas não é nenhum dos dois em excesso. Nada contra Bernadette, mas essa expectativa de uma “troca” entre beleza e aparência (assim como confiança, desenvoltura e assim por diante) é, de toda forma, uma limitação imposta pelo costume e pela história sobre as mulheres, e representa parte da artificialidade do gênero.

Felizmente, *The Big Bang Theory* também nos fornece exemplos de mulheres que rompem com esse padrão. Considere a vivaz Elizabeth Plimpton, hóspede pessoal de Sheldon, devido a seu trabalho renomado em física cosmológica. Ela é linda de morrer e também sexy, mas ao mesmo tempo é incrivelmente inteligente — *e* sexualmente promíscua ao romper com outro estereótipo feminino tradicional e dormir com Leonard e Raj num curto intervalo de tempo (e torcendo por uma transa a quatro com eles e Howard). Como Bernadette, ela é um pouco avoada: por exemplo, quando encontra com Sheldon no apartamento dele em *The Plimpton Stimulation* [*A estimulação de Plimpton*], Elizabeth diz: “Esqueci-me completamente do seu endereço, mas então me lembrei que o havia escrito na mão. Por sorte não o confundi com o que estava escrito na minha outra mão, as coordenadas para uma estrela de nêutrons recém-descoberta. Porque se tentasse ir até lá, seria esmagada pela hipergravidade.” Ao combinar aparência incrível, inteligência e apetite sexual com apenas uma pitada de avoamento para dar sabor, a Dra. Plimpton rompe com o estereótipo mais amplo de que as mulheres deveriam ser bonitas ou inteligentes, mas não os dois — e *definitivamente* não sexualmente agressivas.

Infelizmente, Elizabeth aparece apenas em um episódio, mas isso é mais do que compensado por Leslie Winkle, uma colega pesquisadora na universidade, ocasional parceira sexual de Leonard e uma das ruínas na existência de Sheldon. Como Amy, ela está no nível geral de Sheldon em termos intelectuais, mas também demonstra a esperteza de Penny nas agressões verbais contra ele (sobretudo quando esvazia a pompa de Sheldon com um bem-colocado "babaca"). A atratividade de Leslie não é excessiva e parece totalmente casual — a confiança dela exala através da aparência desleixada. Embora não esteja no nível de Elizabeth Plimpton no que diz respeito aos apetites carnais, Leslie é "sexualmente liberada", fica perfeitamente satisfeita com encontros casuais com Leonard, bem como com Howard, que a acusa, em *The Cushion Saturation* [*A saturação da almofada*], de usá-lo como um "brinquedo sexual", ao que Leslie responde: "Não, de maneira alguma. Você também é um acompanhante de luxo." Em *The Hamburger Postulate* [*O postulado do hambúrguer*], ela descreve seu apelo enquanto mulher inteligente e atraente com a frase: "Venha pelos seios, fique pelo cérebro."[12] Nesse sentido, Leslie se destaca como o ícone feminista do programa: uma mulher muito inteligente, confiante, atraente e sexualmente decidida que constrói a própria identidade, independentemente do que os homens a seu redor possam pensar.

Toc, toc, toc... Masculinidade?
Toc, toc, toc... Masculinidade?
Toc, toc, toc... Masculinidade?

Antes de encerrarmos este episódio e seguirmos para os créditos finais, não esqueçamos dos homens de *The Big Bang Theory*, os quais desafiam as ideias tradicionais a respeito de gênero da mesma forma que as mulheres. Porque acadêmicos como Beauvoir e Butler concentraram-se nas questões de gênero das mulheres e em como o termo *mulher* e tudo que se liga a ele é definido em relação ao "homem", questões que dizem respeito ao sexo masculino naturalmente recebem menos atenção. No entanto, deixando de lado tópicos de poder e opressão, os homens podem se sujeitar aos mesmos problemas com papéis de gênero e expectativas que as mulheres (ainda que as consequências sejam diferentes).

Na verdade, nenhum dos quatro homens, personagens principais, do programa se encaixa no retrato estereotipado de um "homem". Embora todos sejam muito inteligentes (exceto na opinião de Sheldon), Leonard é sensível e baixinho, Sheldon é muito magro e cri-cri (para colocar de forma suave e pretensiosa), Raj tem medo de mulheres (exceto quando inebriado) e Howard mora com a mãe castradora (e é ainda mais castrado por Bernadette... e Raj... e Sheldon). Nenhum deles assiste nem participa de esportes (embora Sheldon seja especialista nas regras do futebol americano, pois cresceu no Texas) e todos gostam de atividades "juvenis", tais como jogar videogame e ler revistas em quadrinhos.[13] A falha coletiva dos quatro em alcançar o modelo padrão de um "homem" é reforçada pelos homens que Penny leva para casa: enormes, musculosos, bonitos de um jeito rústico, apesar de geralmente burros como portas (principalmente Zack, de *The Lunar Excitation* [*A excitação lunar*], que achou que o laser que os rapazes refletiriam na lua explodiria o satélite).[14] A única exceção é o Dr. David Underhill. Apresentado em *The Bath Item Gift Hypothesis* [*A hipótese do presente de item para banho*], Underhill é um físico proeminente que recebeu uma bolsa de pesquisa MacArthur para gênios, mas parece que saltou de dentro de um calendário de "Bombeiros Gostosos". Embora essa combinação definitivamente confunda as expectativas de Penny, ela decide, mais tarde, que ele não é tão inteligente assim, após descobrir as fotos da esposa nua no celular de Underhill (o que apenas confirma mais um estereótipo masculino: infidelidade).

Do mesmo modo que mulheres iguais a Amy e Leslie podem ser vistas menos como "mulheres de verdade", pois não se enquadram no padrão social de feminilidade, muitas pessoas veriam nossos quatro amigos do sexo masculino como menos do que "homens de verdade", apesar dos Ph.D.s (e de um mestrado do MIT, muito obrigado), apenas porque eles não exibem o comportamento e a aparência "típicos" que a sociedade espera daqueles do sexo masculino. Pelo lado positivo, há sinais de que esses estereótipos talvez estejam diminuindo, considerando o crescente respeito e a admiração por homens como Bill Gates e Mark Zuckerberg — sem falar do fato de que Peter Orzsag parece ser tão popular com as mulheres quanto Robert Pattinson.[15] No entanto, isso não nega o fato de que homens e mulheres estão sujeitos às mesmas concepções pré-concebidas socialmente construídas a respeito de comportamentos, ainda que as ramificações sejam diferentes.[16]

White e Fisher Produções # 1

Uma série de comédia sobre quatro jovens cientistas socialmente desengonçados e a garota "normal" que anda com eles pode não parecer a fonte mais óbvia de matéria para uma exploração da teoria dos gêneros e da filosofia feminista, mas, de certa forma, é ideal. Há muitos programas na TV — sem falar de filmes, principalmente comédias românticas — que exibem apenas "pessoas bonitas", as quais os diretores de elenco descobrem em agências de modelos, escolhidas para satisfazer as fantasias dos espectadores acerca de como deve ser a aparência da mulher perfeita ou do homem perfeito, com roteiros construídos por um comitê para fornecer comportamento socialmente idealizado. E isso é maravilhoso. (Sim, Sheldon, isso foi sarcasmo.)

No entanto, desvios da norma costumam ser bem mais interessantes. Penny é uma excelente personagem, mas não iríamos querer que todos no programa fossem exatamente como ela — como a pessoa "normal" solitária, Penny se torna interessante quando está em companhia de Leonard e o grupo, e os rapazes são ainda mais interessantes em contraste com ela, assim como em relação uns aos outros. Não apenas a maioria dos personagens desafia as expectativas de gênero, mas cada um faz de seu próprio e único modo. Eles se tornariam mais interessantes se fossem rotulados como masculinos ou femininos também? Em última instância, é nesse ponto que Butler pretende chegar: gênero é artificial, um rótulo que desnecessariamente nos limita e restringe. Se *The Big Bang Theory* pode nos ajudar a ver isso, seria o ato final da mudança por meio da paródia — e um grande de um Bazinga!

NOTAS

1. Não temos espaço para falar sobre isso com profundidade, mas questões de sexualidade são também relevantes aqui, porque um homem com características "femininas" ou uma mulher com características "masculinas" costumam ser percebidos como homossexuais. O fato de as percepções de gênero e sexualidade estarem tão fortemente interligadas é um dos motivos pelos quais o estudo de diversidades sexuais é um descendente próximo dos estudos de gênero.

2. PLATÃO. *A república*. Tradução para o inglês de Desmond Lee. Londres: Penguin Classics, 2007, 451b-457b. As alegações de Platão sobre o proto-feminismo são amplamente desafiadas, considerando afirmativas como "é natural que mulheres participem de todas as ocupações, assim como os homens, embora, no todo, as mulheres sejam os parceiros mais fracos" (Id., 455d); sobre essa controvérsia, veja FORDE, S. "Gender and Justice in Plato". *American Political Science Review*, 92, nº 3, pp. 657-670.

3. MILL, J. S. *The Subjection of Women*. Susan M. Okin (Ed.). Indianapolis/IN: Hackett, 1988, p. 22.

4. Para uma breve história do trabalho sobre a construção social do gênero, veja NUSSBAUM, M. "The Professor of Parody". *New Republic*. 22 de fevereiro de 1999. Disponível em: http://www.akad.se/Nussbaum.pdf (em inglês).

5. BEAUVOIR, S. *O segundo sexo*. Nova York/NY: Vintage Books, 1952, p. 267.

6. Autocriação e liberdade radical também são insights-chave do filósofo existencialista Jean-Paul Sartre (1905-1980), o qual foi parceiro de Beauvoir a vida toda.

7. BUTLER, J. *Gender Trouble*. 2ª edição. Abingdon: Routledge, 1999.

8. Butler leva o debate ainda mais longe, alegando que o sexo, assim como o gênero, é socialmente construído por causa da "decisão" arbitrária de designar o sexo com base nos órgãos reprodutivos; veja BUTLER, J. *Gender Trouble*. 2ª edição. Abingdon: Routledge, 1999, Cap. 3.

9. É claro que, se vamos chamar Penny de uma paródia da feminilidade tradicional, como chamar a amiga dela, Christy, "a prostituta de Omaha", que, em *The Dumpling Paradox* [*O paradoxo dos bolinhos*], faz com que Penny pareça Marie Curie?

10. E daí vem o título do artigo de Nussbaum anteriormente citado, "The Professor of Parody" ["A professora da paródia"], o qual é uma crítica ao trabalho de Butler, sobretudo o que Nussbaum vê como uma forma relativamente fraca de protesto quando comparada com outra ação política, mesmo por acadêmicos, que gerou avanços no verdadeiro *status* das mulheres e melhorou o bem-estar delas. Veja BUTLER, J. *Gender Trouble.* 2ª edição. Abingdon: Routledge, 1999, pp. 187-189 (no qual ela utiliza a prática de travestir-se como o exemplo principal da paródia dos papéis tradicionais de gênero).

11. A mãe de Leonard parece estar entre Bernadette e Amy: maliciosamente esperta, com um senso de moda sóbrio, porém não pouco atraente, e é incrivelmente esquisita e formal. (Quando sóbria, quer dizer.)

12. Como fãs de séries há muito tempo, achamos incrível ver Sarah Gilbert (Leslie) e Johnny Galecki (Leonard) reprisarem o par romântico do seriado *Roseanne*, o qual também desafiava papéis sociais de gênero ao retratar Darlene interpretada por Gilbert como dominante sobre David, interpretado por Galecki (enquanto Becky e Mark eram bastante estereotipados — ah, mas não vamos começar a falar sobre isso...).

13. Os humildes autores desse capítulo liam revistas em quadrinhos somente pelos insights profundos sobre teoria dos gêneros. (Bazinga.)

14. Todo mundo sabe que eles teriam de refletir o laser na lua pelo menos algumas vezes até explodi-la. Dã.

15. Nós queríamos que isso fosse um Bazinga, de verdade.

16. Como dito acima, a sexualidade costuma fazer parte disso também, porque um homem que não consegue se adequar ao estereótipo em geral será visto como homossexual. Por exemplo, Ryan Pacifico, um operador de câmbio (e heterossexual), foi vítima de abuso de natureza homofóbica no trabalho: por ser vegetariano, não era visto por seu chefe como um "homem de verdade". Veja KRAMER, Z. A. "Of Meat and Manhood". *Washington University Law Review*, nº 89, 2011, pp. 287-322, o qual é debatido em WHITE, M. D. "Can a Vegetarian Sue for Employment Discrimination?" *Psychology Today*. 28 de março de 2011. Disponível em: www.psychologytoday.com/blog/maybe-its-just-me/201103/can-vegetarian-sue-employment-discrimination (em inglês).

CONTRIBUIÇÕES

"Mas se fizéssemos parte da equipe...
Poderíamos beber de graça
em qualquer bar de qualquer cidade universitária"

Adam Barkman (Ph.D. pela Free University of Amsterdam) é professor assistente de filosofia na Redeemer University College. É autor de *C.S. Lewis and Philosophy as a Way of Life*, *Through Common Things* e *Above All Things*, e é coeditor de *Manga and Philosophy* e *The Philosophy of Ang Lee*. Embora não possua um par de mãos do Incrível Hulk ou uma lanterna do Lanterna Verde, tem uma coleção legal de camisetas do Super-Homem.

Ashley Barkman é professora na Redeemer University College. Suas publicações recentes incluem diversas contribuições para a coleção Cultura Pop, entre elas, *Mad Men*, *30 Rock* e *Manga*. Como mãe de duas crianças pequenas e mais uma a caminho, Ashley espera ouvir palavrões em língua de esquimó a qualquer momento.

Gregory L. Bock é atualmente professor assistente de filosofia na Walters State Community College, em Morristown, Tennessee e candidatou-se ao Ph.D. na University of Tennessee, em Knoxville. Entre seus interesses estão ética, filosofia da religião e Xadrez com Obstáculo de Laser de Agente Secreto.

Jeffrey L. Bock no momento trabalha como gerente de operações em uma pequena firma de marketing para a internet em sua cidade natal, Longview, no Texas. Tem um interesse profundo por todas as coisas da cultura pop e consome entretenimento de diversas formas como se fosse pipoca. Escreve ficção em seu tempo livre. Quanto à educação, Jeffrey identifica-se facilmente, e simpatiza, com o mestrado de Howard Wolowitz. O "medíocre" título de mestre de Jeffrey é em História, e ele o recebeu da University of Texas em Tyler.

W. Scott Clifton atualmente é aluno de pós-graduação em filosofia na University of Washington-Seattle, e trabalha nas áreas de estética, filosofia da mente e ética. Quando não está trabalhando na dissertação, senta-se aos pés de Sheldon, Leonard, Howard e Raj, e aprende como viver a vida da mente. Bazinga!

Nicholas G. Evans é candidato ao doutorado no Centre for Applied Philosophy and Public Ethics, da Australian National University, em Canberra. Os interesses de pesquisa dele incluem biossegurança e liberdade de expressão e a ética da tecnologia militar futurística. Nicholas teve textos publicados em *New Wars and New Soldiers: Military Ethics in the Contemporary World* (Ashgate, 2011), *Nanoethics* e no site TheConversation.edu.au (em ingles). Quando não está preso à escrivaninha tentando convencer as pessoas de que o mundo está prestes a acabar, pode ser encontrado andando de bicicleta a velocidades pouco seguras montanha abaixo. Nicholas também se formou com honras em filosofia certa vez, o que significa que ocasionalmente cai no choro devido à nostalgia enquanto assiste a *The Big Bang Theory*.

Don Fallis é professor associado de recursos de informação e professor associado adjunto de filosofia na University of Arizona. Escreveu diversos artigos filosóficos a respeito de mentira e mendacidade, entre eles "What Is Lying?", na revista *Journal of Philosophy* e "The Most Terrific Liar You Ever

Saw in Your Life", no livro *The Catcher in the Rye and Philosophy*. Atualmente, Don é um nerd da matemática, mas não um nerd da física. (Seu número de Erdös é 5.) Mas por ter aproveitado a vida em Tucson, no Arizona, por mais de dez anos, ele concorda com Sheldon: "Por que o Deserto de Sonora não daria uma terra prometida perfeitamente aceitável?"

Maryanne L. Fisher é professora associada no Departamento de Psicologia da Saint Mary's University e membro do programa interuniversitário Women and Gender Studies. Enquanto pesquisadora de psicologia que utiliza uma perspectiva evolucionista, Maryanne concentrou-se em "desvendar os mistérios" de relacionamentos interpessoais, "os quais começaram todos com um Big Bang", e publicou aproximadamente sessenta artigos revisados por pares sobre o assunto. É editora de um livro (ainda a ser lançado), *Evolution's Empress: Darwinian Perspectives on the Nature of Women* (Oxford University Press). Seu principal tópico de pesquisa é competição intrassexual feminina por parceiros. Ela acredita que Penny deveria estar feliz por ser amiga de alguém como Amy, pois quem mais "começaria a operação 'Priya, Não Gostaria de Ser Você'" para se livrar de uma rival no acasalamento?

Andrew Zimmerman Jones estudou na Wabash College, onde se pós-graduou em física e concluiu graduação em filosofia como um esforço para desvendar os mistérios do universo. Atualmente, trabalha como escritor científico, como o Guia de Física do site About.com (em inglês) e é autor de *String Theory for Dummies*. Contribuiu nos livros *Heroes and Philosophy*, *Green Lantern and Philosophy* e *The Girl with the Dragon Tattoo and Philosophy*. Andrew pode ser encontrado online em http://www.azjones.info/ (em inglês). Ele mora na região central de Indiana com a esposa, dois filhos pequenos e uma coleção crescente de camisetas que competiria em esplendor nerd com a de um certo teórico das cordas da CalTech.

Dean A. Kowalski é professor associado de filosofia na University of Wisconsin-Waukesha. É autor de *Classic Questions and Contemporary Film* (2005) e *Moral Theory at the Movies* (2012). É editor de *Steven Spielberg and Philosophy* (2008) e de *The Philosophy of The X-Files* (2009), e é coeditor de *The Philosophy of Joss Whedon* (2011). Todo mês de dezembro, desde 2002, Dean envia trinta talheres de prata para Rupert Murdoch. Ele agora come com garfos de plástico, entretanto suas sextas-feiras continuam sem *Firefly*. Murdoch!... Murrr-doch!!

Jon Lawhead formou-se bacharel em filosofia pela University of California, em Berkeley, em 2007, e atualmente é candidato ao doutorado em filosofia na Columbia University. Trabalha principalmente com os fundamentos das ciências naturais, e tem um interesse especial por problemas nos fundamentos da física fundamental, teoria dos sistemas complexos, climatologia e teoria da informação. Quando não está batendo com a cabeça contra questões científicas importantes, gosta de fazer malabarismo com uma variedade de objetos não tradicionais e de participar de eventos para chaveiros amadores. Jon mora em uma toca secreta subterrânea com seu gato siamês Cérebro.

Greg Littmann. Cerca de 14 bilhões de anos atrás, Greg Littmann estava em um estado quente e espesso. Ele se expandiu com o resto do universo e já foi, entre outras coisas, gases hidrogênio e hélio, poeira interestelar, cefalópodes lindos e tentaculados e dinossauros ferozes. No fim do século XX, as partes de Greg Littmann se juntaram pela primeira vez na forma de um primata símio. Nessa forma, ele é tomado por um desejo de compreender o universo ao seu redor. Greg tem Ph.D. em filosofia pela UNC-CH e dá aulas na SIUE. Já publicou trabalhos sobre epistemologia evolutiva e filosofia da lógica, e escreveu capítulos de livros relacionando filosofia a *Doctor Who*, *Duna*, *Final Fantasy*, *A guerra dos tronos*, *The Onion*, *Sherlock Holmes*, *O exterminador do futuro* e *The Walking Dead*. Dentro de 2 bilhões de anos, Greg vai se tornar parte de uma imensa nova galáxia quando nossa Via Láctea se chocar espetacularmente contra Andrômeda, o que é um jeito legal de morrer — se você precisar fazer isso.

Ruth E. Lowe é candidata a Ph.D. na University of St. Andrews, na Escócia. Atualmente, trabalha com paradoxos em diálogos políticos sobre direitos de minorias, etnicidade e cultura em democracias liberais modernas. Outros interesses filosóficos incluem direito, mente, história, estética e retórica. Ela espera, um dia, ser uma filósofa de verdade.

Adolfas Mackonis recentemente entrou no glorioso estrato social de Sheldon, Leonard e Raj como doutor em filosofia pela Vilnius University, na Lituânia. Ele possui um lugar no sofá onde pensa sobre lógica, filosofia e metodologia da ciência. Em outras palavras, Adolfas estuda como as pessoas raciocinam, como as pessoas deveriam raciocinar e se as pessoas deveriam raciocinar. O requisito de ser tão empático quanto Sheldon vem com o conhecimento.

Massimo Pigliucci é professor de filosofia na City University of New York's Lehman College and Graduate Center. Em sua vida (acadêmica) passada, foi um biólogo evolucionista. É autor de *Nonsense on Stilts: How to Tell Science from Bunk* e de *The Intelligent Person's Guide to the Meaning of Life* (a ser lançado). Massimo contribuiu em *The Philosophy of the Daily Show* (ele acha que Jon Stewart é um Sócrates moderno, porém mais engraçado) e em *The Philosophy of Sherlock Holmes* (a ser lançado). Suas ponderações são geralmente encontradas em rationallyspeaking.org (em inglês). Sempre que assiste a *The Big Bang Theory*, Massimo não consegue evitar a forte sensação de que poderia ter acabado como Sheldon se a filosofia não o tivesse resgatado.

Janelle Pötzsch é assistente de pesquisa na Ruhr-University of Bochum, na Alemanha. Quando não está escrevendo a tese do Ph.D. sobre ética de negócios (sim, existe tal coisa!) ou ensaios sobre nerds, ela, uma corredora ávida, busca o entorpecimento da corrida que "arrancará a máscara da natureza", permitindo que Janelle "encare a face de Deus".

Kenneth Wayne Sayles III obteve o título de mestre profissional em ciências da computação, em 2004, pela University of Texas at El Paso (UTEP) ao investigar os efeitos de personalidades dos computadores nos usuários. Ele trabalha com segurança da informação desde 2006 e possui os seguintes certificados: CISSP, CIEH, CEPT, CISA E CISM. Kenneth terminou o mestrado acadêmico em filosofia em 2010, também na UTEP, depois de demonstrar como a teoria clássica do contrato social pode ser usada para melhor compreender a internet. Seu ensaio neste livro é sua primeira contribuição para o gênero de cultura pop e filosofia. No tempo livre, Kenneth discute o que é melhor: *Jornada nas estrelas IV* ou *Jornada nas estrelas V*, e frequentemente imagina qual deve ser o sobrenome de Penny.

Donna Marie Smith trabalha com alguns dos melhores nerds de "todo o universo" no Palm Beach County Library System, na Flórida. Ela contribuiu com ensaios para *Doctor Who and Philosophy* e *The Catcher in the Rye and Philosophy*, e faz críticas de livros sobre estudos de mídia para a *Library Journal*. Ao contrário do Dr. Sheldon Cooper, Donna não considera que o adoravelmente nerd ator Wil Wheaton seja o "Vil Wil". Na verdade, ela espera algum dia — como Sheldon — ter a sorte de conseguir que Wil assine seu boneco Wesley Crusher de *Jornada nas estrelas — A nova geração*, o qual Donna guarda selado na caixa há 15 anos.

Mark D. White é professor e diretor do Departamento de Ciência Política, Economia e Filosofia na College of Staten Island/CUNY, onde ministra cursos que combinam economia, filosofia e direito. É autor de *Kantian Ethics and Economics: Autonomy, Dignity and Character* (Stanford, 2011) e editou (ou coeditou) livros para esta série sobre Batman, Watchmen, Homem de Ferro, Lanterna Verde e Vingadores. Mark suspeita que compartilhe do medo patológico de Raj de falar com mulheres, mas, estranhamente, jamais teve a chance de descobrir.

Este livro foi composto na tipografia Minion Pro,
em corpo 11 pt/15,9, e impresso em papel off-white
no Sistema Digital Instant Duplex da Divisão Gráfica
da Distribuidora Record.